बहस के मुद्दे

बहस के मुद्दे

श्रीप्रकाश मिश्र

लोकभारती प्रकाशन

लोकभारती प्रकाशन
पहली मंजिल, दरबारी बिल्डिंग, महात्मा गाँधी मार्ग
इलाहाबाद-211 001
वेबसाइट : www.lokbhartiprakashan.com
ईमेल : info@lokbhartiprakashan.com
शाखाएँ : 1-बी, नेता जी सुभाष मार्ग, दरियागंज
नयी दिल्ली-110 002
अशोक राजपथ, साइन्स कॉलेज के सामने
पटना-800 006
36-ए, शेक्सपियर सरणी
कोलकाता-700 017

प्रथम संस्करण : 2019

मूल्य : ₹ 350

लेजर टाइप सेटिंग **प्रखर कम्प्यूटर**
झलवा, प्रयागराज

आस्था पेपर कन्वर्टर
प्रयागराज द्वारा मुद्रित

Bahas ke Muddey
By Sriprakash Mishra

ISBN : 978-93-89243-51-2

समर्पण

सर्व श्री अजित पुष्कल (इलाहाबाद)

मत्स्मेन्द्र नाथ शुक्ल (इलाहाबाद)

ब्रह्मशंकर पाण्डेय (बनारस)

अशोक पाठक (बनारस)

को सप्रेम

पूर्व कथन

इस पुस्तक में आजकल चल रहे बहस के नौ मुद्दों पर लेख संकलित हैं। ये मुद्दे लम्बे समय से बने रहे हैं, किन्तु केन्द्र में अभी आये हैं। 2014 से पहले राजनीति या समान हाबी रहता था, उसके बाद समाज पर राजनीति हावी हो गयी है। इसका आरम्भ आपातकाल के दौरान ही हो गया था पर वर्चस्व अब बना है। जब समाज हावी था, तब समाजवाद निश्चित अर्थव्यवस्था, धर्म निरपेक्षता, समानता, स्वतन्त्रता, दलितवाद, पिछड़ावाद, आदिवासी विमर्श स्त्रीवाद आदि का बोलबाला था। (इसमें आदिवासी विमर्श का पूरा विकास नहीं हो पाया था, अब हो रहा है।) अयोध्या की घटना के बाद सांस्कृतिक राष्ट्रवाद आया और उससे जुड़े तमाम दीगर मुद्दे। अब माना जाने लगा है कि कोई एक बात वर्चस्व बना कर चल सकती है। वह है 'हिन्दुत्व'। उसके लिए निर्वचन और उत्तर सत्य का सहारा लिया जा रहा है। भुला दिया जा रहा है कि इस बहुलतावाले देश में कोई बात देशकाल-परिस्थिति के अनुसार प्रमुख तो हो सकती है 'डामिनेण्ट' नहीं।

इस मानसिकता का आरम्भ काफी पहले से ही प्लासी के युद्ध के बाद ही हो गयी थी। उसकी चर्चा मैं अन्यत्र प्राच्यवाद, उपनिवेशवाद और उसके प्रतिरोध में उपजे राष्ट्रवाद के प्रसंग में कर आया हूं। यहां यह बताना जरूरी लगता है कि अंगेजों के समय में ब्राह्मणों का महत्त्व एक बार पुनः बढ़ा था। राजनीतिज्ञों ने तो कह दिया कि यह अंग्रेजों का 'ऐलाह' बनने के कारण था। मुस्लिम कालखण्ड में राजपूत, जो पुराने क्षत्रियों के स्थानापन्न के सत्ताशील वर्ग के 'ऐलाइ' थे। इस दौर में ब्राह्मणों का वर्चस्व टूट गया था, उन्हें अलग कर दिया गया था, जिसके कारण उनमें अनुदारता बढ़ी थी। अंग्रेजों ने इसे लक्षित किया था। उन्हें लगा कि इस वर्ग को महत्त्व देने से समाज में क्रान्तिकारी रूपान्तरण आयेगा। साफ बात यह थी कि वे राजन्य वर्ग को तभी तक बरदहस्त दे राकते थे, जबतक वे उनके लिए फायदेमन्द थे—आखिर सत्ता की लड़ाई तो उन्हीं से थी।

इस सहयोग की कई क्रान्तिकारी परिणतियाँ हुईं। एक तो वह ज्ञान, जो पोथियों में पड़ा था, जिसे संरक्षित कर अगली पीढ़ी को प्रदान करने और उसकी व्याख्या करने का अधिकार उन्हें था, वह संक्रमित कर वाचनालयों में पहुँच गया। अनूदित होकर उसे

पढ़ने का मौका वृहत्तर जन को मिला। नयी शिक्षा के कारण उसकी व्याख्या करने का अधिकार गैर ब्राह्मणों को भी मिला। इससे सामान जन की सोच में एक बड़ा परिवर्तन आया।

इसका आरम्भ तब हुआ जब ब्राहम्णों ने संस्कृत की पढ़ाई के लिए 'म्लेच्छों' (यानी अंग्रेजों) के लिए भी द्वार खोल दिया और उसी के तहत शूद्रों और स्त्रियों के लिए भी। गौर करने की बात है कि औपनिवेशिक बंगाल में पुराने सामन्ती तन्त्र के नष्ट हो जाने के बाद जो नया कुलीन तन्त्र विकसित हुआ, सामन्त बना, वह उस वर्ग का था जिसका छुआ पानी तक द्विज लोग पीना गँवारा नहीं करते थे। शासक वर्ग बन जाने के बाद नये राजपुत्र के रूप में उन्हें कुछ उच्चता प्रदान कर दी गयी, जिससे कि दक्षिणा में उनसे सोना लिया जा सके। औपनिवेशिक बंगाल के सबसे बड़े जमींदार, महाराजा नवकिसन सोनार जाति के थे पर वे कायस्थ बना दिये गये। यह उनके लिए बड़ा होता था क्योंकि बंगाली भाषी इलाके में कायस्थ निम्न किस्म के क्षत्रिय माने जाते थे, जबकि हिन्दी भाषी इलाके में शूद्र। उनके गोद लिए गये पोता राजा राधाकान्त देव, 19वीं सदी के सबसे बड़े संस्कृत विद्वान् हुए और अनुदारवादी समाज के सबसे बड़े नेता। उनके समय में सबसे उदार होकर उभरे राजा राममोहन राय जो वास्तव में वंद्योपाध्याय कनौजिया मूल के ब्राह्मण थे। उनका कहना था कि हिन्दू धर्म की चेतना को अन्धविश्वासों और गलत लोकाचारों ने नष्ट कर रखा है। उससे बाहर आने के लिए उसे उपनिषदों पर आधारित किया जाना चाहिए। सती प्रथा को समाप्त करने के लिए उन्होंने मनु और याज्ञवल्क्य को आधार बनाया जो पहले हुए थे और गौतम जैसे स्मृतिकारों से दूरी बनायी जो बाद में हुए थे। अगली पीढ़ी में जब ईश्वरचन्द्र विद्यासागर ने (वे भी कनौजिया मूल के वंद्योपाध्याय थे) विधवा विवाह के लिए आन्दोलन चलाया तो तर्क रखा कि यह परंपरा न तो शास्त्रों के अनुरूप है, न ही हिन्दू विधि के अनुरूप। यद्यपि कि उनके समर्थकों की संख्या काफी कम थी, किन्तु अंग्रेजों ने लोगों का सिर गिनने के बजाय अपनी नैतिकता के जोर पर कानून बना दिया, भले ही 1857 की अशान्ति में यह भी एक मुद्दा बना। हिन्दूवाद की जड़ों को और पीछे ले गये, वेदों में दयानन्द सरस्वती। वे गुजराती ब्राह्मण थे।

अंग्रेजों के पृष्ठपेषण के कारण ब्राह्मणों की अनुदारता क्रमशः घटती गयी। एक उदाहरण देखें – 1832 में जब प्रेमचंद तर्कवागीश को कलकत्ता संस्कृत कालेज में संस्कृत आचार्य पद नियुक्त किया गया, तब उच्च ब्राह्मण अध्यापकों ने यह कह कर इसका विरोध किया कि वे शूद्रजीवी ब्राह्मण हैं। यानी शूद्रों के यहाँ पुरोहिती कर जीवनयापन करनेवाले ब्राह्मण परिवार से हैं। अंग्रेजों ने कहा कि उनकी नियुक्ति समाप्त नहीं की जायेगी। हाँ, जो ब्राह्मण अध्यापक इसका विरोध कर रहे हैं वे चाहें तो नौकरी छोड़ दें। नौकरी किसी ने नहीं छोड़ी और यह नियुक्ति ऐसी परिपाटी डाली कि कालक्रम में गैर-ब्राह्मण भी धड़ल्ले से नियुक्त होने लगे।

सामाजिक सुधारों में सबसे अधिक अनुदारता बनारस के ब्राह्मणों में देखने को मिली। शायद इसलिए कि गुलाम होने के बाद बंगाल का हिस्सा बनने के बावजूद, ब्रिटिश शासन का दबदबा यहाँ उतना नहीं रहा, जितना बिहार और उड़ीसा में। यहाँ रहनेवाले सरयूपारीण ब्राह्मण वैसे तो अपनी उदारता के कारण अलग हुए थे कनौजिया ब्राह्मणों से, जब कनौजिया ने दशरथ के श्राद्ध में खाने से मना कर दिया था यह कहकर कि ब्राह्मणहन्ता का अन्न खाना शास्त्र में वर्जित है। पर तीन पंक्तिपावन और तेरह सररा ब्राह्मणों के श्राद्ध में अन्न ग्रहण करना स्वीकार किया यह कहकर कि अत्याचारी ब्राह्मण को माना उच्च नैतिक कर्म है। बाद में इन्होंने पहले सत्ताईस और बाद में सवालक्षी ब्राह्मणों को, जो अनार्य समेत तमाम श्रोतों से आये पुजारी वर्ग के लोग थे, अपने में समाहित करने की उदारता दिखायी थी। किन्तु कालक्रम में वे सबसे अनुदार ब्राह्मण बन गये थे, जिनका वर्चस्व इस इलाके में था। इसका मनोवैज्ञानिक कारण यह था कि वे अभी भी अपने को परम्परा, वेद और शास्त्र का एकमात्र अनुरक्षण, व्याख्या और परिवर्तन करने के विशेषाधिकार से लैस मानते थे और ऐसा करने के क्रम में वे स्वयं परिवर्तन लाना चाहते थे। उस अधिकार को किसी और को सौंपना नहीं चाहते थे। उनकी मानसिकता राधाकान्त देव से मिली थी, जो परम्परा को प्रस्तरीकृत (फासिल) मानते थे और उसी रूप में अनुरक्षित रखना चाहते थे। पीढ़ी-दर-पीढ़ी सौंपते जाना चाहते थे। आज यह ब्राह्मण द्वारा प्रदत्त ज्ञान का ही परिणाम है कि उमा भारती, ऋतम्भरा और अम्बेडकर जैसे गैर ब्राह्मण भी शास्त्रों की व्याख्या करने के लिए आगे आते हैं और करपात्री जैसे लोग उस पर उँगली उठाते हैं तो हँसी के पात्र बन जाते हैं। यह भी गौर करने की बात है कि जब भारतीय जन पर अंग्रेजों की जकड़ और अत्याचार बढ़ गया तो उसका विरोध करने में ये ब्राह्मण ही आगे आये चाहे नाना साहब, तांत्या टोपे, लक्ष्मीबाई जैसे रजवाड़े रहे हों, या एक तरफ रानाडे, तिलक से लेकर मालवीय, गोखले, सी. राजगोपालाचारी, नेहरू जैसे लोगं तो दूसरी तरफ बाघा जतिन, चन्द्रशेखर आजाद, सावरकर जैसे लोग अर्द्धस्वतन्त्र राजन्य वर्ग तो शाम्तिपूर्वक समझौता कर अपनी जमींदारी और सम्पत्ति बचाने में लगा था। और ज्योतिबा फुले से लेकर अम्बेडकर तक के लोग तो उस वक्त अंग्रेजों को अपना तरनतारक मानते थे और उनके न रहने पर अपना अलग राज्य।

हिन्दूवाद को राजनीति के केन्द्र में लाया महात्मा गाँधी ने, जब स्वतन्त्रता की लड़ाई को राष्ट्रीय बनाने के लिए जन आधारित बनाया। मुसलमानों को उससे जोड़ने के लिए उन्होंने धर्म-आधारित खिलाफ़त आन्दोलन को समर्थन दिया। उन्होंने रामराज्य की बात 8 मई, 1915 को कही थी रामायण के सन्दर्भ में। 1920 में उन्होंने रामराज्य को अंग्रेजों के राक्षस राज्य के बरक्श रखा था। उसके लिए उन्होंने अपने को सनातनी और वैष्णव कहा था तथा तुलसीदास के रामचरितमानस और गीता से उद्धरण दिया था। 1929 आते-आते उन्होंने रामराज्य को धर्मनिरपेक्ष बना दिया था। "रामराज्य से मेरा मतलब हिन्दू राज्य नहीं

है। मेरा मतलब दैवी राज्य से है, ईश्वर के राज्य से है, न्याय के राज्य से है, प्रजापालक के राज्य से है। इस मामले में मेरे लिये राम और रहीम एक ही और वही हैं।" गौर करने की बात है कि गाँधी एक लोकप्रिय हिन्दू महाकाव्य से यह शब्द लेते हैं और उसे पूर्णतः धर्मनिरपेक्ष बना देते हैं। जवाहरलाल नेहरू इस मामले में उनके उत्तराधिकारी हैं। वे अपने को पण्डित कहलवाना पसन्द करते थे। पण्डित ब्राह्मण को ही कहा जा सकता है। बाँसुरी वादक चौरसिया को पण्डित कहे जाने के बावजूद, विद्वान् कायस्थ 'मुंशी' बनकर रह जाता है। फिर भी उन्होंने धर्मनिरपेक्ष लौकिकता का ही राजनैतिक दर्शन रचा। सत्तापक्ष से उसका पहला हनन अटल बिहारी वाजपेयी और लालकृष्ण आडवाणी ने किया 'साफ्ट हिन्दुइज़्म' की बात कहकर। अब निरन्तर कोशिश हो रही है 'हार्श हिन्दुइज़्म' में रूपान्तरित करने की। गौर करने की बात है कि राममोहन राय, राधाकान्त देव से लेकर गीता प्रेस के हनुमान प्रसाद पोद्दार तक इस क्षेत्र के कार्यकर्त्ता कम-से-कम हिन्दू धर्म से सम्बन्धित पाठों को पढ़ते थे और मौका आने पर उद्धरित करते थे। पर आज के कार्यकर्त्ता बिना पढ़े ही जन-उन्माद पैदा करते हैं। इसलिए वह अनैतिहासिक, विभाजक और घृणा-उत्पादक बनता जा रहा है। आज आलम यह है कि राष्ट्रवाद, हिन्दूज्म और सुरक्षा को एकाकार कर सत्ता प्राप्त करने का निर्वचन रचा जा रहा है। यह सत्ता प्राप्त करने के लिए चाहे जितना सुविध ााजनक हो, समाज के लिए अन्ततः विनाशकारी है।

इस पुस्तक को तैयार करने का सुझाव श्री रमेश ग्रोवर ने दिया था। सामग्री जुटाने में सर्वश्री कृष्ण कुमार श्रीवास्तव, बी. जोशी और पुर्णेन्दु सिन्हा ने योग दिया था। लिखे जाने वक्त श्रीरंग से काफी उत्साहवर्द्धन मिला था। मैं इन सबका का आभारी हूँ।

- श्री प्रकाश मिश्र

इलाहाबाद

9.4.2019

अनुक्रम

उत्तर-सत्य और समकालीन भारतीय स्थिति

(1)

हमारा समय 'उत्तर-सत्य' का है। इसका अर्थ है सत्य होता नहीं है, उसे निर्मित किया जाता है। यह सत्य की परम्परागत धारणा पर प्रश्न-चिह्न लगाता है। इसलिए उत्तर-आधुनिक अवधारणा है।

पहले माना जाता था कि सत्य होता है, बस उसे खोजना पड़ता है। वहाँ सत्य का मतलब होता था ज्ञान का वास्तविकता के अनुसार होना—यानी तथ्यों पर आधारित होना—अनुमानित कर लिया गया होना या बना लिया गया होना नहीं। तथ्य ऐसा कि जिसके होने में अधिकांश लोग विश्वास करें। वह वस्तु और स्थिति दोनों के बारे में हो सकता है। वह विचार व सत्ता के वास्तविक अनुरूपता को स्वीकार करता है। ज्ञानमीमांसा में सत्यता की प्रकृति और उसके परीक्षण के लिए तीन सिद्धान्त विकसित किये गये हैं। पहले सिद्धान्त को अनुरूपता का सिद्धान्त कहते हैं। अनुरूपता का मतलब होता है दो विभिन्न वर्गों की वस्तुओं में से समान गुणों के सह-अस्तित्व को खोज लेना, जिससे कि एक के जानने पर दूसरे वर्ग की वस्तुओं को भी किसी सीमा तक जाना जा सके। ज्ञान के क्षेत्र में इसका अर्थ यह लगाया जाता है कि सत्य का अर्थ केवल वक्तव्यों की आत्मसंगति नहीं, वस्तु-स्थिति के साथ धारणाओं की अनुरूपता है। जैसे यदि हम कहें 'अभी पानी बरस रहा है' तो यह बात सही होगी यदि वाकई बाहर पानी बरस रहा है, अन्यथा असत्य होगी। सभी यथार्थवादी दार्शनिक व्यापक रूप से इस सिद्धान्त को स्वीकार करते हैं। इस स्थापना के वैसे तो कई दार्शनिक हैं, पर सबसे अच्छी व्यवस्थित व्याख्या बर्ट्रेण्ड रसेल ने की है। दूसरा है सामंजस्य का सिद्धान्त, सामंजस्य का मतलब होता है एक से अधिक तथ्य प्रत्यक्षों या सिद्धान्तों से ऐसा सम्बन्ध, जिसमें एक का सत्य दूसरे के सत्य को स्पष्ट या पुष्ट करने में सहायक सिद्ध हो। ज्ञान मीमासा के इस सिद्धान्त का मानक संगति है, ऐसी संगति जो किसी अर्थयुक्त पूर्ण के विभिन्न अंगों या खण्डों के पारस्परिक सम्बन्धों में व्यक्त हो। यहाँ सत्यता का क्षेत्र ज्ञान है, नैतिक व्यवहार नहीं। इस सिद्धान्त में दो मान्यताएँ निहित हैं। एक यह कि प्रत्येक वक्तव्य या निर्णय अंशतः सत्य होता है, अंशतः असत्य। जिस सीमा तक यह पूर्ण के अर्थ को प्रकाशित करने में योग देता है, वह सत्य है और पूर्ण से वह जिस सीमा तक विच्छिन्न होता है, वह असत्य है। दूसरे यह कि सत्य का पूर्ण रूप हमेशा

एक आदर्श होता है और यह कि उसकी वास्तविक स्थिति असम्भव है। मानवीय बुद्धि सीमित है और पूर्ण के सभी अंगों की संगति को पूरी तरह से आत्मसात् करना उसकी क्षमता के बाहर है। हम कह सकते हैं कि इस सिद्धान्त के अन्तर्गत सत्य वह गुण है, जो तर्क-वाक्यों की ऐसी व्यवस्था पर आरोपित किया जा सकता है, जिसमें प्रत्येक तर्क-वाक्य का दूसरे तर्क-वाक्यों से सुसंगति हो। इस सिद्धान्त का आरम्भ हीगेल के दर्शन से होता है। ब्रेडले, जोआजिम और ब्रैण्ड ब्लांशाई ने इसका विकास किया। तीसरा सिद्धान्त व्यावहारिकतावादी है। इसमें प्रत्येक वक्तव्य की सच्चाई उन व्यावहारिक प्रमाणों पर निर्भर होती है, जो उस वक्तव्य को स्वीकारने से निर्गत होते हैं। इस व्यावहारिकतावाद का जन्म प्रत्यक्षवाद के विरुद्ध हुआ था। प्रत्ययवाद मानता था कि सत्य विचार का होता है, उसका वस्तु के अनुरूप होना जरूरी नहीं और चूँकि विचार सार्वभौम और सार्वकालिक होता है, इसलिए स्थिर होता है तथा उसका मूल्य इसी में इसी नाते होता है। दार्शनिक पियर्स ने मान्यता रखी कि दार्शनिक विवेचन जीवन की वास्तविक समस्याओं से अविच्छिन्न रूप से सम्बन्धित होता है। लिखा, "किसी प्रत्यय का अर्थ समझने के लिए यह विचार करना आवश्यक है कि उस प्रत्यय में अन्तर्निहित सत्य से किन व्यावहारिक परिणामों की अनिवार्य निष्पत्ति अपेक्षित है। प्रत्यय का सम्पूर्ण अर्थ उन्हीं परिणामों के योग से बनता है।" इसे विकसित करते हुए विलियम जेम्स, जान ड्यूई और शिलर जैसे विचारकों ने कहा कि प्रत्ययों का मूल्यांकन उन व्यावहारिक परिणामों के सन्दर्भ में करना चाहिए, जो इन प्रत्ययों के अपनाने से निकलते हैं। ज्ञान की सत्यता और असत्यता इस बात पर निर्भर होती है कि वह ज्ञान कार्यसिद्धि में कितना योगदान करता है। निरपेक्ष अस्तित्व के विशुद्ध स्वरूप का विवेचन पलायनवाद है। दर्शन तभी प्रयोजनशील हो सकता है, जब वह मानव केन्द्रित हो। जीवन गत्यात्मक और परिवर्तनशील है तथा नित्य नयी अनुभूतियाँ नये सत्यों को उद्घाटित करती हैं।

मार्क्सवादियों ने सत्य के इसी स्वरूप को स्वीकार किया। कहा गया कि विचार में वास्तविकता का सच्चे रूप से प्रतिबिम्बन, जो अन्ततः व्यवहार के मानदण्ड से सत्यापित होता है, उसे सत्य कहते हैं। इस सत्य की विशेषताओं को वस्तुओं पर नहीं, विचारों पर आरोपित किया जाता है, उसकी भाषिक अभिव्यक्ति बनायी जाती है। यहीं पर अर्थविज्ञान (Semantics) हस्तक्षेप करता है। इसका दार्शनिक तार्स्की है। उसका कहना है कि नाम-रूप के सम्बन्ध से ही जुड़े वे तत्त्व होते हैं जो वाक्य-प्रमेय को अभिव्यक्त-प्रमेय से सम्पुष्ट करते हैं। उन पर अलग से कोई अभिप्राय नहीं आरोपित किया जा सकता। यदि किया जायेगा तो विरोधाभास पैदा होगा। तो भी एक विशिष्ट व्यवस्था पदक्रम की व्यवस्था के आरम्भ में ही बनायी जा सकती है, जिसमें एक सच्ची अवधारणा अपने पूर्वानुगत के लिए सटीक हो। यानी सत्य के सिद्धान्त को प्रमेय से अलगाकर रखा जा सकता है, जो प्रत्यय में कुछ अंश की तरह होगा। यह कारमाक के विश्लेषणात्मक सिद्धान्त (Theory of Analicity) से जुड़ा हुआ है। यह कि सभी प्रदर्शित किये जा सकनेवाले प्रमेय सच्चे

होते हैं, पर जरूरी नहीं कि सभी सच्चे प्रमेय प्रदर्शित ही किये जा सकें। एक नाम-रूपाकृति बनानेवाली भाषा में सच्ची न-प्रदर्शित की जा सकनेवाले प्रमेय की उपस्थिति उसकी अपूर्णता का और अविरोधाभास का प्रमाण है। यह स्थापना संकेत विज्ञान (semiotics) की ओर ले जाती है। इसके दो स्वरूप हैं। एक संरचनावाद, का दूसरा निर्वचन का। संरचनावाद का सम्बन्ध भाषा के विश्लेषण से है और निर्वचन का सम्बन्ध ज्ञान व सत्य के निर्माण से। दोनों की विस्तृत चर्चा हम अन्यत्र कर आये हैं। यहाँ इतना ही कहना पर्याप्त है कि जिस तरह से ज्ञान होता नहीं है, निर्मित किया जाता है, उसी तरह से सत्य होता नहीं है, निर्मित किया जाता है और उसकी निष्पत्ति अनुरूपतावाद, सामंजस्यवाद और व्यावहारिकतावाद की अवधारणाओं से सीधे होती है। जैसे जब एक स्त्री कहती है कि यह पुरुष 'सुन्दर' है तो इसमें 'सुन्दर' क्या है – उसकी कोई निरपेक्ष, सार्वभौम सार्वकालिक मानदण्ड नहीं है न ही उसके तत्त्व। वे सांस्कृतिक परिवेश और व्यक्तिगत चुनाव से निर्धारित होते हैं और एक तरफ से सम्बोधन पुरुष पर आरोपित किये जाते हैं, तो दूसरी तरफ दूसरों की पसन्द पर—उसकी पसन्द को खारिज करने के लिए या स्वीकार करने के लिए। अनुरूपता में जो छूटता है और जो पाया जाता है, दोनों ही वस्तुगत से हटकर आत्मगत होते हैं। इसी तरह संगति के सिद्धान्त को लागू करने पर जो ले लिया जाता है और जो बचा रह जाता है, दोनों की ही स्वीकृति, पहचान, व्याख्या आदि निर्मित की जाती है। व्यावहारिकता का सिद्धान्त तो पूरी तरह से निर्मिति और विनिर्मिति का सिद्धान्त है। संरचनावाद और उत्तर संरचनावाद उसका दर्शन रचते हैं। इनके मार्क्सवादी विचारकों लकलाऊ और माऊफ का कहना है कि सत्य के बारे में हर तरह के अनुभववाद, प्रत्यक्षवाद और सापेक्षवाद का विरोध कर सत्य का निर्माण व्यावहारिक इस्तेमाल के लिए प्रयोगकर्त्ता (यानी राजनीतिज्ञ, अर्थशास्त्री, समाजशास्त्री, नृतत्त्वशास्त्री, संस्कृतिवेत्ता, दार्शनिक, विरोधीदल के नेता आदि) द्वारा किया जाता है। अल्थूसर कहता था कि जानने के दौरान हम सत्य के तत्त्वों को निचोड़ते हैं– हम मूर्त से अमूर्त की ओर जाते हैं– यह एक निर्मिति होती है। मानविकी में इसका तात्पर्य होता है घटनाओं और वस्तुओं के वास्तविक संसार की वास्तविक प्रस्तुति प्रदान करना। यही प्रमेय के अर्थ का निष्पादन करता है। फूको कहता है कि सामाजिक जगत् और उसके सन्दर्भात्मक प्रस्तुति के बीच एक न भरा जा सकनेवाला अन्तराल होता है। यही कारण है कि अनुभव और तथ्यों का जगत् कभी भी सैद्धान्तिक वस्तुओं को गोचर नहीं कर पाता। विस्कर कहता है कि सत्य और झूठ के प्रश्न कभी भी वस्तुओं के सिद्धान्त-स्वतन्त्र जगत् से हल नहीं हो सकते। उल्टे वे ज्ञान के विशिष्ट मानदण्डों के सापेक्ष होते हैं। अर्थ से हटकर वस्तुगतता और वैधता को विशेषाधिकार देना उचित नहीं। सत्य के मुद्दे अर्थापन की व्यवस्था के सापेक्ष होते हैं। इसका मतलब यह नहीं है कि सत्य सम्बन्धी वक्तव्यों की वैधता पर विवाद ही नहीं होते या नहीं उठ सकते। उठ सकते हैं। इसलिए सत्य का एक उत्तर-पक्ष होता है। हमारा समय इसे स्वीकार करता

है। इसलिए यह 'उत्तर-सत्य' समय है। इसमें सत्य और असत्य के प्रश्नों का निपटारा निर्वचनीय व्याख्या के भीतर होता है जिसका मानदण्ड वह व्यवस्था प्रदान करती है – जैसा कि बिट्गेस्टाइन ने कहा था।

सत्य का यह उत्तर पक्ष उत्तरआधुनिकता के व्यवहार का दर्शन रचता है। इस क्रम में वह उन सभी अवधारणाओं का बीज-दर्शन बन जाता है, जिसमें आजकल 'उत्तर' जोड़कर बात की जाती है – प्राच्यवाद, पाश्चात्यवाद, साम्यवाद, उपनिवेशवाद और न जाने क्या-क्या। यह पहचाने और प्रचलित मूल्यों, जीवन-पद्धतियों, राजनैतिक क्रियाकलापों, सांस्कृतिक भविष्य, शिक्षा, दर्शन आदि पर पर सवाल उठाता है – उसे भरसक ध्वस्त ही कर देता है। यह दीगर बात है कि वह उसका स्थानापन्न नहीं रच पाता। परिणामस्वरूप जो जीवन ढंग अपने आप चलता जाता है, उसे कारपोरेटों के हवाले कर देता है। धन कमाने में उनका वर्चस्व अन्ततः अमेरिका (कहें विकसित देशों) द्वारा किये जा रहे शोषण को वैधता प्रदान करता है, क्योंकि यह हमें तथ्यों से आँख चुराने का उपदेश देता है। कहता है कि तथ्य महत्त्वपूर्ण नहीं होते। दरअसल वे होते ही नहीं, रचे जाते हैं। इसलिए वे पूर्वग्रहग्रस्त व्याख्याएँ होते हैं, व्यक्तिगत विचार होते हैं। महत्त्वपूर्ण जन का मत होता है। यानी सरकारी काम और जन की नीति का निर्माण तथ्यों के आधार पर नहीं, लोगों की इच्छा और मत के आधार पर किया जाना चाहिए।

(2)

इस तरह के दावों के परिणाम चौंकानेवाले है। अगर कोई पीड़िता थाने में जाये और कहे कि उसके साथ जबरदस्ती हुई है और दारोगा बजाय रिपोर्ट लिखकर कार्यवाही करने के कहे कि यह तथ्य नहीं, तुम्हारा मत है, पशुमेले से बैल खरीदकर हल चलाने के लिए कोई मुसलमान ले जाये और गोरक्षक उसे मार डालें तब घरवाले रिपोर्ट लिखाने जायँ और दारोगा कहे कि यह तथ्य नहीं, तुम्हारा विचार है, तो इस देश का क्या होगा? दरअसल तथ्य को नजरअन्दाज करना हमारे समय में सरकार की आदत हो गयी है, क्योंकि तथ्य उसे अड़ँसा में डालते हैं। इसलिए वह पुरजोर ढंग से तथ्य को अस्वीकार करती है और बिकी हुई मीडिया उसे हवा देती है। शिक्षा-व्यवस्था की दयनीय दशा पर चर्चा न हो, इसके लिए राष्ट्रवाद और विश्वगुरु होने पर जोर देती है। स्वास्थ्य व्यवस्था को निजी हाथों में बेच दिया जाये, इसके लिए मन्दिर और आरक्षण कर ढिंढोरा पीटा जाता है। बढ़ती जा रही बेरोजगारी, किसानों की निरन्तर दयनीय होती जा रही दशा, अर्थव्यवस्था का औंधे मुँह गिर पड़ना, लोगों के अधिकारों का हनन, बेईमानी का भण्डाफोड़ आदि के तथ्यों को लगातार दबाया जा रहा है। परिणामस्वरूप न केवल सामाजिक अस्थिरता बढ़ती जा रही है, हिंसा और उससे बढ़कर आतंकवाद हमारे जीवन में गहरी जड़ जमाता जा रहा है।

तथ्यों की स्थापना और मूल्यांकन आज इस उत्तर-सत्य युग में उसके दर्शन के प्रभाव से कैसे हो रहा है? माना कि सभी तथ्यों का स्वरूप एक जैसा नहीं होता। कुछ

सरल होते हैं, कुछ की जटिलता निरन्तर बढ़ती जाती है। वे जितना ही जटिल होते जाते हैं, उनकी पहचान और स्थापना कठिन होती जाती है। वे एक ऐसे चरण में पहुँच जाते हैं, जहाँ अस्पष्टता और उनका कई-कई वर्णन व व्याख्या के लिए गुंजाइश बन जाती है। जैसे यदि यह प्रश्न उठाया जाये कि सुभाषचन्द्र बोस की (1) मृत्यु हुई थी, (2) हत्या हुई थी, (3) उसके लिए षड्यन्त्र रचा गया था, तो यह तथ्य साफ-साफ स्थापित है कि उनकी मृत्यु हुई थी। इसे नकारा नहीं जा सकता। समस्या दूसरे और तीसरे के लिए होती है और इसमें तीसरे की जटिलता दूसरे से बढ़कर है क्योंकि तीसरा दूसरे पर आधारित है। पहले को तत्काल कहा या वर्णित किया जा सकता है। किन्तु दूसरे और तीसरे के तथ्यों को आज आठ दशकों के बाद भी तय नहीं किया जा सका है। इन पर विभिन्न लोंगों के विभिन्न मत हैं। कहें जितने लोग हैं, उतने मत बन जायेंगे। तथ्यों की जमीन सिर्फ साक्ष्य में नहीं होती, कारण और तर्क में भी होती है। पर इन कारणों और तर्कों के निर्धारण में समय लगता है, प्रयत्न करना पड़ता है और उसके लिए दक्षता की अपेक्षा होती है। तब भी किसी निर्णय पर पहुँचा जा सकेगा, निश्चयपूर्वक नहीं कहा जा सकता। इसलिए मुद्दा यह नहीं है कि तथ्य होते हैं, बल्कि यह है कि जहाँ तथ्यों के निर्धारण में अनेकानेक तत्त्व और प्रतिनिधान युक्त होते हैं और एक जटिल सामुदायिक अभिप्रेरणा की जरूरत पड़ती है, वहाँ एक अतिशिक्षित व्यक्ति के लिए भी सीधे-सीधे तथ्यों का आकलन करना कठिन हो जाता है। जैसे आज की आर्थिक स्थिति ठीक है कि नहीं (नोटबन्दी के बाद) – इस तथ्य पर निर्णय देना अच्छों-अच्छों के लिए कठिन है। फिर जब निहित स्वार्थवाले लोग लगातार गलतबयानी करते हैं, गलत सूचनाएँ प्रचारित करते हैं, बहुविध झूठ का फैलाव करते हैं और इस तरह जान-बूझकर घटनाओं या स्थितियों के इर्द-गिर्द धुन्ध फैलाते है– जैसे असहिष्णुता का प्रश्न हो, शारदा घोटाला हो या सहारा इण्डिया का घोटाला, या हार्दिक पटेल का सेक्स स्कैण्डल – तब तथ्य हमारी पकड़ से और दूर चला जाता है। इस तरह की बातें हमारे जीवन में इधर इतनी गहराई से पैठती जा रही हैं कि सचमुच जाने हुए तथ्यों के दावों पर भी सन्देह होने लगता है – जैसे संजय गाँधी की मृत्यु एक सहज दुर्घटना में हुई थी कि वह दुर्घटना करायी गयी थी? राम-रहीम का सेक्स स्कैण्डल और भागने की तदबीर एक वास्तविकता है कि मीडिया का निर्माण? इस क्रान्तिकारी (radical) अनिश्चितता के जगत् में उत्तर सत्य के युग में हम समझ नहीं पाते कि सत्य की जानकारी के लिए किस पर भरोसा करें। यह भी जानना दुश्वार हो गया है कि इस दुश्चक्र से कैसे बाहर निकला जाये।

अभी थोड़े दिन पहले तक हम एक ऐसे समाज में रहते थे, जिसमें विश्वास किया जाता था कि हम ज्ञान को सामाजिक दायरे से हस्तगत नहीं करते, अपने रिक्थ से यूँ ही पाते हैं। कुछ ज्ञान तो सामाजिक रूप से इतने महत्त्वहीन होते थे कि वे ज्ञान हैं भी – इस पर सन्देह रहता था। जैसे खेती करना, भजन गाना, पशुपालन करना, आखेट करना, बच्चे पालना, घर बनाना आदि। इससे हटकर जो दायरा था, उसके लिए विशेषज्ञों की –

आज भी शब्दावली में कहें तो प्रोफेशनलों की—एक ऐसी लड़ी थी, जिनके मत हमारे ज्ञान के लिए पर्याप्त होते थे। उनके मत पर सन्देह करने का कोई कारण नहीं होता था! जैसे कर्मकाण्ड व भविष्यवाणी में पुरोहित की बात, प्रशासन व न्याय में सामन्त की बात, वाणिज्य व व्यापार में वणिक् की बात, सेवा में सेवक वर्ग की बात, शिक्षा में अध्यापक की बात, कला में कलाकार की बात, बहस में वकील की बात, न्याय में न्यायाधीश की बात आदि। अब वह समाज गायब हो गया है, जो बचा है, वह जल्दी ही गायब हो जायेगा। अब इन इलाकों में हमारा मॉडल और आदर्श आत्मनिर्भरता बनती जा रही है। हम सभी विशेषज्ञ बनते जा रहे हैं। इण्टरनेट पर फैली आसानी से उपलब्ध सूचनाएँ यह भ्रम पैदा करती जा रही हैं कि हम हर क्षेत्र के ज्ञानी हैं। स्वयं ही विशेषज्ञों की सूचनाएँ ज्ञान को विस्थापित करती जा रही हैं। वे उत्तर-ज्ञान बन गये हैं। दुःखद यह है कि हम ज्ञानी या विशेषज्ञ नहीं बन पा रहे हैं, उसके चलते अनिश्चितता, अविश्वास और आपसी अविश्वास की दुनिया में विचरने लगे हैं। इतना ही नहीं, जब हम देखते हैं कि समकालीन समाज में ज्ञान का वितरण बराबर का है, किन्तु उसे हासिल करने का माध्यम इतना जटिल हो गया है विशेषज्ञतावाले श्रम-विभाजन के चलते, कि संज्ञान लेने की माद्दा ही तिरोहित होती जा रही है। दूसरी तरफ हममें से हर किसी के किसी-न-किसी बात का विशेषज्ञ बनने के कारण, जो तथ्यों के औपचारिक ज्ञान से सम्भव हुआ है—उस सीमित औपचारिक तथ्य ज्ञान के कारण दूसरे तथ्यों के ज्ञान के बारे में बाधा भी खड़ी हो गयी है। इससे समाज में व्यवहृति के क्षेत्र में एक बड़ी फाँक पड़ गयी है। कृषि विज्ञानी खाद, बीज, जलवायु, कीटनाशक आदि के बारे में अपनी वातानुकूलित प्रयोगशाला में खूब जानता है, पर वास्तविक खेत और किसानी के बारे में कुछ नहीं जानता। उसे किसान जानता है। सरकार जब किसान के सामान्य ज्ञान पर – अनुभव से, परम्परा से प्राप्त तथ्योंवाले ज्ञान पर— विशेषज्ञ के ज्ञान को जब लाद देने की नीति बनाती है, किसान के ज्ञान को पिछड़ा कह, विशेषज्ञ के ज्ञान को अगड़ा कह, तो किसान वास्तव में आत्महत्या की ओर बढ़ने लगता है। इस नये ज्ञान के आधार पर खेती करने के लिए जब वह बैंकों से कर्ज लेकर पूँजी लगाता है तो सब बण्टाधार जो जाता है। इससे निजात के लिए यह प्रोत्साहन नहीं दिया जाता कि किसान अपनी खेती स्वयं अपने ढंग से करे। प्रोत्साहन यह दिया जाता है कि वह खेती छोड़ दे, उसे कारपोरेट लोग करेंगे, उससे उसे रोजगार अपने ही खेतों पर मिलेगा, बस वह मालिक नहीं मजदूर बनकर रहेगा। यह निराशा में आशा का अजीब घनचक्कर है। तुर्रा यह कि कारपोरेट खेत खेती के लिए नहीं चाह रहा है, उद्योग के लिए चाह रहा है, उस पर चाहे बेचने के लिए प्लास्टिक बनाये या मकान। यह आत्मनिर्भरता और पर-निर्भरता का ऐसा घाल-मेल बनता जा रहा है कि एक वैकल्पिक और पारस्परिक तथ्य पर्यवेक्षण का रूप लेता जा रहा है। यानी सब-कुछ मत होता जा रहा है, उसके लिए तथ्य की आवश्यकता ही नहीं। जबकि समाज के चलायमान रहने के लिए तथ्य और सामाजिक विश्वास की जरूरत पड़ती है। यह उसमें अड़ँगा डाल रहा है।

जरा सोचिये तब क्या होगा, जब उसी तथ्य पर कई विशेषज्ञों के विचार आपस में भिन्न और विरोधाभासी ही नहीं, टकरानेवाले बन जायँ। तब वहाँ व्यक्ति का क्या महत्त्व रह जायेगा? इन विशेषज्ञों में कुछ ऐसे होते हैं, जो बहुत परिश्रम करते हैं, अपनी स्थापनाओं का पुनरावलोकन करते हैं, उन्हें परिमार्जित करते हैं, विसंगतियों को दूर करते हैं, सुधार करते हैं। निश्चय ही ऐसे लोगों को अधिक विश्वसनीय माना जाता है, उनके मत को अधिक सम्मान दिया जाता है। हमारे तमाम विख्यात-कुख्यात विश्वविद्यालयों में अधिकांश अध्यापक विचारधारा न तो बेचते हैं, न ही प्रचारित करते हैं। उन्हें निश्चय ही सामान्य छात्रों द्वारा बेचने व प्रचारित करनेवाले अध्यापकों की तुलना में अधिक सम्मान और विश्वास मिलता है। हमारे इलाहाबाद में अगर कोई ऐसा डाक्टर है जो अपने हृदय रोग सम्बन्धी विशेषज्ञता के कारण अपने नर्सिंग होम को केन्द्रीय सरकार के कर्मचारियों के लिए बने स्वास्थ्य योजना से जोड़कर पैसा कमाने के लिए जिसे जरूरत नहीं है, उसे भी पेस-मेकर लगाकर धन कमाता है, तो ऐसे भी अनेक डाक्टर हैं जो मरीजों को अनावश्यक दवाइयाँ नहीं देते, जिससे कि उनके स्वास्थ्य पर गलत असर न पड़े और रोग भी दूर हो जाये। वे पैसा बनाने के लिए छटपटाते नहीं रहते। निश्चय ही उनका सम्मान अधिक होता है, अधिक विश्वसनीय माने जाते हैं। यही बात तमाम वकीलों, पत्रकारों, व्यापारियों, प्रशासकों, सेवाकर्मियों और कहीं-कहीं तो राजनेताओं पर भी लागू होती हैं। उनके द्वारा प्रस्तुत तथ्यों और मतों पर आधारित हो सरकार यदि कोई नीति बनाती है तो निश्चय ही जन को अधिक लाभ पहुँचेगा। पर तब सही तथ्य और मत का पता लगाना काफी कठिन काम होता है— आज के उत्तर-सत्य युग में असम्भव काम हो गया है। यह तभी दूर हो सकता है जब विश्वसनीय विशेषज्ञों का पता लगाने के लिए एक समुचित प्रणाली विकसित हो जाये। इस उलट तथ्यों के बारे में अविश्वास न केवल संज्ञान का संकट पैदा करता हैं, नैतिक गिरावट भी गोचर कराता है। ऐसे में जरूरत है उत्तर-सत्य की अवधारणाओं से जरा बच कर रहना।

इस किताब को नोटिस में लिया जाना चाहिए था

सन् 2000 में रूपा ऐण्ड सन्स ने एक किताब छापी है; 'डिकालोनाइजिंग द हिन्दू माइण्ड'। लेखक हैं 'डॉ. कोनराड एल्स्ट'। यह किताब दरअसल लेवेन विश्वविद्यालय को डाक्टरेट के लिए प्रस्तुत शोधपत्र का चुना हुआ अंश है। बेल्जियम के इस लेवेन नगर में एल्स्ट का जन्म एक कैथोलिक परिवार में 1959 में हुआ था और वहीं से उन्होंने दर्शन, चीन की संस्कृति और अरबी-ईरानी संस्कृति में स्नातक की उपाधि प्राप्त की। 1988 में वे पहली बार भारत आये अयोध्या के राम जन्मभूमि बाबरी मस्जिद के विवाद का अध्ययन कर उसे पश्चिम के गैर-अंग्रेजी प्रेस को बताने के लिए। वहाँ उन्हें ऐसा मसाला मिला कि वह अध्ययन पूरा करने के बाद वे बनारस हिन्दू विश्वविद्यालय में बैठकर और पूरे देश में घूम-घूमकर यहाँ के बहुसंस्कृतिवाद, भाषा सम्बन्धी नीति की समस्याओं, तुलनात्मक मतान्तर और आर्यों के हमले सम्बन्धी समस्याओं पर गहराई से काम करने लगे। यह छपा शोध ग्रन्थ भी उसी सिलसिले में किये गये अध्ययन का परिणाम है। इसे तैयार करने में उन्हें जिनसे सहयोग मिला उसमें प्रगतिशील कहानीकार काशीनाथ सिंह और संकटमोचन मन्दिर के महन्त बीरभद्र मिश्र भी हैं। उन्होंने भारत के भाष्यवादियों पर कुछ गम्भीर आरोप लगाये हैं। उस पुस्तक का सारांश यहाँ इसलिए दिया जा रहा है कि जिससे वे तथा मार्क्सवादी लोग उनका समुचित जवाब दे सकें।

एल्स्ट का कहना है कि आज हिन्दू पुनरुत्थान, जिसे हम अन्ततः भारतीय जनता पार्टी के सत्तासीन होने में देखते हैं, वास्तव में तीन तरह के विदेशी मनोवैज्ञानिक, सामाजिक और राजनीतिक उपनिवेशवाद से मुक्ति की तलाश है। और इसको इस पर लिखे आलोचनात्मक साहित्य से नहीं समझा जा सकता, जो पन्थनिरपेक्षतावादियों, विशेषतः कम्युनिस्टों के द्वारा लिखा गया है और जो प्रचुरता से पश्चिम के अध्येताओं को प्राप्त है, क्योंकि यह विरोधियों द्वारा लिखा गया है, इसलिए वस्तुगत नहीं है। वस्तुगतता तब लोप हो जाती है, जब सामाजिक विज्ञान में शोध एक राजनीतिक एजेण्डा के अन्तर्गत शुरू किया जाता है। एल्स्ट का इरादा है कि ऐसा न हो पाये इसलिए वे मूल दस्तावेजों का सहारा लेते हैं और रिक्तियों को भरने के लिए पुनरुत्थान से जुड़े आज के अगुआ लोगों का साक्षात्कार करते हैं। तब वे पाते हैं कि यह पुनरुत्थान जिसकी परम अभिव्यक्ति भारतीय

जनता पार्टी के नेतृत्व में सत्तासीन होने में होती है, उसकी जड़ें दरअसल कहीं और हैं— राष्ट्रीय स्वयंसेवक संघ और हिन्दू महासभा के हिन्दुत्ववादी विचारधारा के दायरे से बहुत दूर रहकर सोचनेवाले विज्ञ लोगों की शृंखला में हैं, जिनमें राजा राममोहन राय, विपिन चन्द्र पाल, दयानन्द सरस्वती, विवेकानन्द, अरविन्द, लोकमान्य तिलक आदि की भूमिका श्रद्धानन्द, वीर सावरकर, गुरु गोलवलकर, बलराज मधोक, अरुण शौरी, गोविन्दाचार्य, रामस्वरूप और सीताराम गोयल वगैरह से बढ़कर है।

यह पुनरुत्थान करपात्री स्वामी और जगन्नाथपुरी के दो शंकराचार्यों के पुनरुत्थान सम्बन्धी विचारों से भिन्न है, क्योंकि इन तीनों ने आधुनिकता को परम्परा से खारिज करना चाहा था, छूआछूत, सतीप्रथा, स्त्री व शूद्र के द्वारा वेदपाठ की वर्जना, गोवधबन्दी आदि को मान्यता दी थी। किन्तु इस पुनरुत्थान ने छूआछूत समाप्त करने की बात कही, सती प्रथा को अपराध माना, शूद्रों और स्त्रियों को वेदपाठ करने का अधिकार दिया और गोवधबन्दी का मामला गौण माना, इसलिए यह पुनरुत्थान 'फण्डामेण्टलिज़्म का रिवाइवल' नहीं है। एल्स्ट स्पष्ट करते हैं कि 'फण्डामेण्टलिस्ट आन्दोलन एक तो धर्मग्रन्थों पर बल देता है, दूसरे अपने ही भव के भीतर व्याप्त समझौतापरक उदासीन नयी प्रवृत्तियों का विरोध करता है। लेकिन यह पुनरुत्थान एक तो हिन्दुत्व के बाह्य के सिद्धान्तों और सामाजिक शक्तियों का विरोध करता है, दूसरे धर्मग्रन्थों पर जोर नहीं देता। इस तरह यह हिन्दुओं के तमाम सामाजिक शक्तियों में एकत्व स्थापित करना चाहता है। इसका खुलासा करते हुए वे बताते हैं कि यूरोप के राजनीतिक, वैचारिक, आदर्शभूत और मनोवैज्ञानिक एकाधिकार के (जिसमें आज का मार्क्सवादी विचारधारा भी शामिल है) अधीन हो गये भारतीय को मुक्त कराना है। व्यवहार में यह हिन्दू संस्कृति को आधुनिकता की उपलब्धियों से सराबोर कर मानसिकता और राजनीति के स्तर पर इस्लाम, ईसाइयत और तथाकथित पन्थनिरपेक्षता के खतरों का मुकाबिला करना चाहता है। इसलिए इसका जोर पुनर्निर्माण पर है, परम्परागत को जस-का-तस स्वीकार करने में नहीं। जाहिर है कि तब यह शिवा जी और पेशवाओं के प्रतिक्रियावादी मराठी हिन्दुत्व से साबिका नहीं रखता। फिर विउपनिवेशीकरण पर इसका जोर संस्कृति के क्षेत्र में अधिक है, राजनीति, धर्मशास्त्र, सौन्दर्यबोध पर केवल प्रकारान्तर से।

एल्स्ट कहते हैं कि इस पुनरुत्थान को साम्प्रदायिक कहना बड़ा अजीब लगता है। एक तो पश्चिम के लोग इस शब्द से परिचित नहीं हैं। वे तो 'कम्युनलिज़्म' को एक हथकण्डा के रूप में जानते हैं, जिसका प्रयोग अंग्रेज भारतीयों को स्वाधीनता न देने के लिए करता था। दूसरे इस शब्द का प्रयोग अलगाववादी मुस्लिम राजनीतिज्ञ करते थे— कम्युनल अवार्ड के तहत पहले आरक्षण प्राप्त करना चाहते थे चाहे चुनाव में हो, राजनीतिक सत्ता में हो, या नौकरियों में। जिन्हें, 'हिन्दू कम्युनलिस्ट' कहा जाता है, वे तो इसका विरोध करते थे समानता के अधिकार और कानून की व्यवस्था के पक्ष में। गाँधी को गोली मारनेवाले गोडसे ने यही कहा था कि उन्होंने मुस्लिम कम्युनलिज़्म से समझौता

कर लिया है, जबकि अखण्ड भारत को एक प्रजातान्त्रिक धर्मनिरपेक्ष गणराज्य बनाया जाना चाहिए था। यहाँ तक कि जब कांग्रेस ने मुस्लिम लीग के कम्युनल लाइन पर बँटवारा स्वीकार कर लिया—पाकिस्तान मुसलमानों के लिए और हिन्दुस्तान हिन्दुओं समेत तमाम दूसरे लोगों के लिए—तब भी वे लोग इसका विरोध करते रहे। विडम्बना यह है कि उन्हें हिन्दू कम्युनलिस्ट तो कह दिया गया, पर मुस्लिम लीग को कम्युनलिस्ट नहीं कहा गया—इस लीग के उत्तराधिकारियों के साथ सत्ता में सहभागिता बनायी गयी। आज भी आल इण्डिया मुस्लिम काउन्सिल, जमाएत-ए-इस्लामी और सिम्मी के लोग, जो हर तरह से सिर्फ मुस्लिम हित की बात करते हैं व धर्म निरपेक्ष राज्य की कल्पना तक नहीं करते – चाहे पाकिस्तान हो या बँगला देश—अपने को नहीं, इन्हें कम्युनलिस्ट कहते हैं। उन्हीं के हितपोषक तथाकथित पन्थ-निरपेक्षी, जिन्होंने पाकिस्तान के निर्माण को खुला समर्थन दिया था, मार्क्सवादी लोग भी इस पुनरुत्थान को कम्युनल कहते हैं, इनके सिद्धान्तकर्त्ता विपिनचन्द्रा कहते हैं कि 'Secular interests of a group of persons are co-extensive with its religious rights' (जब कि इनका मसीहा मार्क्स धर्म को जनता के लिए अफीम कहता था)। इस परिभाषा की मजम्मत करते हुए एल्स्ट कहते हैं कि यह परिभाषा परिभाषित करनेवाले मानदण्ड पर खरी नहीं उतरती, क्योंकि इसका अर्थवाची क्षेत्र परिभाषापेक्षी समतुल्य के साथ मेल नहीं खाता। दरअसल जब वे साम्प्रदायिकता शब्द का प्रयोग करते हैं तब उनके सामने गोवध के खिलाफ आन्दोलन, बाबरी मस्जिद के खिलाफ आन्दोलन या रुशदी के 'सैटेनिक वर्सेज़' के खिलाफ आन्दोलन रहता है, जो शुद्धतः धार्मिक बातें हैं—उनके सामने उभयनिष्ठ आर्थिक, सामाजिक, राजनीतिक और सांस्कृतिक मामले और मूल्य नहीं रहते। प्रफुल्ल विदवाई और सरला झिंगरान की भी यही कमजोरी है। यह कुछ ऐसे ही है जैसे खुले बाजार की चर्चा करनेवाली भारत और चीन की सरकारें अपने को समाजवादी कहती हैं, जबकि समाजवादी सरकार का मतलब उस सरकार से होता है, जो उत्पादन के साधनों के राष्ट्रीयकरण में विश्वास रखती है।

हिन्दू राष्ट्रवाद की चर्चा करते हुए एल्स्ट कहते हैं कि यह उस तरह से एक नकारवादी विचार नहीं रहा है जिस तरह से यूरोप के लोगों से परिचित कराया गया है। एक तो इसका निर्माण आजादी की लड़ाई के दौरान हुआ, जब भारतीयों को अपनी अस्मिता की स्वतन्त्रता को खोजने की जरूरत पड़ी, उस पर गर्व करने की जरूरत पड़ी। दूसरे यूरोप में राष्ट्रीयता जहाँ भाषा के साथ-साथ जाति के बिलगाव से पैदा हुई, भारत में यह उसके ठीक उलट उनके समेकन से बनी। इसका जिन लोगों ने विरोध किया वे विघटनकारी लोग थे, जिसके परिणामस्वरूप पाकिस्तान बना। आज भी जो लोग इसका विरोध कर रहे हैं, वे जाति, क्षेत्र और परिवारवाद की राजनीति कर भारतीय गणराज्य को निरन्तर कमजोर कर रहे हैं। हिन्दू राष्ट्रवाद दरअसल एक सांस्कृतिक चिन्तन है, जो स्थानीयता को त्यागकर विश्वव्यापी बनने की शक्ति रखता है। इस ढंग से काफी पहले ही रवीन्द्रनाथ ठाकुर और राधाकृष्णन ने

सोचा-विचारा है, जिसमें किसी भी प्रकार के एकाधिकारवादी तत्त्व का समावेश नहीं है, जो इस्लाम और मार्क्सवाद में यत्र-तत्र, सर्वत्र दिखायी देता है।

इस राष्ट्रीयता के लिए आज एक नया शब्द का प्रयोग में लाया जा रहा है, 'हिन्दुत्व'। निश्चय ही यह 'हिन्दुइज़्म' से भिन्न है। हिन्दुइज़्म का सम्बन्ध हिन्दू धर्म से है, जबकि हिन्दुत्व का सम्बन्ध भारत देश से। "वे सभी हिन्दू हैं जो भारत को अपनी पितृभूमि मानते हैं और पवित्र भूमि मानते हैं।" इसमें सिक्ख, बौद्ध, जैनी तो स्वभावतः आ जाते हैं,, प्रकारान्तर से मुसलमान और ईसाई भी, जो यहीं जन्मे हैं, यहीं रहेंगे, यही मरेंगे – भले ही उनके तीर्थ स्थान भारत के बाहर हैं। गौर करने की बात यह भी है कि बंकिम ने भारत को माता माना था, ये पिता मानते हैं। इसका भी कोई निहितार्थ है?

मार्क्सवादी लोग इन्हें दक्षिणपन्थी कहते हैं। यह 'Rightist' शब्द का अनुवाद है। आदिकाल से ही 'Right' शब्द का मतलब उचित रहा है। दाहिने हाथ से काम करना अच्छा माना जाता है। सरकार को समर्थन देनेवाले दाहिनी तरफ बैठते रहे हैं। वाम दिशा तब भी ठीक नहीं मानी जाती थी। लेकिन आज क्रान्तिकारिता ओढ़ाकर उसे ही ठीक बताया जा रहा है; भले ही भारत जैसे देश में उसकी वकालत करनेवालों का अनुदान शून्य रहा हो, नूराकुश्ती का रहा हो, जन आकांक्षाओं के विपरीत। ये ही लोग, आज 'दक्षिण' शब्द का प्रयोग गाली के रूप में कर रहे हैं; बतौर प्रचार।

(2)

एल्स्ट आगे लिखते हैं कि भारत पर इस्लाम का दबदबा कोई हजार वर्षों से रहा है। एक तरफ इसकी परिणति देश के विभाजन में हुई है, जिसके फलस्वरूप भारत, पाकिस्तान और अब बँगलादेश के साथ लगातार तनाव बना हुआ है, कभी जमीन के नाम पर, कभी घुसपैठ के नाम पर, कभी शरणार्थी के नाम पर, कभी विद्वेष फैलाने के नाम पर, कभी लड़ी गयी तो कभी सम्भावित लड़ाई के नाम पर। दूसरी तरफ देश के भीतर आज भी तरह-तरह की समस्याएँ आये दिन पैदा होती रहती हैं, कभी धार्मिक स्थल के नाम पर, कभी जुलूस के रास्ते के नाम पर, कभी कोटे के नाम पर, कभी जनसंख्या के नाम पर, कभी समान संहिता के नाम पर, कभी पिलायी जानेवाली दवाई के नाम पर, कभी राष्ट्रगान के नाम पर, कभी किसी पशु के नाम पर।

ईसाइयत का दबदबा ऐसा नहीं रहा है। शायद इसलिए कि विलायती हुकूमत हद-से-हद दो सौ वर्ष ही रह पायी। उसके साथ आये तमाम बाहरी लोग स्वतन्त्रता मिलने के बाद, और पहले भी, चले गये। जो रह गये, वे स्थानीय धर्म-बदलू लोग थे। विलायतियों का शासन अपने अधिकांश में लौकिकता पर आधारित था—शासक वर्ग (यानी आई.सी. एस. और सेना के लोग) पादरियों को हमेशा नीची निगाह से देखता रहा। तो भी पूर्वोत्तर भारत और तमाम गिरिजनों के बीच की समस्या उन्हीं की देन है। हेनरी कैम्पबेल ने अम्बेडकर को अछूतस्तान बनाने के लिए उभारा था, ताकि उनके बीच का ईसायत का

प्रचार प्रभावशाली ढंग से किया जा सके। यदि वह सफल हो जाता तो उसका हश्र कुछ मुस्लिम सम्प्रदायवाद जैसा ही होता।

खैर, मार्क्सवाद ने जरूर एकाधिकारवाद स्थापित करना चाहा, जब शिक्षण संस्थाओं में इसके कार्यकर्त्ताओं की थोक के भाव आजादी के बाद के दिनों में नियुक्ति हुई। रूस से निकटता प्राप्त करने के लिए और प्रगतिशीलता का मुखौटा धारण करने के लिए पहले जवाहरलाल नेहरू और फिर इन्दिरा गाँधी का वरदहस्त इन्हें प्राप्त हुआ। मुखौटा इसलिए कि जब उन्होंने जातिवादी, क्षेत्रवादी, परिवारवादी राजनीति को प्रश्रय दिया तब प्रगतिशीलता रह ही कहाँ गयी? एल्स्ट कम्युनिस्टों की इस भूमिका को 'मैकालियन' कहते हैं, जिसने अपनी शिक्षा नीति से भारतीयों के एक वर्ग को रूप-रंग से तो भारतीय रहने दियाः किन्तु सोच में 200% अंग्रेज बना देना चाहा। ऐसे शिक्षितों का मानना था कि अंग्रेज भारतीयों को मुक्त कराने की उच्च भावना से प्रेरित कर्त्तव्यबोध लेकर आये हैं, भारतीय, जो आधे शैतान हैं और आधे बच्चे। परिणामस्वरूप उसने उस भारतीय शिक्षापद्धति को तहस-नहस कर दिया, जिसमें एक तरफ आदमी को ज्ञान दिया जाता था आदमी बनाने के लिए, तो दूसरी तरफ एक शिल्प सिखाया जाता था, रोटी कमाने के लिए। दोनों को नष्ट कर मैकाले ने ऐसा शुष्क ज्ञान देना शुरू किया, जिससे न तो ज्ञानी ही बना जा सकता था, न ही कारोबारी। हद-से-हद एक कुन्दमति किरानी बना जा सकता था, जो तब के लिखे-पढ़े लोग बहुतायत से बने। उस वक्त एक और लड़ाई चली थी—प्राच्यविदों बनाम एंग्लिकनों की। भारतीय वाङ्मय और जीवन-शैली की प्रचुरता को देखते हुए प्राच्यविदों ने शिक्षा का माध्यम संस्कृत और स्थानीय भाषा को बनाये रखना चाहा। लेकिन एंग्लिकनों ने उन पर पश्चिमी सांस्कृतिक मूल्यों को लादने के लिए अंग्रेजी को आधारभूत और स्थानीय भाषाओं को गौण माध्यम के रूप में अपनाये जाने पर बल दिया, जिससे कि तमाम किरानी और कुछ स्थानीय स्तर पर काम करनेवाले अधिकारी प्राप्त किये जा सकें। यह और बात है तथा यह भारतीयों की ताकत है कि इसी शिक्षा के परिणामस्वरूप वे जब स्वतन्त्रता और समानता जैसे जीवन मूल्यों से वाकिफ हुए तो एक बेहतर पोजीशन की माँग करने लगे। अंग्रेजों के साथ बराबरी की माँग अन्ततः आजादी की लड़ाई में तब्दील हो गयी। इसे धक्का पहुँचाने के लिए एलबर्ट बिल की नाकामी के बाद लाहौर में ओरिएण्टल यूनिवर्सिटी की स्थापना की गयी, जिसमें प्राच्यविद्या सम्बन्धी शोधों पर जोर इसलिए दिया गया कि इससे बराबरी और आजादी की लड़ाई मन्द पड़ जाये—भारतीय अपने अतीत की उच्चता में बस मगन रहे।

यही काम कम्युनिस्ट शिक्षाविद् आजादी के बाद करने लगे। जैसा कि आशीश नन्दी लिखते हैं, "Schooling is the chosen instrument of alienation. The brightest children are snatched away from the familiar surroundings to be introduced in the schools based on foreign ideology. When they leave, they speak the language of colonizer and can no longer communicate in their own terminology." रामस्वरूप कहते हैं कि इस शिक्षा की परिणति हिन्दुओं से घृणा करनेवाले

हिन्दुओं की उत्पत्ति में आज होती है, जो हिन्दुइज़्म के तमाम बुराइयों को तो जानते हैं, पर इसकी एक भी अच्छाई को नहीं, हिन्दुओं पर प्रहार गैर हिन्दुओं से घृणा करनेवाले हिन्दुओं की उत्पत्ति में आज होती है। वे हिन्दुओं पर प्रहार गैर हिन्दुओं से अधिक करते हैं। उन्हें तलवार की जरूरत नहीं पड़ती, शब्द ही अस्त्र होते हैं।

खैर, इन तमाम बातों की परिणति नेहरू के व्यक्तित्व में हुई जो इस्लामी लोगों के लिए 'इम्बाडीमेण्ट आफ इस्लाम', ईसाइयों के लिए 'ह्वाइट्स मैंस बर्डेन' और कम्युनिस्टों के लिए छद्म कम्युनिस्ट के रूप में स्वीकृत हुए। नेहरू वे व्यक्ति थे जो इटन में जगह न मिल पाने के कारण हैरो गये, कैम्ब्रिज इसलिए छोड़ दिया कि वहाँ बहुत से भारतीय पढ़ने लगे थे। उन्हें न तो ठीक से हिन्दी आती थी, न ठीक से उर्दू। एक बार रूस क्या हो आये 'नेहरूवियन सोसलिज़्म' की स्थापना करने लगे। उनकी इस छवि में ढालने के लिए और ढालने के बाद चमकाने के लिए जे.एन.यू. की स्थापना हुई, जहाँ कम्युनिस्ट लोग बहुतायत से पढ़ाने लगे और पूरे भारत में चेला बाँटने लगे।

जहाँ पन्थनिरपेक्षता का जन्म हुआ था, उस पश्चिम में वह विचारधारा से जुड़ा हुआ नहीं है। बस राज्य और चर्च के बीच एक समझौते की तरह है, दोनों के क्षेत्रों को अलगाता हुआ। राज्य के सन्दर्भ में इसकी प्रासंगिकता सिर्फ इतनी है कि राज्य का कोई अपना धर्म नहीं होगा (हालाँकि यूरोप के लगभग सभी राज्य अपने धर्म की घोषणा करते हैं) और धर्म के आधार पर शासकीय क्षेत्र में, विशेषकर सरकारी नौकरियों में कोई भेद-भाव नहीं बरता जायेगा। वहाँ धर्म को छोड़ा नहीं गया है, बस उसे उसकी जगह बतायी गयी है। जब भारत का संविधान बना था तब पन्थ निरपेक्षता का यही स्वरूप मूलाधिकारों के माध्यम से समस्त जन को प्रदान किया गया था। इस शब्द का सक्रिय प्रयोग तो 1976 में आपातकाल के दौरान किया गया था, जब तानाशाह इन्दिरा गाँधी ने अपनी छवि सुधारने के लिए, वह भी कुछ कम्युनिस्टों के समर्थन के दबाव में अलग से प्रस्तावना में जोड़ डाला था 'समाजवादी' शब्द के साथ, संसद् में बिना विचारों के सम्यक् आदान-प्रदान के।

पुनरुत्थानवादी इसे कोई खास महत्त्व देते भी नहीं हैं, क्योंकि हिन्दुत्व से उनका लगाव सिर्फ कथनी का नहीं है। इसलिए वे पन्थनिरपेक्षता पर नहीं, छद्म धर्म-निरपेक्षता पर ध्यान करते हैं, और वहाँ भी उसकी निन्दा करने के लिए। छद्म धर्म-निरपेक्षता से उनका आशय धर्म-निरपेक्षता की आड़ में तमाम हिन्दू-इतरों को संरक्षण देना है वोट की राजनीति के लिए, परिणामस्वरूप एन.एस. राजाराम इसे औपनिवेशिक स्थितियों का सन्तरण मानते हैं, जिसके तहत गैर-हिन्दुओं को खडा कर देश को गुलाम बनाये रखने की साजिश रची जाती है। इसे वे एक 'पोस्ट कालोनियल' प्रवृत्ति मानते हैं, जिसके तहत सेनेगाल और कांगों के स्कूलों में आज भी रटाया जाता है, "Nos ancestres Les Gaulois" (यानी हमारे पुरखे गॉल हैं), जो लोगों को उनकी वास्तविकता और अपनी संस्कृति से अलग-थलग करता है। यह सारी-की-सारी अवधारणा ही भारतीय अनुभव के विरुद्ध है। इसलिए

गैर-जरूरी भी। भारतीय समाज ने हमेशा ही बहु-मतवाद के अस्तित्व को प्रश्रय दिया है, उन पर वाद-विवाद की खुली छूट दी है, इन्हें विज्ञान के रास्ते में कभी बाधा नहीं बनने दिया है, बल्कि उसे स्वीकार कर बढ़ने-बढ़ाने की पूरी गुंजाइश प्रदान की है। इन सब पर रोक तो दरअसल यहाँ इस्लाम के आने के बाद से हुआ है।

कार्ल मार्क्स के लिए हिन्दुत्व एक सड़ी हुई और दमनकारी रूझान की विचारधारा था (शायद वे इसे हिन्दुइज़्म से 'इक्वेट' कर देख रहे थे,) जिसे वे तमाम साम्राज्यवादी यूरोपीयनों की तरह घृणा की दृष्टि से देखते थे। वे किसी हिन्दू स्वर्णिम काल की अवधारणा को पूरी तरह से नकारते थे। वे भारत को एक देश मानने के बजाय, धरती का एक विशाल टुकड़ा मानते थे, जिस पर तमाम ऐसी जातियाँ बसती हैं, जिन्हें तमाम दूसरे देशों के वाशिन्दे आये दिन गुलाम बनाते रहते हैं, ऐसे लोगों में अंग्रेज निश्चय ही इरानियों और तुर्कों से बेहतर हैं, जो इन्हें अन्ततः मुक्ति देंगे–भारतीयों को उनकी गुलामी उनके विकास की एक क्रम दशा है। यहाँ मार्क्स बिल्कुल मैकाले की तरह बात कर रहे हैं – एक सुपीरियर रेस की बात। मार्क्स के भारतीय अनुयायी इसी विचारधारा के प्रवक्ता हैं, वे आज भी भारत को कहीं से भी एक राष्ट्रीय इकाई नहीं मानते। यदि मानते हैं तो तभी तक, जब तक कि वह उनके सत्ता में आने के लिए सोपान का काम करे। ल माँद को दिये गये एक साक्षात्कार में 1993 में रोमिला थापर ने कहा था कि यह देश के रूप में बस कुछ ही वर्षों के मेहमान है। पालिटब्यूरो के एक सदस्य सीताराम येचुरी ने 1996 में इसे एक 'बहुराष्ट्रीय देश' कहा था। पं. बंगाल के मुख्य मन्त्रीज्योति बसु ने अपने मित्र अशोक सेन के साथ एक बयान में 1993 में कहा था कि जिस दिन बी.जे.पी. केन्द्र में सत्ता में आयेगी पं. बंगाल भारत के अलग हो जायेगा, यह और बात है कि 1998 में जब बी.जे.पी. वाकई सत्ता में आ गयी और तमाम लोगों का यह भ्रम टूट गया कि वह सिर्फ ब्राह्मण और बनिया की पार्टी है, कि उसके साथ कोई भी राजनीतिक दल कभी भी सहयोग नहीं करेगा, तब उनकी थीसिस की भुस्स निकल गयी। यह गौर करने की बात है कि हर बार विवाद और संघर्ष में वे हिन्दुओं के खिलाफ खड़े होते रहे हैं, चलते रहे हैं–चाहे वह 1942 का भारत छोड़ो आन्दोलन रहा हो, (तब वे अंग्रेजों के हितैषी बने थे,) चाहे पाकिस्तान के निर्माण की बात रही हो (1945, 47) चाहे हैदराबाद में रजाकारों को समर्थन देना रहा हो (1948), चाहे भारत पर चीन का हमला रहा हो (1962) चाहे अयोध्या का विवाद रहा हो (1992) या गोधरा-गुजरात काण्ड (2001-02)। यह दीगर बात है कि अपनी इस नीति के कारण वे भारतीय मुख्यधारा से निरन्तर कटे रहे हैं – बंगाल और केरल के अलावा वे कहीं भी अपनी चुनावी उपस्थिति नहीं जता पाते हैं और बंगाल में भी वे उपस्थित हैं तो इसलिए कि पहले पूर्वी पाकिस्तान और अब बँगलादेश से भागकर आये शरणार्थियों का हित साधन करते हैं (जबकि वहाँ कांग्रेसी और अब तृणमूली परम्परागत वाशिन्दों का हितसाधन करते हैं।) केरल में हैं तो इसलिए कि जहाँ कांग्रेस ईसाइयों का हित साधन करती है, वे हिन्दुओं

का करते हैं...इस प्रकार हम पाते हैं कि तीसरी दुनिया के तमाम देशों में मार्क्सवादियों ने जहाँ संस्कृति के स्तर पर उपनिवेशवाद का विरोध कर राष्ट्रीय गर्व की बात की है, भारत में वे सांस्कृतिक उपनिवेशवाद का समर्थन करते रहे हैं।

आज रूस के विघटन के बाद उनकी स्थिति और भी डाँवाँडोल है। रूस, पूर्वी यूरोप और चीन की सफलता के झूठ का भाँडा ज्यों-ज्यों फूटता गया है, उनकी दुर्गति त्यों-त्यों बढ़ती गयी है। बंगाल में लम्बे समय तक सत्ता में उनकी उपस्थिति के बावजूद वहाँ की समस्याएँ ज्यों-की-त्यों वैसी ही बनी हुई हैं जैसे देश के अन्य भागों में। ऊपर से औद्योगिक इकाइयों के बन्द हो जाने से और विदेशी पूँजी न लग पाने के कारण लोगों की स्थिति काफी दयनीय होती चली गयी है। इसी तरह केरल में पार्टी ने बड़ी लम्बी-चौड़ी निजी सम्पत्ति बना ली है, जो उसके साम्यवादी स्वरूप पर बट्टा लगाती है। दोनों ही जगह वह मजदूर आन्दोलन को क्रान्ति में बदलने में असफल रही है।

इन तमाम बातों के परिणामस्वरूप वे विचार के लिए आज नेहरूवियन विचारधारा पर आश्रित रह गये हैं, जो जैसा कि हमने ऊपर देखा, छद्म मैकालियन है और क्रियाकलाप के लिए और कोई एजेण्डा न मिल पाने के कारण वे मतनिरपेक्षता पर केन्द्रित होकर रह गये हैं, जो भारतीय संस्कृति का खुला विरोध है। जाहिर है कि यह कहीं से भी आर्थिक एजेण्डा नहीं है, जिसे मार्क्सवाद की जान माना जाता है। इसलिए उन्हें सत्ताधारी वर्ग और गुण्डई करनेवाले दलों से गठबन्धन करने में कोई गुरेज नहीं है। यह शुद्ध अवसरवादिता है, जिसके चलते इनका प्रभाव क्षीण होता जा रहा है। इतना कि जैसे इनकी बात सुनने के लिए देश की इटेलिजेन्सिया उपलब्ध ही न हो, परिणामस्वरूप वे तमाम देशी मुद्दों पर बातें करने के लिए आज अमेरिका जाने लगे हैं, सेमिनारों में, चाहे उन्हें सरकार आयोजित करे या विश्वविद्यालय।

(3)

एल्स्ट कहते हैं कि एक दूसरी धारणा जो गौर करने लायक है, वह पश्चिम की 'The other' की है। इसके दो रूप हैं। एक है फ्रान्सीसी यहूदी लेखक इमैनुएल लेविनस की और दूसरी एडवर्ड सईद की 'ओरिएण्टलिज़्म' है। पहली धारणा मानती है कि पश्चिम के भौतिकवाद के बरक्स पूरब का अध्यात्मवाद है और उसमें हिन्दू का अध्यात्म दूसरों के अध्यात्म की मुकाबिला करने की जगह उनको अपना ही एक पक्ष मानकर अपने में आत्मसात् कर लेता है। इसका मुख्य कारण यह है कि भारतीय धर्म किसी एक किताब, किसी एक मसीहा, पैगम्बर, देवदूत और एक कर्मकाण्ड की धारणा पर नहीं टिका है। परिणामस्वरूप बहुत-सी पुस्तकें, बहुत से देव-पुरुष, बहुत से कर्मकाण्ड स्वभावतः इसका अंग बन जाने की गुंजाइश पा जाते हैं। इस गुंजाइश के परिणामस्वरूप यह आध्यात्मिक

साम्राज्यवाद की स्थापना करता है, जो पश्चिम के अध्यात्मवाद के खिलाफ पड़ता है। अंग्रेजों ने जब इस देश को गुलाम बनाया, तभी इस पर रोक लग पायी। इसे रोके रखना जरूरी है। इसलिए हिन्दू पुनरुत्थान को कुचल दिया जाना चाहिए।

पेटर वान बीर इस विचार के नवीनतम पुरस्कर्ता हैं। भारत में सोहिनी घोष उनकी बातों को अपनाकर लिख रही हैं। आशीश नन्दी यह कहकर इसका विरोध करते हैं कि आज भारतीयता में पश्चिम की धारणाओं को अनावश्यक रूप से घुसेड़कर उसका अपचयन किया जा रहा है। इसका समर्थन करते हुए एल्स्ट कहते हैं कि यह भूला जा रहा है कि इसी हिन्दू अध्यात्म ने न केवल पारसियों और यहूदियों को शरण दिया, दक्षिण में ईसायत को–चाहे वह सिरियाक रहा हो, या डोमिनिक–कोई दो हजार वर्षों से संरक्षित करके रखा है और सूफियों को अपने मत का प्रचार करने के लिए बार-बार अवसर दिया है। यदि इस्लाम और ईसाइयत का कुछ हद तक विरोधी रहा तो इसलिए कि उन्होंने भारतीयता को ही समाप्त करने का बार-बार प्रयत्न किया। जहाँ नहीं किया–जैसे केरल में मोपला और पूर्वोत्तर भारत में तमाम चर्च–वहाँ बिना किसी विरोध के फलने-फूलने दिया।

एडवर्ड सईद दूसरी बात कहते हैं। वे कहते हैं कि हिन्दुत्व की धारण तो कभी थी ही नहीं। अंग्रेजों के आने के बाद, यानी पश्चिम के सम्पर्क में आने के बाद 18वीं सदी के पुनरुत्थानवादियों ने उसे बड़े ही रहस्यमयी और मिथकीय ढंग से पुनर्सर्जित किया, जिसके आधार पर यूरोपवालों ने 'द अदर सिविलाइजेशन' की कल्पना कर ली। यह उस किसी भी तीसरे देश की मानसिकता के अनुरूप है जिसे वह अपनी अस्मिता के लिए कल्पित कर लेता है। चूँकि कल्पित कर लेता है इसलिए वह वास्तव में होता नहीं है। तब जब हिन्दुत्व है ही नहीं, तो उसे जगाने या पुनर्स्थापित करने की बात ही बेकार है। वह इसलिए भी बेकार है कि जब जगत् की उपलब्धियाँ भौतिक हैं, यह खामख्वाह अध्यात्म की बात करता है। यह अच्छी ही बात है कि तमाम भारतीय आज इसे उखाड़ फेंकना चाहते हैं–उसे मनोवैज्ञानिक और बौद्धिक स्तर पर भी बनाये नहीं रखना चाहते हैं।

एल्स्ट कहते हैं कि ये दोनों ही विचार पोस्ट कालोनियलवालों के हैं जो आजाद देशों को आज भी एक कालोनी के रूप में ही देखना चाहते हैं। इसका सहज जवाब है हिन्दुत्व और भारतीय पुनरुत्थान। पोस्ट कालोनियल की धारणा से मुक्ति तमाम देशों की सख्त जरूरत है। उसके लिए उन्हें अपनी संस्कृति पर खड़ा होना होगा। भारत के लिए ऐसा आधार हिन्दुत्व ही है। बस आज उसकी भूमिका निश्चित किये जाने की जरूरत है, जैसा कि सीताराम गोयल कहते हैं। एल्स्ट कहते हैं कि हमें यह भी गौर करना पड़ेगा कि सिक्ख आतंकवाद, इस्लामी आतंकवाद, ईसाई आतंकवाद और अब कम्युनिस्ट आतंकवाद में इन तमाम यूरोपीय विचारधाराओं की क्या भूमिका है? हिन्दुत्व विचारक इससे टकराते हैं और पाते हैं कि ये समस्याएँ इसलिए हैं क्योंकि इसके पुरस्कर्त्ता हिन्दुत्व के दायरे में नहीं हैं। जब हो जायेंगे तो ये समस्याएँ दूर हो जायेंगी। कई लोग इस धारणा को बहुमत की तानाशाही कहना चाहेंगे।

इसका उत्तर देते हुए स्वप्नदास गुप्त कहते हैं कि तब पलटकर इन तमाम तरह के आतंकवादों को अल्पमत की तानाशाही क्यों न कहा जाय। आखिर तुष्टीकरण के चलते ही तो इस तरह के तमाम ग्रूप उठ खड़े हो रहे हैं, बन्दूक के बल पर अपनी बात मनवाने के लिए, बहुमत को नष्ट करने के लिए। प्रजातन्त्र बर्बरतन्त्र न बन जाय इसके लिए जरूरी है कि लोगों के बीच एक मजबूत नैतिक संस्कृति बनी रहे। हिन्दुत्व उसी का निर्माण और परिचालन करना चाहता है। इसीलिए यह एक कामन सिविल कोड बनना चाहता है, जिससे कि कुरान हाथ में लेकर स्त्रियों पर अत्याचार न किया जा सके। उसको न बनने देना साम्प्रदायिकता है। अंग्रेज इसी का इस्तेमाल करता था। आज जो इस विरोध का समर्थन करते हैं, दरअसल वे साम्प्रदायिक हैं। जो बनाने के लिए समर्थन देते हैं वे नहीं।

इन तमाम बातों का ऐतिहासिक पृष्ठभूमि में विस्तृत विश्लेषण कर एल्स्ट निर्णय देते हैं कि आजादी के बाद भारत में हिन्दुत्व सबसे बड़ा मूवमेण्ट है। यह कांग्रेस को हटाकर सत्ता में आने में सक्षम रहा है और आगे इन दोनों के बीच ही सत्ता संघर्ष टिका रहेगा। सत्ता में आने के बावजूद हिन्दुत्व के नेता अपनी विचारधारा को क्रियान्वित करने के लिए मार्ग और साधनों का निर्माण नहीं कर पाये हैं। उसमें समय लगेगा और यह विचारधारा क्रमशः बलवती होती जायेगी।

हिन्दुइज़्म

'हिन्दुइज़्म' शब्द का हिन्दी अनुवाद कठिन है। यदि उसे 'हिन्दूवाद' कहें तो एक तो यह शब्द प्रचलित नहीं है, दूसरे वाद कहने पर हिन्दू से तमाम बाद की विशेषताएँ जुड़ जायेंगी, जबकि यह शब्द हिन्दू बहुत स्पष्ट रूप से कहीं परिभाषित नहीं है। यहाँ तक कि इसकी उन विशेषताओं को भी कोटिबद्ध नहीं किया जा सका है, जिनसे इसकी पहचान बनती है, क्योंकि वे विरोधाभासी हैं। इसमें एक धर्म-विशेष से लेकर जीवन-पद्धति तक की बात समाहित की जाती है। उसमें वाद के जुड़ जाने पर प्रवृत्ति और जन के चित्त पर बल बढ़ जाता है। उसमें कुछ समूहों के विश्वास और 'क्लास' एक साथ काम करते हैं। वह स्वयं क्रियाशील नहीं होता बस उनसे रूप ग्रहण करता है। रेमण्ड विलियम्स कहता है कि, वाद का जन्म धार्मिक विवादों से उत्पन्न अधैर्य से होता है जो धीरे-धीरे स्वयं सिद्धान्तों के प्रति अधैर्य में रूपान्तरित हो जाता है। यानी धार्मिक से सैद्धान्तिक और सैद्धान्तिक से राजनीतिक रूपान्तरण ग्रहण कर लेता है। उसमें अनुदारता का तत्त्व काफी होता है। यही सब कारण है कि जहाँ आधुनिक भारतीय दार्शनिकों ने 'हिन्दुइज़्म' का अनुवाद हिन्दुत्व किया, वह हिन्दुत्व आर.एस.एस. के हाथों में एक राजनैतिक दर्शन बन गया।

'हिन्दुइज़्म' अंग्रेजों के भारत में जड़ जमा लेने के बाद प्रचलन में आया शब्द है, जब पादरियों ने यह कहना शुरू किया कि हिन्दुइज़्म एक 'अनरिडीम्ड रेलिजन' है और प्राच्यवादियों ने यह कहना शुरू किया कि इसे हमने खोजा है। उसके प्रतिकार में उन्हीं के मॉडल पर हिन्दू धर्म की पुनर्खोज और पुनरुत्थान ब्रह्मसमाज, प्रार्थना समाज, रामकृष्ण मिशन, आर्यसमाज आदि ने करना शुरू किया। वह विचारधारा विपिन चन्द्र पाल, अरविन्द, लाला लाजपत राय, बाल गंगाधर तिलक, महात्मा गाँधी, सावरकर, राधाकृष्णन, जवाहरलाल नेहरू, रामधारी सिंह दिनकर आदि से होती हुई आर.एस.एस. के हिन्दुत्व तक पहुँच गयी। आर.एस.एस. के हाथों में पड़ने से पहले कहा गया कि हिन्दुइज़्म एक धर्म नहीं है, आस्था है या कि हिन्दुइज़्म एक धर्म नहीं है, जीवन पद्धति है यह भी कहा गया कि 'धर्म' के लिए अंग्रेजी के 'रिलिजन' शब्द का गलत है, कम-से-कम अपर्याप्त तो है ही। मनुस्मृति के अनुसार धर्म के एक-साथ ही दस तत्त्व है — धैर्य, क्षमा, आत्मनियन्त्रण, अचौर्य, शुद्धता,

इन्द्रिय निग्रह, प्रज्ञा, ज्ञान, सत्य और क्रोध का त्याग, जबकि रिलिजन को एक ईश्वर, एक पुस्तक और एक मसीहा या पैगम्बर तक सीमित कर रख जाता है। इसी के आधार पर अरविन्दो घोष ने लिखा, "The religions are preponderatingly religions of faithful and professons , but the Sanatan Dharma is life itself, it is a thing that has not so much to be believed as lived." उसके पहले विवेकानन्द गुलाम हिन्दुओं में स्वाभिमान भरने के लिए कह चुके थे कि गर्व से कहो हम हिन्दू हैं। हिन्दुइज़्म के सन्दर्भ में विचारों को संक्षेप में कहा जा सकता है कि हिन्दू आधुनिकता नववेदान्त है। यानी इसके विविध रूपों में एक अनिवार्य एकता निःसृत है। जबकि ईसाइयत और इस्लाम सिर्फ अपने आपको सत्य कहते हैं, हिन्दुइज़्म स्वभाव से ही बहुलवादी है और सभी मतों को एक ही सत्य के विविध आयाम के रूप में स्वीकार करता है। वह एक वैज्ञानिक धर्म है, जो न केवल अपने भीतर के सम्प्रदायों में एकत्व स्थापित करता है, विभिन्न दीगर धर्मों को मत के रूप में स्वीकृति प्रदान कर उन्हें एकता के दायरे में लाता है। इस स्थापना के आधार पर वह एक तरफ भारतीय राष्ट्रवाद के लिए एक मजबूत विचारधारा प्रदान करता है, तो दूसरी तरफ हिन्दुइज़्म को विश्वधर्म बनने की ओर आगे ले जाता है। इसीलिए यह विचार अंग्रेजी पढ़े भारतीय मध्यम वर्ग के युवाओं के बीच काफी लोकप्रिय है। विवेकानन्द इन युवाओ के 'हृदय-सम्राट्' माने जाते हैं।

जब हम 'हिन्दुइज़्म' की अवधारणा की गहराइयों और विकास की दिशा में पैठते हैं तो तीन तरह के विचार सामने आते हैं-

1. यह लौकिक अवधारणा है;
2. यह धार्मिक अवधारणा है;
3. यह लौकिक और धार्मिक की मिली-जुली अवधारणा है।

ऐसा इसलिए है कि उस जमाने में हिन्दुइज़्म को लेकर तमाम लोग विचार कर रहे थे और उनकी दृष्टि आध्यात्मिक, बौद्धिक और सांसारिक-व्यावहारिक थी। दूसरे की पराकाष्ठा स्वामी निखिलानन्द में है, पहले की सर्वपल्ली राधाकृष्णन में, तीसरे की गाँधी-नेहरू-लोहिया-अम्बेडकर-रामविलास शर्मा में।

हम पहले को लेते हैं। वहाँ हिन्दुइज़्म को हिन्दू धर्म का लौकिक रूप माना जाता है। धर्म के तीन अंग माने जाते हैं दर्शन, कर्मकाण्ड और पुराकथा। जब हिन्दूधर्म की लौकिकता की बात करते हैं तो उसमें कर्मकाण्ड और पुराकथा को छोड़कर बात करते हैं। तब हिन्दुइज़्म का मतलब हिन्दू-दर्शन हो जाता है। दर्शन में जोर तर्क पर होता है। राधाकृष्णन कहते हैं कि तर्क का उपयोग दिये गये लक्ष्य तक पहुँचने के लिए किया जाता है। स्वयं लक्ष्य प्रपन्न मति (Intution) द्वारा तय होता है, जिसमें अनुभूति का प्रबल स्थान होता है। लौकिकता और दर्शन में आध्यात्मिकता चाहे जितना कम हो, आधिभौतिकता कम नहीं होती। मूल्यों का प्रसरण वहीं से होता है। डॉ. राधाकृष्णन के हिन्दुइज़्म सम्बन्धी विचार

उनकी पुस्तक 'हिन्दू विउ ऑफ लाइफ' में संकलित है। उन्होंने 1926 में मैनचेस्टर कॉलेज आक्सफोर्ड में आप्टान लेक्चर दिया था, जिसे एनविन हिमान लि. ने पुस्तकार छापा था। उसमें वे कहते हैं कि 'हिन्दू' शब्द मूल क्षेत्र (Territory) का द्योतक है, मत का नहीं। इसका मतलब है एक स्पष्ट रूप से परिभाषित भौगोलिक इलाके में बसगित उसमें आदिम सभ्यतावाले लोग, बर्बर लोग, अर्द्धसभ्य, सभ्य द्रविड़ और वैदिक आर्य लोग बसते थे। वे सभी हिन्दू थे और इस मामले में एक ही माँ के सन्तान थे। कूर्म पुराण के साक्ष्य पर वे कहते हैं, "The Hindu Thinkers reckoned with striking fact that the men and women dwelling in India belonged to different communities, worshiped different Gods and practiced different rites. " उनके पहले इतिहासकार विंसेण्ट स्मिथ कह चुका था, "India, beyond all doubt possesses a deep underlying fundamental unity, far more profound than that produced either by geographical isolation or by political superiority. That unity transcedents the innumerable diverseities of blood, colour, language, dress, manners and sect.

इसलिए हिन्दुइज़्म एक निश्चित रादान्तिक मत नहीं है, बल्कि एक विशाल, जटिल पर मूलतः समेकित एक आध्यात्मिक विचार और उसकी प्रतीति है, जो युगों-युगों से निरन्तर विकासमान है। उसका मत और दर्शन जीवन और विचार, व्यवहार और सिद्धान्त उसकी आन्तरिक लय और चेतना का निर्माण करते हैं। इसमें लोग जीवन से उठकर विचार में जाते हैं और अधिक समृद्ध होकर विचार से जीवन में वापस आते हैं, वास्तविकता के उच्च तल को प्राप्त कर। हिन्दुइज़्म के पूरे इतिहास में विचारों और व्यवहारों के अगुआ नयी स्थितियों से ताल-मेल बिठाने के लिए निरन्तर नये रूपों और आदर्शों के लिए प्रयोग करते मिलते हैं। इसकी पहली धड़कन तब सुनायी देती है जब हिन्दू आर्य गैर-आर्य लोगों में सम्पर्क होता है गंगा की घाटी में। दूसरी धड़कन तब सुनायी देती है जब उसमें 'सिज़्म' होता है, जिसमें बौद्ध, जैन तथा भागवत लोग विकसित होते हैं। अति सभ्य द्रविड़ लोगों से सम्पर्क होने पर तीसरी धड़कन सुनायी देती है। तब वैदिकता विश्वास के धर्म में रूपान्तरित हो जाती है। रामानन्द, चैतन्य, कबीर और नानक के सुधारवादी आन्दोलन, जिसमें इस्लाम का प्रणोद काम करता है, चौथी धड़कन की तरह सुनायी देता है। पश्चिम के सम्पर्क में आने पर ब्रह्मसमाज, प्रार्थना समाज, आर्यसमाज आदि का आविर्भाव होता है। पर इनके आधार पर हिन्दुइज़्म को यह कहकर खारिज नहीं किया जा सकता कि यह मात्र मतों और विचारों का प्रवाह और द्वन्द्व है। इसमें एक गहरी अन्तर्दृष्टि का विकास झलकता है, क्योंकि उसके विकास के प्रत्येक रूप और चरण में वेदान्त की एक अन्तर्निष्ठ सामान्य पृष्ठभूमि काम करती है। "Though Hindu Religion's thought has traversed many revolutions and made great conquests, the essential ideas have continued the same for four or five milleniums. The general conceptions are continued in Vedanta standard." इसके आधार पर डॉ. राधाकृष्णन कहते हैं कि आज पूरी दुनिया यह मानकर चलती है कि प्रकृति की अन्धी शक्तियों को यदि छोड़ दिया जाये तो दुनिया में ऐसा कुछ भी नहीं है जिसकी जड़ें यूनान में न हों। किन्तु यह बात अर्द्धसत्य है। चीन और जापान, तिब्बत और श्याम, बर्मा और लंका, मंगोलिया और पुराना अरब-ईरान सभी भारत द्वारा प्रदत्त स्वतन्त्र बुनियाद पर चलते हैं।

डॉ. राधाकृष्णन इस तरह से लौकिकता से आधिभौतिकता और आधिभौतिकता से आध्यात्मिकता की ओर बढ़ते हैं। कहते हैं कि वेदान्त एक मत नहीं, स्वयं धर्म है, जो अतिव्याप्त और सार्वकालिक सार्वदेशिक है। इसमें ईश्वर की अवधारणा एक रहस्य बन जाती है और वह रहस्य एक वाद बन जाता है, क्योंकि मानव मन टुकड़ों-टुकड़ों में काम नहीं करता। उसे कुछ तत्त्वों, संवेगों, मति और इच्छा में नहीं बाँटा जा सकता। दूसरे वे हर व्यक्ति में एक ही तरह से काम नहीं करते। इसलिए अन्तिम सत्य का ज्ञान भिन्न-भिन्न व्यक्तियों में भिन्न-भिन्न तरह से होता है। इसके बावजूद वह होता है अन्तिम सत्य ही तथा उसका अस्तित्व इन व्यक्तियों के कारण नहीं, स्वयं अपने आप में होता है। यह दीगर बात है कि मानव मन किसी निश्चित और सीमित सच्चाई को ही स्वीकार करने की ओर उन्मुख होता है और उसके लिए सुप्रीम की, सर्वोच्च की चाह चाहे जितनी अमूर्त हो, निश्चित की सीमा में आता है अपनी कल्पना के माध्यम से, अपनी कल्पना के अनुसार। यही कारण है कि मनीषियों ने व्यक्तिगत ईश्वर की अवधारणा लोगो के सामने रखी है। दूसरे हिन्दू मनीसा यद्यपि कि देवताओं की संख्या और उनके क्रम स्थान के जाल से अपने को मुक्त करने का प्रयास करता रहा है, तो भी सामान्य जन उससे मुक्त नहीं होते और एक नहीं, अनेकों देव की अभ्यर्थना एक साथ ही व्यक्तिगत ईश्वर के रूप में करते हैं। उनका सह-अस्तित्व ही हिन्दुइज़्म की खूबी है।

हम पाते हैं कि बौद्धिक और अकादमिक दृष्टि से धर्म की व्याख्या दार्शनिक मन को चाहे जितना अपील करता हो, धर्म की सच्ची चेतना का प्रतिबिम्बन नहीं कर पाता। स्वामी निखिलानन्द कहते हैं कि गैर-हिन्दू मतावलम्बियों ने हिन्दुइज़्म की जो व्याख्या की है, वह गलत और भ्रमकारी है। वही बात उन व्याख्याकारों पर लागू होती है, जो हिन्दू सिर्फ इसलिए हैं कि संयोगवश उनका जन्म किसी हिन्दू परिवार में हुआ था, पर सोचने का ढंग, प्रशिक्षण और मानदण्ड पश्चिम के मूल्य रहे। ये दोनों ही 'बाह्य' हैं इसलिए उनकी व्याख्या बहुत काम की नहीं। स्वामी निखिलानन्द रामकृष्ण मठ के संन्यासी थे, शिकागो मठ में रहते थे, विवेकानन्द के विचारों के दायरे में सोचते थे, उनके लेखन का उद्देश्य पश्चिम के पाठकों को 'आभ्यान्तरिक' की हैसियत से बताने की है, वह भी आध्यात्मिक-धार्मिक दृष्टि से। उनकी पुस्तक 'हिन्दुइज़्म' एलेन एनावेन से 1937 में आयी थी, डॉ. राधाकृष्णन की पुस्तक के बाद।

विवेकानन्द ने कहा था " The Hindu religion does not consist in struggles and attempts to believe a certain doctrine or dogma, but in realizing not in believing, but being and becoming." विवेकानन्द का प्रस्थान बिन्दु अद्वैत वेदान्त था और दृष्टिकोण भक्त तथा कर्मयोगी का था। उद्देश्य अपने गुरु रामकृष्ण परमहंस के विचारों का प्रचार करना था, जो ज्ञानी और योगी थे। निखिलानन्द दोनों का समन्वय प्रस्तुत करते हैं अद्वैत वेदान्त की बिना पर। कहते हैं कि हिन्दू रहस्यवाद और दार्शनिक चिन्तन की अन्तर्दृष्टि की सर्वोच्च उपलब्धि अद्वैत है, जो अस्तित्व की एकता को अन्तिम सत्य के रूप में स्थापित करता है। बताता है कि ज्ञान विषय और वस्तु के एकत्व का खुलासा करने से आगे नहीं जा सकता। इसलिए जिस सत्य का आख्यान वह करता है वह पूर्ण सत्य है और विरोधाभासों से मुक्त हैं, क्योंकि विरोध सिर्फ अर्द्धसत्यों का हो सकता है। इसी तरह अद्वैत का विरोध किन्हीं अन्य मत व्यवस्थाओं से नहीं है, क्योंकि यह विरोधाभासी सिद्धान्तों में एकता बनाता है और समस्त प्राणियों के कल्याण में रत रहता है।

अद्वैत के आधार पर वे स्थापना रखते हैं कि परमात्मा, आत्मा, सृष्टि, नैतिकता, आध्यात्मिक अनुशासन, लोकप्रिय धार्मिक प्रचलन और अन्य सम्प्रदायों, मतों, धर्मों के साथ सम्बन्ध सभी कुछ जीवन की समेकित दृष्टि पर अवलम्बित है और आज से ही नहीं, सांस्कृतिक जगत् के आदि से लेकर जीवनयात्रा के अन्त तक। गौर से देखा जाय तो भारतीयों का समस्त जीवन धर्म के इर्द-गिर्द नियोजित है, वही उनकी विश्वदृष्टि है, और विश्व-उद्देश्य है। बिना हिन्दुइज़्म को समझे भारत को नहीं समझा जा सकता। यदि भारत धर्म को छोड़ दे और उसकी जगह मात्र राजनीति, विज्ञान और तकनीक के आधार पर उसका पुनर्निर्माण करे तो वह विनष्ट हो जायेगा। इसीलिए उनके सारे राष्ट्रीय कलाप धर्म से जुड़कर होने चाहिए। भारत का अतीत यही ज्ञान देता है। यहाँ धर्म ने लोगों को भाग्य से लड़ने की ताकत दी है, उससे समृद्धि प्राप्त हुई है, साहस पैदा हुआ है, पहल करने की क्षमता आयी है, चरित्र बनाने और विकसित करने का ढंग मिला है, मानवता को उद्देश्य मिला है। धर्म के ही कारण भारत में एक सांस्कृतिक एकता कायम हुई है जिसका विस्तार भारत के बाहर भी गया है। जिसके कारण राज्य के रूप में विखण्डित रहने के बावजूद उनके तमाम विदेशी शक्तियों से बार-बार हार जाने के बावजूद उनकी संस्कृति नष्ट नहीं हुई है। वह आधार इतना मजबूत रहा है कि उसकी बुनियाद पर इधर भारत ने अपनी राष्ट्रीयता रची है और विदेशी ताकतों से मुक्ति के लिए लड़ रही हैं। (इसे आगे बढ़ाते हुए स्वामी रंगनाथानन्द ने कहा है कि गाँधी ने इसका इस्तेमाल कर अपने अनुयायियों और सहयोगियों के साथ देश को विदेशी शासन से आज मुक्त ही करा दिया है।) यही नहीं भाषा और राजनीति, कर्मकाण्ड और विश्वास, भोजन और पोशाक, जात और सामाजिक व्यवहार में विरोधाभास की हद तक भिन्नता होने के बावजूद इनकी गहरी आध्यात्मिकता खण्डित नहीं होती है। हिन्दुत्व की एक खास विशेषता यह है कि शाश्वत सत्यों पर निष्ठा टिकाने के बावजूद परिवर्तित स्थितियों के अनुरूप नये रादान्तों और कर्मकाण्ड की अनिवार्यता स्वीकार करता है। साफ-साफ मानता है कि पुरानी रीति मध्यकालीन समाज को सन्तुष्ट

नहीं कर सकता और मध्यकालीन बर्ताव आधुनिक काल में नहीं चल सकता। इसलिए वह निरन्तर विकास पर बल देता है एक जीवित इकाई की तरह।

निखिलानन्द आगे कहते हैं कि आज पूरी दुनिया धर्मनिरपेक्षता की बात करती है और उसका आधार विज्ञान तथा तकनीक का उत्तरोत्तर हो रहा विकास बताया जाता है। पर उसने एक ऐसी शक्ति का द्वार खोल दिया है, जो मानव रक्त से अपनी तृप्ति की कामना करती है। यह माँग स्वाभाविक और अनिवार्यसम्भव नहीं है। भौतिक विज्ञान के नियम धर्म के नियमों की तरह सार्वभौम हैं – सार्वदेशिक, सार्वकालिक–उनका इस्तेमाल एवं आदर्श जगत् के निर्माण के लिए किया जा सकता है, बशर्ते उनमें आध्यात्मिकता के, नैतिकता के तत्त्व समाहित कर दिये जायें। इसी तरह यदि धर्म को विवेक और प्रयोग की वैज्ञानिक चेतना से लैस कर दिया जाये तो दुनिया भर की मतान्धता और गलत विश्वास समाप्त हो जायेंगे। बिना विज्ञान और तकनीक की सहायता के धर्म के तमाम प्रिय आदर्श–जैसे आत्मा का देवत्व, मानवीय भाई-चारा, दरिद्रता से निजात आदि–सिर्फ अमूर्त विचार बनकर रह जायेंगे। वास्तव में धर्म और विज्ञान में बिलगाव एक बड़ी मानवीय त्रासदी रही है, जबकि दोनों का सम्बन्ध शरीर और आत्मा के सम्बन्ध जैसा बनना चाहिए था, जिसमें बिना शरीर के आत्मा का कोई मोल नहीं होता और बिना आत्मा के शरीर शव बन जाता है। निखिलानन्द का मानना है कि आज जगत् में जो वैमनस्य फैलता जा रहा है, वह भौतिकता के विकास और आध्यात्मिकता के ह्रास के कारण है। भौतिकता ऐसी भौतिक शक्ति प्रदान कर रही है, जो साथ के लोगों में भय, लालसा, दुश्चिन्ता, भग्नाशा, एकाकीपन, आशंका आदि पैदा कर रही है। इसका समाधान और शक्ति प्राप्त करने में नहीं, शक्ति का नैतिक इस्तेमाल करने से मिलेगा, जिसको राह आध्यात्मिकता दिखायेगी। "Religion alone can accomplish the cure by generating in man the power of aggressive goodness necessary to fight aggressive evil." आगे वे कहते हैं कि आजकल भौतिकवादी लोग धर्म के कई विकल्प सुझाते हैं, मानववाद, मानवतावाद, मनोविज्ञानवाद, समाजवाद, साम्यवाद, अर्थवाद, संस्कृतिवाद आदि। किन्तु वे धर्म का स्थान नहीं ले सकते, क्योंकि उनकी व्याप्ति भौतिकता के भीतर है, जबकि मनुष्य भौतिक के साथ-साथ मानसिक और आध्यात्मिक भी है, जो भौतिक से उच्च स्थान के हैं। भौतिकतावाद उनसे सम्बन्ध स्थापित नहीं कर पाता–कर ही नहीं सकता–क्योंकि वह शाश्वत आत्मा और शाश्वत सत्य के बीच शाश्वत सम्बन्ध नहीं बना सकता। वह काम धर्म का है इसी तरह एक धर्म दूसरे धर्म का शत्रु नहीं है। शत्रुता अनुयायियों की होती है, जो बाह्याचार तक सीमित रहते हैं और भौतिक लालसा से ग्रस्त रहते हैं, अपने अन्ध-विश्वास और उनसे जुड़े रास्ते को उच्च बताने के दौरान। जो आन्तरिक सत्य को समझते है, उसकी प्रतीति प्राप्त करते है, उनमें शत्रुता नहीं होती। दरअसल आज सभी धर्मों के शत्रु हैं संशयवाद, निरीश्वरवाद, कट्टरतावाद और दूसरों के प्रति समझ नहीं बनाने

की प्रवृत्ति। इनका मुकाबिला सभी धर्मों को मिलकर करना चाहिए। ऐसा करने के दौरान वे जगत् की चेतना के नये आयामों को अभिव्यक्त करेंगे, जिससे वृहत्तर मानवता का कल्याण होगा।

स्वामी निखिलानन्द का कहना है कि दार्शनिक दृष्टि से हिन्दुइज़्म यानी हिन्दुत्व अद्वैतवादी है, कर्मकाण्ड और पुराकथा की दृष्टि से बहुमतान्तिक हैं। दर्शन स्थापित करता है कि ईश्वर आत्मा और जगत् तात्त्विक दृष्टि से अद्वैत है और जो भिन्नता दिखायी देती है वह नाम-रूप के कारण है। उस भिन्नता का अस्तित्व अन्तिम वास्तविकता के परिप्रेक्ष्य में नहीं होता। व्यवहार में वह जिन देवत्वों को स्वीकार करता है, वे एक ही देव की विभिन्न परिप्रेक्ष्यीय अभिव्यक्तियाँ हैं। उनके माध्यम से वह अपने भक्तों की आकांक्षाएँ पूरी करता है। हिन्दू धर्म की ब्रह्मा, विष्णु, महेश की त्रिमूर्ति उसके तीन पक्षों या दशाओं का प्रतिनिधित्व करती है, जो सृष्टि, अनुरक्षण और विनाश को नियन्त्रित करते हैं। उनमें से एक बिना अन्य दो के अपूर्ण और भ्रमकारी हैं। निर्माण और विनाश के बीच ब्रह्म जगत् को रक्षित करके रखता है। यही कारण है कि हिन्दुइज़्म का व्यवहार करनेवाले तमाम सम्प्रदायों और मतों के देवताओं का निषेध नहीं करते। उनका सह-अस्तित्व स्वीकार करते हुए समुच्चय करते है। इसी तरह हिन्दुत्व अनुभूति पर जोर देता है, विश्वास और रूढ़ि पर नहीं। वह मानता है कि ब्रह्म को जानना ब्रह्म ही हो जाना है। वे निचोड़ में कहते हैं कि हिन्दुत्व को चार सिद्धान्तों में रखा जा सकता है : ब्रह्म की अद्वैतता, आत्मा की दैविकता, अस्तित्व की एकता और तमाम धर्मों की समरसता।

जो हिन्दुत्व को लौकिक और पारलौकिक दोनों मानते हैं, उनमें महात्मा गाँधी प्रमुख हैं। वे न तो कठोर दार्शनिक हैं, न ही सधे हुए संन्यासी। वे सहज ज्ञान और सहज अनुभूति के आधार पर अपनी बात रखते हैं, वह भी एक कटिबद्ध कार्यकर्त्ता की तरह जो देश की आजादी के लिए कटिबद्ध है। उनका कहना था कि हिन्दुइज़्म न केवल एक संस्कृति है, एक जीवित धर्म है। उस संस्कृति का निर्माण कुछ निश्चित आध्यात्मिक अवधारणाओं से हुआ है और वे सामान्य मनुष्यों के नित्य-प्रति के जीवन में आज भी जीवित हैं। उसे जानने के लिए चीड़-फाड़ करने की जरूरत उसी तरह से नहीं है, जिस तरह से कोई पेड़ जीवित है, उसे जानने के लिए पेड़ की चीड़-फाड़ करने की जरूरत नहीं पड़ती। ऐसा करने पर तो जीवित पेड़ मर ही जायेगा। यह उसी हिन्दुइज़्म का रस था कि आधुनिक काल में राजा राममोहन राय, स्वामी दयानन्द, रामकृष्ण, विवेकानन्द, अरविन्द और तिलक को जन्म दिया।

गाँधी का कहना है कि जन में यह भाव प्रचलित है कि हिन्दुत्व संसार के त्याग की बात करता है। परिणामस्वरूप वह सांसारिक सुख, सांसारिक उन्नति का आनन्द लेने से रोकता है। उससे जुड़े तमाम सामाजिक मूल्यों के अस्वीकार करता है। इसके उलट वह सांसारिक और पारलौकिक दोनों तरह के आनन्द को प्राप्त करने का राह सुझाता है।

हिन्दुइज़्म जितना उच्चतम शुभ को प्राप्त करने के लिए प्रेरित करता है, उतना ही उचित सुख भोगने के लिए कहता है। वह कर्त्ता, कर्म और फल में त्रिक को लेकर चलता है। भारत का इतिहास दिखाता है कि जब-जब वह आध्यात्मिक रूप से समृद्ध हुआ है, तब-तब भौतिक रूप से भी समृद्ध हुआ है। अशोक, चन्द्रगुप्त विक्रमादित्य, हर्ष, अकबर, शिवाजी, गुरु गोविन्द सिंह आदि का समय ऐसा ही रहा है।

कुछ लोगों का कहना है कि हिन्दुइज़्म की वर्ण-व्यवस्था ने लोगों को गरीब और पिछड़ा बना दिया है, अन्याय और स्वार्थ से समाज को अवसन्न कर दिया है। अन्याय, स्वार्थ, गरीबी और पिछड़ापन तो है। पर क्या उनकी जिम्मेदारी उपनिषदों, गीता, आदि काव्यों, इतिहास ग्रन्थों पर डाली जा सकती है? क्या ईसा मसीह की वाणी को यूरोपीय देशों में व्याप्त गरीबी, संघर्ष और राष्ट्रों व जातियों में व्याप्त द्वेष और हिंसा के लिए जिम्मेदार ठहराया जा सकता है? क्या कुरान-पाक को मुसलमानों के मौजूदा हतोभाग के लिए जिम्मेदार ठहराया जा सकता है?(गाँधी का आशय तुर्की के खलीफा की हार से था।) यह सब इसलिए है कि कुछ शक्तिशाली मनुष्य स्वभाव से ही अधार्मिक तथा अनैतिक होते हैं। वे अपनी शक्ति का प्रयोग दूसरो को कुचलने के लिए करते हैं, इन शक्तिशाली लोगों को शक्ति से कुचलकर नहीं, नैतिक बनाकर दुनिया को बेहतर किया जा सकता है।

कुछ अन्य लोग कहते हैं कि हिन्दुत्व विवेकपरक चिन्तन का विरोध करता है, विश्वास और श्रद्धा पर जोर देता है। यह इल्जाम गलत है। सभी धर्म विश्वास और श्रद्धा पर ही केन्द्रित हैं। हिन्दुओं की एक मशहूर प्रार्थना है, "हमें अँधेरे से रोशनी की ओर ले चलो, हमें अज्ञान से ज्ञान की ओर ले चलो, हमें अधर्म से धर्म की ओर ले चलो।" उपनिषदों और गीता के प्रवक्ता बार-बार स्पष्ट मति पर जोर देते हैं। मति के ही ग्रेड पर वे उच्च विज्ञान और निम्न विज्ञान की बात करते हैं। दूसरे के माध्यम से मनुष्य भौतिक समृद्धि प्राप्त करता है, आरोग्य प्राप्त करता है। पहले के माध्यम से अमरत्व। हमारे वाङ्मय में बार-बार कहा गया है कि दोनों ही ज्ञान आवश्यक हैं, एक तो सन्देह दूर करने के लिए, दूसरे हृदय की गाँठ खोलने के लिए।

जाहिर है कि हिन्दुइज़्म जीवन से असम्बद्ध दार्शनिक सिद्धान्तों का समुच्चय नहीं है, न ही रूढ़ियों और रादान्तों को आँख मूंदकर स्वीकार करने की राय देता है। वह दर्शन और प्रचलन, विवेक और विश्वास को मिलाकर वास्तविकता के लिए अन्तर्दृष्टि रचता है। वह कर्मकाण्ड और योग को गौण तथा कुछ ही लोगों के लिए वैध मानता है, सामान्य जन के लिए ज्ञान और उससे बढ़कर भक्ति की व्यवस्था करता है।

गाँधी वैष्णव हैं। वैष्णव अद्वैत नहीं द्वैत को मानते हैं। अद्वैती निर्गुण ब्रह्म को वास्तविक मानते हैं। जगत् को उसी की अभिव्यक्ति मानते हैं। इसलिए जो जगत् दिखायी देता है और वास्तविक लगता है, वह आधिभौतिक ढंग में सिर्फ माया है, क्योंकि वह सारतत्त्व नहीं उसका आभास है, उसकी माया है। इस तरह ब्रह्म और जगत् एक हैं। उसके

लिए अलग से किसी निर्माता की जरूरत नहीं हैं। यह अलगाव और जरूरत वास्तविक मनुष्य के अज्ञान के कारण लगता है। इस अज्ञान को ज्ञान से दूर कर देने पर यह भ्रम समाप्त हो जाता है। पर वैष्णव लोग जगत् को वास्तविक मानते हैं। इसलिए उसके कर्त्ता और पालनहार में विश्वास करते हैं, जो ब्रह्म है। ब्रह्मा के रूप में निर्माण करता है, विष्णु के रूप में पालन करता है। पालन करने के लिए विष्णु मनुष्य रूप ग्रहण करते हैं। अब तक नौ बार कर चुके हैं, दसवीं बार करना बाकी है। उनमें राम और कृष्ण अति महत्त्वपूर्ण हैं और पूरा भारतवर्ष उन्हें किसी-न-किसी रूप में स्वीकार करता है। दूसरे स्रष्टा और सृष्टि में अन्तर होने के कारण दोनों में दूरी है। दूरी होने के कारण स्रष्टा तक पहुँचा नहीं जा सकता। उसे ज्ञान से नहीं भक्ति से पाया जा सकता है, बशर्ते भक्ति इतने सच्चे मन और श्रद्धा से की जाये कि वह प्रसन्न होकर अपनी कृपा भक्त के ऊपर कर दे। उसके लिए सगुण ब्रह्म की जरूरत होगी, जो विष्णु के अवतार हैं। वे व्यक्ति के लिए व्यक्तिगत ईश्वर बन जाते हैं। उनको महसूस कर प्रतीति प्राप्त करना जरूरी है, जो भावना से आयेगा, तर्कबुद्धि से नहीं। इसका मतलब यह नहीं है कि ज्ञान को हमेशा के लिए खारिज कर दिया जाता है, उल्टे यह माना जाता है कि सच्ची भक्ति ज्ञानी ही कर सकता है। और भक्त को ही सच्चा ज्ञान प्राप्त होता है।

गाँधी सगुण और निर्गुण के अकादमिक बहस को बेकार मानते हैं और प्रार्थना तथा व्यवहार पर जोर देते हैं। दोनों ही उन्हें सत्य, प्रेम और अहिंसा की ओर ले जाते हैं। उन्हें प्राप्त करने का माध्यम सत्याग्रह है, जिसके कई रूप हैं और उनका इस्तेमाल स्वतन्त्रता प्राप्ति की लड़ाई में भी हो सकता है। उनके लिए ईश्वर व्यक्तिगत है, जो हृदय-परिवर्तन कर देता है। वही कर्म के अनुसार पुनर्जन्म प्रदान करता है और आत्मा के गुण के अनुसार वर्ण-व्यवस्था तय करता है। पर वे भाग्यवाद को अस्वीकार करते हैं और बलि-प्रथा की निन्दा करते हैं। मनुष्य को अपना भाग्य बनाने का पूरा मौका देते हैं। यह सब उन्हें सत्य और अहिंसा की ओर ले जाता है। उन्हें प्राप्त करने का माध्यम सत्याग्रह है जिसके कई रूप हैं और उनका इस्तेमाल स्वतन्त्रता प्राप्ति की लड़ाई में भी हो सकता है।

गाँधी प्रशिक्षित दार्शनिक नहीं थे। वे अपनी बात कुछ व्यक्तिगत अनुभव और कुछ अध्ययन, जिसमें कुरान, बाइबिल और कुछ समकालीन यूरोप के निरपेक्ष विचारकों की पुस्तकें शामिल हैं के आधार पर करते हैं। यह उन्हें सहिष्णुता और सर्वधर्मसमवाय की ओर ले जाता है। वे कहते हैं कि सभी धर्म सच्चे हैं सभी धर्मों में कुछ-न-कुछ कमी है और सभी धर्म मुझे उसी तरह से प्रिय हैं, जिस तरह से सभी मनुष्य और प्राणी। इसलिए हिन्दुत्व पर उनके विचार बहुत स्पष्ट और व्यवस्थित नहीं हैं। जैसे वे कहते हैं कि सत्य है, ब्रह्म है और ब्रह्म ही सत्य है। यह उसी तरह 'टाटालोजिकल' है, जिस तरह हीगेल का यह कहना कि विचार ही सत्य है और सत्य ही विचार है। 'टाटालोजिकल' होने के कारण दोनों का अर्थ अस्पष्ट हो जाता है। इसी तरह वे संघर्ष में हिंसा को नकार कर चलते हैं।

पर वहीं यह भी कहते हैं कि अहिंसा कायरों या निर्बलों का हथियार नहीं है, नैतिक रूप से बलिष्ठ लोगों का हथियार है। पर ये नैतिक रूप से बलिष्ठ लोग कौन हैं, उन्हें खोज निकालना कठिन है। अक्सर तो वे हिंसा करनेवाले लोग दिखायी देते हैं। जो थप्पड़ मारते हैं उनके सामने यदि हम दूसरा गाल कर देते हैं, तो वे दोनों पर मारते ही चले जाते हैं। प्रेम में वे दुश्मन से भी प्रेम करने की बात करते हैं, जैसे पड़ोसी से किया जाता है। व्यवहार में हम पाते हैं कि हम पड़ोसी से शायद ही प्रेम करते हैं। अक्सर तो मुकदमा लड़ते हैं। दूसरे वह प्रेम करे, न करे, हम करते ही चले जायँ—यह कैसे सम्भव है?

हिन्दुइज़्म पर उनके विचारों को व्यवस्थित करना कठिन है तो भी कहा जा सकता है कि उन्हें गीता और तुलसीकृत रामचरितमानस बहुत पसन्द है। पर इसका मतलब यह नहीं है कि वे अन्य ग्रन्थों का निरादर करते हैं। यह उसी तरह है कि जैसे वे कस्तूरबा से बहुत प्रेम करते हैं तो इसका मतलब यह नहीं है कि वे दूसरी औरतों का तिरस्कार करते हैं। उनके प्रति प्रेम की कोई पक्षधरता नहीं है, निकटता है। "सभी मनुष्य को अपना प्रिय चुनने का अधिकार है। मैं हिन्दुत्व को चुनता हूँ। उसके अवतारवाद, मूर्तिपूजा, उसके सांस्कृतिक रिक्थ को चुनता हूँ।" मनुष्य संयोगवश ही एक सांस्कृतिक वातावरण में पैदा होता है, वही उसका अपना हो जाता है। जिसमें वह रस-बस जाता है, परम्परा व प्रचलन में, वे संयोगवश नहीं होते, एक संस्कृति के रिक्थ होते हैं। उन्हें त्यागा नहीं जा सकता, बस देश, काल और परिस्थिति के अनुसार कुछ परिवर्तन किया जा सकता है। उसे नकार कर किसी समुदाय की बात करना बेमतलब है।

अपने मत को स्थापित करने के लिए हिन्दुस्तान में त्रयी यानी उपनिषद्, ब्रह्मसूत्र और गीता की व्याख्या की परम्परा रही है। धार्मिक प्रचारक और अकादमिक दोनों लोगों ने यह काम किया है। पर आधुनिक काल में विशेषतः नवजागरण के दौरान जोर गीता की व्याख्या पर रही है। गाँधी ने भी अपनाया है अपनी बात समझाने के लिए—न अकादमिक व्याख्या के लिए, न मत-प्रचार के लिए। गाँधी के ठीक पहले गीता की व्याख्या लोकमान्य बाल गंगाधर तिलक ने किया था। कांग्रेस में वे गरमदल के नेता थे, उसके पहले वे चाफेकर बन्धुओं की शहादत और उसके माध्यम से हथियार के प्रयोग से देश को स्वतन्त्र करने की वकालत अपने अखबार 'केसरी' के माध्यम से कर चुके थे और अरविन्द के विचारों के कायल थे। इस दृष्टि से उन्होंने गीता को 'कर्मयोग शास्त्र' कहा था। गाँधी को लगा था कि इस तरह की व्याख्या हिंसा को समर्थन और बढ़ावा देनेवाला है, जबकि जरूरतर है अहिंसा और सत्य को बढ़ावा देने की। गाँधी का गीता का अनुवाद 'यंग इण्डिया' में 1931 से धारावाहिक रूप से प्रकाशित होने लगा था, जो उस समय का जनप्रिय अखबार था। उन्होंने उसकी भूमिका 'अनासक्ति योग' के नाम से लिखी थी और व्याख्या उसी दृष्टि से की थी, जिसका तात्पर्य था कि व्यक्ति को अपना कर्त्तव्य शान्तिपूर्ण ढंग से करते जाना चाहिए, बिना फल की चिन्ता किये हुए। फल देना ईश्वर के हाथ में है,

कर्त्तव्य के अनुसार कर्म करना आदमी के हाथ में है। यह व्याख्या और अनुवाद भारत के सामान्य जन के लिए था, जिन्हें गीता की सहायता की आवश्यकता थी। उन्होंने गीता को रूपक कथा कहा और उसके पात्रों को लेखक की कल्पना। ऐसा उन्होंने धर्म और नीति में विभेद करने के लिए भी किया। वे युद्ध के विम्बविधान की भर्त्सना करते है, क्योंकि अनासक्ति तभी हो सकती है, जब हिंसा को त्यागकर अहिंसा को अपनाया जाय। हिंसा लिप्ति की देन होती है, आसक्ति से उपजती है। इसलिए युद्ध में कृष्ण हथियार त्यागकर शामिल होते हैं। भक्ति की व्याख्या इस तरह से की जानी चाहिए कि वह अहिंसा और सत्य का पर्याय बन जाय। वहाँ अवतार का मतलब उस उदाहरणीय व्यक्ति या नायक से लगाते हैं, जिसने अपने समाज के हित के लिए असामान्य काम किया है। तभी इस नैतिक स्थापना तक पहुँचा जा सकता है कि जो काम निष्काम होकर नहीं किया जा सकता उसे एक बुराई की तरह तर्ज दिया जाना चाहिए। तभी गीता पूजित होनेवाले धर्मग्रन्थ से हटकर सनातन सत्य और अहिंसा की बात करनेवाला व्यावहारिक ग्रन्थ होगा।

गाँधी हिन्दुत्व की, उसमें भी वैष्णवों की शब्दावली अपनाकर भारतीय आधुनिकता की स्थापना कर रहे थे और इस तरह से पश्चिम के ज्ञानोदय और आधुनिकता की शब्दावली तथा उसके असर को नकारना चाह रहे थे। इसका एक प्रमाण उनकी पुस्तक 'हिन्द स्वराज्य' है, जिसमें वे 'आत्मा' की जगह 'आत्म' और औद्योगिक विकास, पूँजी और श्रम का शोषकपरक सम्बन्ध युद्ध की अवश्यम्भाविता आदि की भर्त्सना करना है तो भी वे पश्चिम को पूरी तरह से नहीं कतराते। ऐसे स्थल हैं जहाँ वे जान लाक की इस नकारात्मक अवधारणा को स्वीकार करते हैं कि राज्य को सभी धर्मों से दूरी बनाकर रहना चाहिए, क्योंकि धर्म व्यक्तिगत आस्था और विश्वास की वस्तु है। उसे लोक और समाज तो जी सकता है, पर राज्य उस पर आधारित हो नीति नहीं बना सकता। इसी तरह वे बाद के सत्तासीन विचारकों नेहरू आदि के धर्मनिरपेक्षता के सकारात्मक विचार को अस्वीकार करते हैं, जिसके तहत सभी धर्मों के साथ बराबरी का व्यवहार करते हुए उन्हें संरक्षण दिया जाना चाहिए, उसके अनुरूप नीति बनानी चाहिए। इसका प्रमाण उनकी आत्मकथा 'सत्य के साथ प्रयोग' और सी. एफ. एण्ड्रुज जैसे पुरुषों को लिखे कतिपय पत्र हैं। अपनी आत्मकथा में वे कहते हैं कि समाज सुधारक के रूप में उनका इरादा हिन्दुत्व को अनैतिक स्थिति से बदलकर नैतिक स्थिति में लाना है। इसकी व्याख्या करते हुए सी. एफ. एण्ड्रुज को लिखा था कि इसका मतलब हिंसा से अहिंसा की ओर लाना है। इसके लिए वे अपने परवर्ती बुद्ध की नीति अपनाते हैं। बुद्ध ने कहा था कि आदमी जन्मना नहीं, कर्मणा से जात-स्थान पाता है। गाँधी इसी बात को दूसरी तरह से कहते हैं : जन्मना सभी शूद्र हैं। ये संस्कार हैं, जिसके चलते कोई शूद्र ही रह जाता है, कोई बढ़कर वैश्य, क्षत्रिय या ब्राह्मण बन जाता है। आज इनका आधार जन्म है। पर आगे ऐसा समय आयेगा, जब कर्म बन जायेगा। इसलिए सरकार के नीति-निर्धारण और विधि-निर्माण में वर्ण का कोई स्थान नहीं होगा। वह सर्वजन के हित को ध्यान में रखकर बनाया

जायेगा। इसके लिए उन्होंने पश्चिम की आधुनिकतावादी शब्दावली का प्रयोग न कर हिन्दुइज़्म की शब्दावली विशेषकर वैष्णव मत की शब्दावली का प्रयोग किया था।

गाँधी ने यह भी कहा कि बुद्ध अपने उद्‌देश्य में बुरी तरह से असफल हो गये। एण्ड्रुज को लिखे एक दूसरे पत्र में कहा कि ऐसा इसलिए हुआ कि उन्होंने अपना काम मत की तरह परिवर्तनकारी ढंग से करना तुरन्त आरम्भ कर दिया, जो राजाओं के भरोसे कोई हजार साल तक चलता रहा, पाँच सौ वर्षों के उत्थान के बाद पतन की ओर और शंकराचार्य ने हिन्दुत्व की पुनर्स्थापना कर उसे मटियामेट ही कर दिया। चूँकि उनका जोर क्रान्ति नहीं, विकास पर है, जहाँ उद्‌देश्य के साथ-साथ उसके साधन की पुनीतता पर भी बल दिया जाता है, इसलिए वह लम्बे समय तक चलेगा। विडम्बना यह है कि यह विकास उनके साथ ही समाप्त हो गया। पण्डित जवाहरलाल नेहरू ने सत्तासीन होते ही उनके विचारों को बला-ए-ताक पर रख दिया और नाथूराम गोडसे ने उनकी हत्या ही कर दी। उसका दार्शनिक कारण क्या था, उसे एक दूसरे लेख में दर्शा आये हैं।

पूरी तरह से लौकिक होकर हिन्दुइज़्म पर लिखनेवालों में पं. जवाहरलाल नेहरू अग्रणी हैं। वे गाँधी के ऐसे मित्र-शिष्य हैं, जो उन्हें स्वीकारते कम, अस्वीकारते अधिक हैं। उनका जन्म एक ऐसे ब्राह्मण परिवार में हुआ था, जो मुगलों के सम्पर्क में रहकर अपनी कट्टरता कब का त्याग चुका था और पश्चिम की आधुनिकता से न केवल वाकिफ था, उसे स्वीकार करता था और अपनाकर चलता था। उसका इस्तेमाल वह एक तरफ अंग्रेजों की राजनैतिक-आर्थिक गुलामी से मुक्त होने के लिए करता था तो दूसरी तरफ वह यूरोप के आधुनिकतावादी मूल्यों को यहाँ के सामूहिक जीवन में फैलते देखना चाहता था। नेहरू की शिक्षा परम्परागत हिन्दुत्व में कम, कुरान व बाइबिल के प्रभाव में अधिक हुई थी। इससे उन्हें किसी धर्म-विशेष में आग्रह न रह गया, तो भी वे बौद्ध मत के प्रति थोड़ा झुके हुए थे, सम्भवतः उसके सामाजिक एजेण्डा के कारण। पर उस पर शंका भी उठाते हैं, यह कहते हुए कि वैदिक मत आनन्दवादी था, उपनिषदों में वह निवृत्ति के बीच पहुँच गया। उसी को पकड़कर बुद्ध ने निवृत्ति मार्ग रचा। शंकराचार्य और कुमारिल भट्ट को इससे उसे विनष्ट करने में बड़ी सुविधा हुई ब्राह्मणवाद के उपनिषदिक तत्त्वों के आधार पर। वहीं चीन, जापान वगैरह में वह अभी भी एक जीवित मत है, क्योंकि वहाँ के सांस्कृतिक परिवेश में निवृत्ति नहीं, प्रवृत्ति की स्वीकृति रही। दरअसल हर देश में यह ताकत होती है कि वह बाहर से आये मत को अपने स्वभाव के अनुसार बदल दे। शायद भारत में निवृति की प्रवृत्ति परा-ऐतिहासिक काल से ही रही है, भले ही वह आर्यमूल की न हो। यह स्थापना डॉ. राधाकृष्णन के इस मत के अनुसार है कि पश्चिमी लोग तो जिन्दगी के भीतर घुसकर आनन्द का रस पीते हैं, पर पूर्व के लोग अन्धकार में जीवन का अर्थ ढूँढ़ने में व्यस्त रहते हैं। इससे जीवन में निराशा बड़ी गहराई से फैलती गयी है। हिन्दुत्व को इससे उभरना है।

नेहरू की आसक्ति रूस की साम्यवादी व्यवस्था में थी। वे 'फेबियन सोशलिज़्म' को माननेवाले थे, जो समाजवाद की स्थापना क्रान्ति से नहीं, संक्रमण से करने की वकालत करता था। तीसरे वे इतिहास के गहरे अध्येता थे, उन पर पुस्तकें लिखीं, तमाम भाषण देते रहे, जिनमें उनके तमाम विचारों की स्थापना होती है। चूँकि वे भारत के प्रधानमन्त्री रहे, इसलिए उसे कुछ व्यावहारिक रूप देने में सफलता मिली।

अपनी पुस्तक 'डिस्कवरी आफ इण्डिया' में उन्होंने लम्बे अध्ययन के बाद यह स्थापना रखी कि 'हिन्दू' और 'हिन्दुइज़्म' गलत शब्द हैं। 'हिन्दू' शब्द का प्रचार किया भारत से बाहर रहनेवाले लोगों ने सिन्धु नदी के पूर्व रहनेवाले लोगों को सम्बोधित करने के लिए, एक क्षेत्र और उसके निवासियों के लिए जो बहुत थे। 'हिन्दुइज़्म' शब्द का प्रयोग किया विजेता अंग्रेजों ने, इस क्षेत्र के निवासियों के मतवाद की पहचान के लिए, जो स्वभाव से ही बहुलवादी था। दरअसल शब्द 'हिन्दी' होना चाहिए था, जिसमें क्षेत्र, वाशिन्दे और मत तीनों का समुच्चय गृहित होता। तब 'हिन्दी' एक जीवन-पद्धति I ways of life होता, संस्कृति होता, धर्म नहीं, जो वह वास्तव में है। पर यह शब्द 'हिन्दी' चल नही पाया, क्योंकि भारत के पश्चिम में स्थित इस्लामी देशों के लोग भारत के मुसलमानों को 'हिन्दी' कहते रहते हैं। उन्हीं की देखा-देखी भारत के बाहर पूर्व में बसे मुसलमान लोग भी भारत के मुसलमानों को 'हिन्दी' कहने लगे। स्वयं भारत में मोहम्मद इकबाल, अफगानी आदि इसी अर्थ में प्रयोग कर चुके थे। इससे भ्रम होने की सम्भावना बढ़ गयी। लोगों में 'हिन्दू' और 'हिन्दू धर्म' ही चलता रहा और अब तक चल रहा है।

नेहरू ने पश्चिम के तमाम विचारकों की तरह धर्म और संस्कृति में अन्तर किया। कहा कि आम भारतीय समझता है कि संस्कृति धर्म का अंग है, जबकि बात इसके ठीक उलट है—धर्म संस्कृति का अंग है। इस शब्द-स्थान-परिवर्तन के नाते संस्कृति एक विस्तृत अवधारणा बन जाती है, जिसमें तमाम धर्मों, मतों का सह-अस्तित्व, साथ-साथ रहने का स्थान मिल जाता है। इससे ईश्वर के राज्य में प्रवेश करने के लिए हिन्दू का अध्यात्म, ईसाई की आत्मपुनीतता, इस्लाम का वैश्विक भाई-चारा, सभी अन्य मतों का कुछ-न-कुछ एक साथ अनुरक्षित रहेगा। भारत का संविधान लागू होने से पहले वे उनके सह-अस्तित्व को राज की नीति से दूर निरपेक्ष रखना चाहते थे और वह गाँधी के विचारों के अनुरूप था। पर 1952 में पहली बार देश की राजनीति में वोट बैंक की धारणा लाते हुए उन्होंने धर्म-निरपेक्षता की सकारात्मक व्याख्या की और सभी को बराबर सरकारी मदद देने की बात कही। उन्होंने कहा कि लोग समझते हैं कि धर्मनिरपेक्षता का मतलब है सभी धर्मों से दूरी, पर वास्तविकता है सभी धर्मों को बराबर की सहायता। कारण यह था कि हिन्दू प्रतिक्रियावादी शक्तियाँ, प्रभुदत्त ब्रह्मचारी, बाबा राघवदास, करपात्री स्वामी, प्रभावती राजे, श्यामाप्रसाद मुखर्जी आदि के प्रभाव में उन्हें हिन्दू धर्म का विरोधी, छद्म कम्युनिस्ट, अर्द्ध मुस्लिम अर्द्ध ईसाई कह चुनाव में जमकर प्रचार कर रही थीं, जिससे हिन्दू वोट में सेंध

लगने का भय था। उसका मुकाबिला करने के लिए उन्होंने यह बात गोविन्दवल्लभ पन्त, राजगोपालाचारी, बी.सी.राय, बी.जी.खेर, श्रीकृष्ण सिंह, कैलाशनाथ काटजू आदि के प्रभाव में, जो स्व. वल्लभभाई पटेल के समर्थक अनुयायी थे, कहे चुनावी दबाव में कही थी। यह न होकर इसकी परिणति अन्ततः मुस्लिमों के पक्ष में गयी। बाबा साहब अम्बेडकर ने जब उनके मन्त्रिमण्डल से इस्तीफा दिया तो एक कारण यह भी बताया, जिससे हरिजनों के हित में बाधा पड़ती दिखी। इन सब की क्या परिणति भारतीय राजनीति में आगामी वर्षों में हुई, उस पर अन्यत्र विस्तार से लिख आया हूँ। उसे वहीं देखना समीचीन होगा।

इस भारतीय संस्कृति का स्वरूप वे तमाम इतिहासज्ञों की तरह मिली-जुली (कम्पोजिट) मानते हैं, जो अतीत से आज तक बनती आयी है और आगे भी बनती जायेगी। लिखा है कि यह भारत की विशेषता है कि वह आनेवाली जातियों को घोंटकर एक जाति बना देता है, अनेक धर्मों को मिलाकर एक धर्म बना देता है और अनेक संस्कृतियों के मिश्रण से एक संस्कृति बना देता है। आदिकाल से नीग्रो, आस्ट्रिक, द्रविड़ और आर्य कम-से-कम चार जातियाँ थीं, जिनके मिश्रण से एक महाजाति हुई, जिसे हिन्दू जाति कहते हैं। उनकी समन्वित संस्कृति जब उपनिषदों की धरातल पर पहुँची, तब उनके धर्म और विचार की कई धाराएँ फूट पड़ीं, जिनमें कुछ आस्तिक थीं, कुछ नास्तिक, कुछ वेद को माननेवाली थीं, कुछ न माननेवाली थीं। उनके कोलाहल के बीच हिन्दू धर्म और भारतीय संस्कृति इनमें सामंजस्य पैदा करने के लिए, एकता निर्मित करने के लिए स्वाभाविक प्रयास कर रही थीं। मध्यकाल में ईरानी और यूनानी, पार्थियन और बैक्ट्रियन, सिथियन और हूण, मुसलमानों से पहले आनेवाले तुर्क, ईसा के तुरन्त बाद आनेवाले ईसाई, यहूदी और पारसी एक के बाद एक आते गये। उनके आने से भारतीय समाज हल्का-हल्का कम्पन महसूस करता रहा, पर अन्त में सभी भारतीय संस्कृति के महासमुद्र में विलीन हो गये। उनका कोई अलग अस्तित्व नहीं बचा। वही आगे भी होगा। फिलहाल तत्काल जरूरत है धार्मिक सहिष्णुता की, जो हिन्दू संस्कृति की अपनी विशेषता है। ऐसा इस वक्त इसलिए जरूरी है कि पाकिस्तान बनने पर जो दंश हुआ है, उसका विष लम्बे समय के लिए व्याप्त हो गया है और हिन्दू, मुसलमान के दोनों समुदायों में एक-दूसरे के प्रति शंका व्याप्त हो गयी है। कुछ प्रतिक्रियावादी ताकतें इसे बढ़ावा दे रही हैं, जिन्हें शमित करना जरूरी है। इस पर टिप्पणी करते हुए कवि रामधारी सिंह 'दिनकर' ने कहा था कि जिस वीरता से अकबर बादशाह ने मुस्लिम आतंक से पीड़ित हिन्दुओं का पक्ष लिया था, उसी वीरता से जवाहरलाल नेहरू मुसलमानों का पक्ष ले रहे हैं। किन्तु अकबर की उदारता से जैसे मुसलमान चिढ़ उठे थे, वैसे ही नेहरू की उदारता को तमाम हिन्दू गलत समझ रहे हैं। प्रतिक्रिया में मुसलमानों से दूरी और बढ़ती जा रही है। दोनों के दोनों जानते हैं कि भारत छोड़कर उनकी और कोई गति नहीं है और आपसी एकता सुदृढ़ किये बिना वे शान्ति और निश्चिन्तता की जिन्दगी नहीं बिता सकते। फिर भी वे इसकी कीमत चुकाने के लिए तैयार नहीं हैं। यही बात अभी हाल में कश्मीर की मुख्यमन्त्री महबूबा मुफ्ती

ने कही है। इस कटुता को दूर करने के लिए एक नयी संस्कृति रचने की जरूरत है, जिसमें नये खुल रहे विशाल कारखाने और बन रहे विशाल बाँध नये मन्दिर हैं- मतनिरपेक्ष मन्दिर, जहाँ लोगों को जाना चाहिए। उसके लिए जूते उतारने की जरूरत नहीं है। यह एक बात है।

दूसरी बात यह है कि हिन्दुत्व एक गतिशील अवधारणा है और इसके आधार पर भारत के पास मानव एकात्मता का जो स्वरूप है, उसका जो दीर्घकालीन अनुभव है, उससे सारे विश्व का कल्याण हो सकता है। उसके लिए सह-अस्तित्व पर जोर देना पड़ेगा, जिससे कि यूरोप की भौतिक समृद्धि से एशिया, अफ्रीका आदि की गरीबी और वैचारिक व्यवहार में पिछडापन दूर हो सके। वहीं भारत की आध्यात्मिकता से यूरोप और अमेरिका के शरीर में जो आत्मा सोती जा रही है, उसे जगाकर सचेष्ट किया जा सकेगा। यह दरअसल विवेकानन्द की स्थापना थी, जिसके अभियन्ता नेहरू बन रहे थे। इसे ठोस रूप देते हुए नेहरू ने 'भारत : आज और कल' में लिखा था, "भारत की सफलता इस बात में है कि वह पुरातन और नवीन के बीच समन्वय का सन्धान करे। पश्चिमी ज्ञान का जो श्रेष्ठ अंश है, उसका सामंजस्य हम अपने प्राचीन ज्ञान से बिठायें। इसका मतलब यह नहीं है कि हम अपने अतीत को भूल जायें। मैं अक्सर यह सोचकर हैरान रह जाता हूँ कि हमारी जाति कहीं बुद्ध, महाभारत, रामायण, गीता, और उपनिषदों को भूल जायें तो इसका क्या हश्र होगा? हमारी जड़ें उखड़ जायेंगी, हम अपनी उन सारी बुनियादी खूबियों को खो देंगे, जो युगों से हमारे साथ चली आ रही हैं और जिनके कारण दुनिया में हमारी हैसियत बनी हुई है। तब भारत भारत न रह सकेगा।" तब जरूरी है कि एक हाथ में धर्म का कमल और दूसरे हाथ में विज्ञान की मशाल लेकर भारत अपने असल ध्येय के लिए बढ़े और सफल हो। यह भी जरूरी है कि भारत जिस लक्ष्य की ओर बढ़ता आया है और बढ़ता जायेगा उसकी सिद्धि और प्राप्ति भारतीय भाषाओं के माध्यम से होगी, अंग्रेजी से नहीं। यह मानना गलत है कि अंग्रेजी के चले जाने पर भारत की एकता टूट जायेगी, वैज्ञानिक दृष्टि अलोप हो जायेगी, विज्ञान , चिकित्सा, अभियन्त्रण, टेक्नोलॉजी आदि की सम्यक् पढ़ाई नहीं हो पायेगी और यूरोप से उसका संसर्ग बाधित हो जायेगा। वे दरअसल अभी भी भारतीय मनीषा पर पश्चिम विशेषतः इंग्लैण्ड और अमेरिका का नियन्त्रण चाहते हैं जो इसकी वकालत करते हैं। वे भूल जाते हैं कि भारत में तमाम चीजें उभरने के क्रम में हैं और उनका माध्यम तथा अभिव्यक्ति भारतीय भाषाओं में ही की जानी चाहिए। अंग्रेज अपनी सत्ता अंग्रेजी दाँ लोगों को सौंप गये हैं। उस पर वर्चस्व बनाये रखने के लिए ये लोग अभी भी अंग्रेजी की वकालत करते हैं।

अच्छा हो हम यहाँ बाबा साहेब अम्बेडकर, राममनोहर लोहिया और रामविलास शर्मा के विचारों को देख लें। तीने हिन्दुइज़्म या हिन्दुत्व की बात नहीं करते, भारतीय संस्कृति की बात करते हैं। उनके लिए धर्म संस्कृति का एक घटक है, संस्कृति धर्म का घटक नहीं।

सामाजिक संरचना उनके लिए अधिक महत्त्वपूर्ण है, धर्म गौण। इनमें अम्बेडकर शूद्रों की राजनीति के प्रवक्ता थे, लोहिया पिछड़ों के और रामविलास शर्मा गरीबों के। नेहरू समेत ये तीनों ही हिन्दुत्व की समीक्षा के लिए बाह्य विवेचन शास्त्र विकसित करते हैं, जबकि गाँधी यह विवेचन अन्दर से करते हैं।

अम्बेडकर हिन्दू सामाजिक संरचना में शूद्रों को लेते हैं इनकी पक्षधरता के लिए और उसके दो भेद देखते हैं। एक छूत है, जिसका छुआ पानी ऊँची जाति के लोग पीते हैं दूसरे अछूत हैं, जिसका छुआ पानी ऊँची जाति के लोग नहीं पीते। वे इन अछूतों की बात करते हैं अपनी राजनैतिक एजेण्डे के तहत। इसके दो उत्थान हैं। 1916 में न्यूयार्क के कोलम्बिया विश्वविद्यालय में नृ-विज्ञान शास्त्र के सेमिनार में पर्चा पढ़ते हुए उन्होंने भारत में जातियों की उत्पत्ति और संरचना पर बात करते हुए एक बात यह कही थी कि प्रत्येक समाज में तरह-तरह के वर्ग होते हैं और उनके वर्गीकरण का आधार सिर्फ आर्थिक नहीं होता, जैसा कि मार्क्सवादी लोग कहते हैं। वंश, परम्परा, व्यवहार, सामाजिक स्थिति, बौद्धिक स्थिति आदि कारणों के आधार पर भी वर्ग बनते हैं। भारत के आदिकाल में ऐसे कई वर्ग रहे होंगे। एक समय ऐसा आया होगा, जब किसी एक वर्ग ने अपने ही वर्ग में विवाह का बन्धन बनाया होगा, दूसरे वर्ग का बाड़ा बनाया होगा। बाद में उससे रोटी की भी बात जुड़ गयी होगी। इससे जाति-व्यवस्था आयी और उसे आधिभौतिक रूप देने के लिए 'वर्ण' शब्द का प्रयोग किया होगा। लिखा, "जाति के अध्ययन में इस प्रश्न का उत्तर ढूँढ़ना चाहिए कि वह कौन-सा वर्ग था, जिसने यह बाड़ा पहले अपने लिये खड़ा किया, जिसका अनुकरण बाद में दूसरे वर्गों ने भी क्रमशः किया। दुर्भाग्यवश मैं इस प्रश्न का प्रत्यक्ष उत्तर देने में असमर्थ हूँ। अप्रत्यक्ष उत्तर दूँ तो हिन्दू समाज में कुछ प्रथाएँ प्रचलित थीं। वे सर्वव्यापी थीं। अपने समस्त कट्टर प्रतिबन्धों के साथ प्रथाएँ केवल ब्राह्मणों में पायी जाती हैं। ब्राह्मण वर्ग ने अपनी स्वयं की घेराबन्दी एक जाति के रूप में क्यों की— यह एक इतर प्रश्न है।" दूसरी बात वे मनु और ब्राह्मण को एक साथ समेटते हुए कहते हैं, "भारत के स्मृतिकार मनु वास्तव में कोई व्यक्ति थे तो निश्चय ही अदम्य साहस के व्यक्ति थे। ऐसे विधि-निर्माण के बाद वे जीवित नहीं रह सकते थे। मुझे लगता है कि जाति-धर्म का नियम मनु का दिया हुआ नहीं है। न ही वे ऐसा कर सकते थे। जाति-व्यवस्था मनु के बहुत पहले से थी। जाति-व्यवस्था की स्थापना, प्रसार और विकास बहुत विशाल काम था, जिसे एक व्यक्ति नहीं कर सकता। इतनी बड़ी सामाजिक स्वीकृति उसे नहीं मिल सकती। इसी तरह ब्राह्मण अनेक गलतियों के दोषी हो सकते हैं और रहे भी हैं, पर उनमें इतनी क्षमता न रही होगी कि वे दूसरे गैर-ब्राह्मणों पर लाद दें। कही-न-कहीं गैर-ब्राह्मण की स्वीकृति रही होगी, कारण चाहे जो भी हो।"

दूसरा उत्थान तब आता है, जब वे भारतीय राजनीति में पूरी तरह से सक्रिय हो जाते हैं। उनका इरादा अछूतों की पक्षधरता करनी है। उसके लिए वे जाति-व्यवस्था तोड़ना चाहते हैं, जिससे कि अछूतों को दूसरी जातियों के साथ बराबरी मिल सके। दूसरे जब तक ऐसा

नहीं होता, वे अछूतों के लिए अलग राज्य चाहते हैं। तीसरे वे अंग्रेजों को अछूतों का उद्धारक मानते हैं, क्योंकि वे छूआछूत और जाति-व्यवस्था में विश्वास नहीं करते और अछूतों को अपने घरों के भीतर नौकरी देने से परहेज नहीं करते, बल्कि वरीयता देते हैं, क्योंकि यदि वह खाना बनाता है तो पाखाना भी साफ कर देता है, इससे उनका पैसा बचता है। फिर अंग्रेजी शिक्षा सबके लिए बराबर है। इससे अछूत आधुनिक बनते हैं और अपनी स्थिति तथा अधिकार के प्रति सचेत होते हैं।

ये तमाम बातें इनके हिन्दुत्व या हिन्दुइज़्म की अवधारणा को अनुशासित करती हैं। इसका एक स्वरूप हम द्वितीय गोलमेज कान्फ्रेन्स के दौरान अपनाये गये उनके दृष्टिकोण में पाते हैं। वहाँ उन्होंने अछूतों के लिए एक अलग राज्य की माँग रखी थी, और यह माँग तब की थी, जब मोहम्मद अली जिन्ना ने मुसलमानों के लिए 'वेटेज' की माँग से किनारा कर लिया था, यदि उनके ऐसा करने से भारत को 'डॉमिनिअन स्टेट्स' मिल जाता हो। इस वक्त पादरी स्कॉट ब्रिटिश सरकार पर दबाब बनाये हुए था कि यदि भारत को उपनिवेश का दर्जा दिया जाता है तो असम के पहाड़ी इलाकों को मिलाकर एक स्वतन्त्र राज्य सीधे बादशाह के लिए बनाया जाना चाहिए और अछूतों तथा गिरिजनों के बीच ईसाइयत के प्रचार के लिए अकूट छूट एक अधिकार के रूप में पादरियों को दिया जाना चाहिए। अम्बेडकर की माँग इसी का विस्तार थी। इसको नकारने के लिए गाँधी को आमरण अनशन करना पड़ा था, जिसके परिणामस्वरूप 'पूना पैक्ट' हुआ था, जिस पर मदनमोहन मालवीय और डॉ. मुंजे ने हस्ताक्षर किया था। उसी पैक्ट में आरक्षण का बीज पड़ा था, जो आज वोट बैंक की राजनीति के चलते भारतीय सामाजिक समरसता के रचाव में अभिशाप बन गया है। दूसरा स्वरूप हम 'जात-पाँत तोड़ो मण्डल' के 1936 में होनेवाले वार्षिक अधिवेशन में देने हेतु लिखित भाषण में पाते हैं। इस संगठन की स्थापना भाई परमानन्द ने 1922 में किया था, जातों के बीच विभेद मिटाने के लिए। दरअसल यह शुद्धि आन्दोलन का विस्तार था। स्वामी श्रद्धानन्द ने वह आन्दोलन मुसलमानों को शुद्ध कर हिन्दू धर्म में मिलाने के लिए आरम्भ किया था। स्वामी दयानन्द ने अस्पृश्यता की निन्दा की थी और जात का जो वर्तमान स्वरूप था, उसकी भर्त्सना की थी। पर गाँधी की ही तरह उन्होंने वर्ण-शृंखला को समाप्त करने की बात नहीं की थी। इस संगठन ने भी वर्ण-शृंखला को समाप्त करने की बात तो नहीं की, पर उसे शुद्ध करने की बात कही थी। परिणामस्वरूप इसकी तरफ दामोदर वीर सावरकर जैसे हिन्दू महासभा के नेता आकर्षित हुए थे। अम्बेडकर को इसकी वार्षिक सभा में बोलने के लिए 1936 में बुलाया गया था, पर उनके भाषण की प्रति मिलने के बाद उन्हें अधिवेशन में आने से मना कर दिया गया था। कारण यह था कि उस भाषण में उन्होंने लिखा था कि जात-व्यवस्था तभी समाप्त हो सकती है, जब उस धार्मिक साहित्य को अमान्य कर दिया जाये, जिस पर यह व्यवस्था टिकी हुई है या जिसमें इसकी वकालत की गयी है। उन्होंने यह भी घोषित किया था कि हिन्दू के रूप में यह उनका अन्तिम भाषण होगा, क्योंकि बिना हिन्दू धर्म को नष्ट किये

हिन्दुत्व में सुधार नहीं हो सकता। मण्डल ने उनकी इन स्थापनाओं को अस्वीकार करते हुए उन्हें आने से मना कर दिया क्योंकि उसका मानना था कि आर्य समाज हिन्दुत्व के लिए वेदों पर भरोसा करता है, जिसमें जात-व्यवस्था नहीं है, उल्टे समरस समाज की बात करता है। दूसरे हिन्दुत्व में सुधार हिन्दू रहकर ही किया जा सकता है। बाहर जाकर ऐसा करना न तो नैतिक होगा, न प्रभावी, न मान्य।

यदि भीमराव अम्बेडकर शूद्रों के उस धड़े के अधिकारों के प्रवक्ता थे, जिन्हें अछूत कहा जाता है, तो राममनोहर लोहिया उस धड़े के अधिकारों के प्रवक्ता थे, जिन्हें 'पिछड़ा वर्ग' आजकल कहा जाता है। मार्क्सवाद का विरोध उन्होंने यह कहकर किया था कि भारत में वर्ग संघर्ष नहीं वर्ण संघर्ष होगा, क्योंकि यहाँ शोषण वर्ग के द्वारा कम, वर्ण के द्वारा अधिक होता है। परिणामस्वरूप यहाँ का निम्न वर्ण का आदमी उच्च वर्ण में शामिल होना चाहता है। दूसरे अभी उस तरह का औद्योगिक धनी वर्ग भारत में नहीं बन पाया है, जो गरीब मजदूर वर्ग का इस तरह से शोषण करता है कि वह परकीयित (एलियनेट) हो जाता है, जिसकी समाप्ति की बात क्रान्ति द्वारा मार्क्स करता है। इस मामले में वह किसानों और खेत मजदूरों की बात वह नहीं करता, न ही उस मध्यम वर्ग का, जो भारतीय समाज की रीढ़ है। उसके विचार यूरोप के समाज की पृष्ठभूमि में अवस्थित हैं, जो गुलाम नहीं रहे हैं। उन्हें भारत के सन्दर्भ में खींच-तानकर लाना बस खींच-तान ही है, वास्तविक स्थिति और कल्याणप्रद राजनैतिक एजेण्डा नहीं। भारत का शोषित वर्ग उच्च वर्ण का बनना चाहता है शान्तिपूर्ण ढंग से, खूनी क्रान्ति कर नहीं। ऐसा वह राजनैतिक शक्ति प्राप्त कर करना चाहता है, क्योंकि वह राज्य को और उसके द्वारा प्रदत्त कानून को सामाजिक परिवर्तन का अस्त्र मानता है। उसमें यदि कहीं मार-पीट हो जाती है तो वह क्रान्ति नहीं, स्थानीय स्तर का संघर्ष है। उससे उसी तरह से निपटा जाना चाहिए, बहुत तवज्जो नहीं दिया जाना चाहिए क्योंकि परिवर्तन अन्ततः शान्तिपूर्ण ढंग से चुनाव के माध्यम से आना चाहिए।

इस स्थापना के दो परिणाम निकले। एक तो यह कि हिन्दुइज़्म का एक स्तम्भ वर्ण-व्यवस्था को समाप्त किया जाना चाहिए। लेकिन तब वर्ण-व्यवस्था को समाप्त करने का मतलब यह नहीं है कि हिन्दू धर्म और हिन्दू संस्कृति को ही नष्ट कर दिया जाये। हाँ, हिन्दू धर्म में से अनावश्यक कर्मकाण्ड को हटा दिया जाना चाहिए, क्योंकि वे पुराने पड़ गये हैं, अप्रासंगिक हो गये हैं। किन्तु हिन्दू मिथक को हटाना ठीक नहीं, क्योंकि वे इस संस्कृति के निर्णायक अंग हैं। यदि हिन्दू संस्कृति से राम, कृष्ण, शिव, दुर्गा, काली आदि को निकाल दिया जाये तो बचता ही क्या है? इसलिए उनसे जुड़े पर्व मनाये जाने चाहिए। इससे सांस्कृतिक एकता बढ़ती है।

दूसरे यह कि जब तक वर्ण-व्यवस्था समाप्त नहीं हो जाती, तब तक चुनावों में जातों को गोलबन्द होकर मतदान करना चाहिए अपने मन की तथा अपने लोगों की सरकार बनायी जानी चाहिए, जिससे कि राजनैतिक सत्ता पर अधिकार प्राप्त कर कानून के द्वारा वांछित परिवर्तन लाया जा सके। इसके लिए कांग्रेस की सरकार को हटाया जाना जरूरी

है। वह अंग्रेजी भाषा की हिमायत करती है, जिससे यहाँ के लोगों को अपने को अभिव्यक्त करने का माध्यम नहीं मिल पाता। ज्ञान के नये क्षेत्र चुनिन्दा लोगों तक सीमित हो जाता है। वह इसके माध्यम से पश्चिम के विचारों को शनैः-शनैः प्रवेश कराती है, जो यहाँ के जन समुदाय के लिए वांछित नहीं है। इससे भारतीय संस्कृति में खलल पड़ती है। इसलिए अंग्रेजी फौरन हटायी जानी चाहिए।

इस वर्ण-व्यवस्था पर प्रहार करते हुए वे स्त्री की मौजूदा हालात पर भी प्रहार करते हैं। कहते हैं कि अशिक्षा, पर्दा-सिस्टम, घर-गृहस्थी तक सीमित कर दी गयी जिन्दगी, बेटी का अन्य जात में सम्बन्ध पर रोक आदि ने उसकी दशा दयनीय बना दी है और वह दयनीयता दिन-ब-दिन बढ़ती ही जा रही है। इससे बचाने के लिए उसे इन दायरों से बाहर लाना है। उसके लिए राज्य, राजनीति और कानून तीनों हथियारों का प्रयोग किया जाना चाहिए। आधी आबादी को बाहर रखकर किसी भी तरह से भारतीय संस्कृति का कल्याण नहीं किया जा सकता।

वे भारतीय इतिहास पर मुकम्मल दृष्टि रखते हैं। कहते हैं कि इसका स्वरूप चक्रात्मक है, इसीलिए विकासशील है, जबकि पश्चिम के विचारकों की इतिहास दृष्टि एक -रेखीय है, इसलिए बाँधकर रखनेवाली है। वह ऐतिहासिक जीवन का उद्‌देश्य तर्क-निर्धारित कर देता है, जिसकी प्राप्ति में व्यक्ति के हस्तक्षेप की भूमिका सिर्फ इस बात तक सीमित रह जाती है कि वह उस उद्‌देश्य की पूर्ति के लिए कुछ जल्दबाजी कराये क्रान्ति-वान्ति आयोजित करे, कोई नया उद्‌देश्य न गढ़े, न सोचे। वह मशीन का एक दाँता बनकर रह जाता है, जबकि जरूरत है उसके पूर्ण मनुष्य बनने की, जिसके लिए भारतीय सांस्कृतिक ऐतिहासिक दृष्टि पूरा स्थान देती है।

इस भारतीय सांस्कृतिक ऐतिहासिक दृष्टि की बात डॉ. रामविलास शर्मा भी करते हैं, पर उनका उद्‌देश्य, स्थापना और दृष्टि की केन्द्रीयता डा. राममनोहर लोहिया से भिन्न है। इसके लिए वे वेदों से चलते हैं और गाँधी तक आते हैं। उसकी विवेचना करने से पहले यह नोट कर लेना जरूरी है कि उनकी दृष्टि ऐतिहासिक भौतिकवादी है, वे साहित्य के अध्येता और आलोचक हैं, हिन्दी भाषी इलाके को भारत का हृद-प्रदेश मानते हैं– चाहे संस्कृति की स्थापना के लिए हो या उसके परिवर्तन के लिए–और वे स्थापना व परिवर्तन को उसके द्वन्द्वात्मक स्वरूप में देखते हैं। तीसरे वे भारतीय संस्कृति को हिन्दू संस्कृति के खाँचे में देखते है, जिसमें इस्लामी संस्कृति अवान्तर की तरह आती है जो कला के कुछ क्षेत्रों में उसके अवदान को स्वीकार करते हैं। कहते हैं कि भारतीय संस्कृति का इतिहास लोक-विरोधी रूढ़ियों और प्रगतिशील विचारधाराओं के सतत संघर्ष का इतिहास है। दार्शनिक यथार्थवाद की धारा लोक-कल्याण की धारा से जुड़ी हुई है। संसार परिवर्तनशील और नश्वर है– इसका अर्थ यह नहीं है कि सापेक्ष रूप से इसका अस्तित्व नहीं है। परमार्थ निरपेक्ष रूप से सत्य है, शाश्वत है, लोकसत्य सापेक्ष है, परिवर्तनशील है, नश्वर है। सदाचार का, मनुष्य के नैतिक मूल्यों का एक दार्शनिक आधार है। ऋग्वेद श्रम की संस्कृति से जुड़ा

हुआ है, जिसमें सभी बराबर हैं। कालान्तर में जब समाज में एक अवकाशभोगी वर्ग पैदा हो गया और संस्कृति पर अपना एकाधिकार विज्ञापित कर दिया, तब लोग समझने लगे कि संस्कृति एक ऐसी चीज है, जिसका मानव श्रम से कोई सम्बन्ध नहीं। यह कर्मकाण्डी ब्राह्मणकाल में हुआ। उपनिषदों ने जताया कि जो एक ब्रह्म मनुष्य के भीतर है, वही ब्रह्म दूसरे मनुष्यों के भी भीतर है। इसलिए एक मनुष्य दूसरे मनुष्य से घृणा क्यों करे? अपने को बड़ा और दूसरों को छोटा क्यों समझे? महाभारत का समाज एक ओर ऋग्वेद के समाज से और दूसरी ओर रामायण के समाज से पिछड़ा हुआ है। आदिम साम्यवादी व्यवस्था की स्मृतियाँ महाभारत में सुरक्षित हैं। पर बर्ताव करनेवाला समाज तो जात में बँटा हुआ है। यहाँ रामविलास शर्मा के चिन्तन की कमी यह है कि वे वर्ण-व्यवस्था और साम्य व्यवस्था को समकालीन और समानान्तर मानते हैं। साम्यवादी को अदबदाकर भारत के बाहर मानते हैं और दोनों में द्वन्द्व देखते हैं जो इतिहाससम्मत नहीं है। खैर, रामायण की व्यवस्था गण व्यवस्था के बाद की जनपदीय व्यवस्था है, जहाँ वर्ण हैं, व्यक्तिगत सम्पत्ति है, सभा और समितियों का लोक है। वह तब टूटता है जब दारा और सिकन्दर का हमला होता है। पहले नन्द वंश फिर मौर्य साम्राज्य की स्थापना होती है। राजा निरंकुश हो जाता है। गुप्तों के समय में आर्थिक सम्बन्धों का प्रसार होता है। साम्राज्यों के टूटने पर विदेशी हमलों में और तेजी आयी। वे राजनैतिक रूप से विजयी हुए, पर सांस्कृतिक रूप से परास्त हुए। मुसलमानों का आगमन दूसरे किस्म का था। उसने समानान्तर संस्कृति रचना चाहा। उसका एक रूप सूफियों की मिली-जुली संस्कृति भी थी। सन् 1550 से सन् 1650 तक का समय भारत और यूरोप के इतिहास में बहुत महत्त्वपूर्ण है। यूरोप में पुनर्जागरण हुआ। भारत में सूर और तुलसी पैदा हुए। दोनों जगह चित्रकला, मूर्तिकला, स्थापत्यकला, संगीत कला की अपनी उपलब्धियाँ हैं। यूरोप में व्यापारिक पूँजीवाद का युग आता है और भारत में वहाँ से अधिक पूँजी उपजती है। इसलिए यूरोपवाले यहाँ व्यापार करने आते हैं और अपनी चतुराई से इस देश को जीत लेते हैं। यहाँ के उद्योग नष्ट कर देते हैं। अपने नगर बसाते हैं। हमारे नगर गौण होते जाते हैं। देश खेतिहर दरिद्र होता गया। 1857 में जनता ने देशी सेना से मिलकर उनका मुकाबिला किया। वह असफल रहा। जितना अंग्रेज क्रान्ति से डरते थे, उतना ही देशी पूँजीवाले नेता। इसलिए अंग्रेजों से समझौता कर स्वतन्त्रता आन्दोलन चलाया। गाँधी उसी की उपज थे। उस अधूरी क्रान्ति से मिली अधूरी आजादी के पचास वर्ष 1996 में पूरा हो गया है। संस्कृति के क्षेत्र में बुद्ध, महावीर, भागवत, द्वैत, अद्वैत, विशिष्टाद्वैत, द्वैताद्वैत और अब नववेदान्त चलता रहा। नव जागरण आया तो जात-व्यवस्था, स्त्री की अवस्था, मुसलमानों, ईसाइयों आदि से सांस्कृतिक सम्बन्ध और राष्ट्रीयता के निर्माण आदि की बात चली। वहीं आर्यसमाज वेदों की ओर लौट चलने की बात करता रहा, वह भी उसके कर्मकाण्ड पर जोर देकर। यह राष्ट्र, राष्ट्रीयता और राष्ट्रवाद के निर्माण की बात अभी भी चल रही है। उसका स्वरूप क्या होगा? वह भविष्य के गर्त में है और सत्ताधारियों के हाथ में है। शुभ तो यह रहेगा कि अंग्रेजी राज्य के सामन्ती अवशेष के आधार पर विघटन होगा सत्ता में किसानों और मजदूरों की भागीदारी बढ़ेगी, क्रान्तिकारी

उभार के साथ साम्प्रदायिक हिंसा होगी, सामाजिक परिवर्तन की दिशा बहुराष्ट्रीय कम्पनियों द्वारा तय होगी, देश की आधी जनता भूखों मरेगी, उनके कल्याण की चर्चा कर सत्ता पर कब्जा जमाया जायेगा। प्रतिक्रियावादी ताकतों द्वारा, जात-प्रथा एक बार फिर मजबूत होगी, स्त्रियों पर अत्याचार बढ़ेगा और वे अपने अधिकार के लिए लड़ेंगी, धार्मिक उन्माद की अपनी भूमिका होगी, संवैधानिक संस्थाएँ कमजोर पड़ेंगी, राष्ट्र के विघटन का माहौल बनेगा।

जाहिर है यह भारतीय संस्कृति और हिन्दुइज़्म के लिए सकारात्मक चित्र नहीं है। जो इस माहौल में सकारात्मक चित्र रचना चाहते हैं उनके विचार अगले लेख में देखेंगे।

हिन्दुत्व

'हिन्दुत्व' शब्द अंग्रेजी के शब्द 'हिन्दुइज़्म' का अनुवाद है। इस शब्द का प्रयोग सबसे पहले दामोदर वीर सावरकर ने किया 1922 में, जब उस नाम से उन्होंने एक पुस्तक अण्डमान के जेल में लिखी। 'हिन्दुत्व' से उनका मतलब 'हिन्दुनेस' से था। 'हिन्दुइज़्म' वह हिन्दूमहासभा और राष्ट्रीय स्वयं सेवक संघ के झण्डे तले बन गया एक राजनैतिक अर्थ देने के लिए चाहे वह मुस्लिम लीग के 'वेटेज' की माँग के विरुद्ध हो या सांस्कृतिक राष्ट्रवाद के नाम पर भारत का पुनर्निर्माण करना हो। सावरकर ने उस पुस्तक में स्थापना रखी कि हिन्दू एक जन है, उनकी एक संस्कृति है और उनका एक राष्ट्र है। ये लोग सिन्धु (नदी) से लेकर सिन्धु (हिन्द महासागर) तक की भूमि को मातृभूमि, पितृभूमि और मुख्य भूमि मानते हैं। दूसरे यहाँ हर व्यक्ति के लिए धर्म का अपना अर्थ और स्वरूप होता है। यहाँ बच्चा बड़ा होने के दौरान अपना वैयक्तिक धर्म बुनता है। हजारों देवी-देवताओं में से अपने मन का कोई एक देव या देवी गढ़ता है। इस मामले में कोई किसी अदृश्य सत्ता पर विश्वास करता है, कोई नहीं करता है। तीसरे एक राष्ट्र में एक ही संस्कृति हो सकती है, कोई दूसरी संस्कृति नहीं। संस्कृति से मतलब जीवनयापन का लौकिक ढंग और आध्यात्मिक मूल्य दोनों से एक साथ है। इसमें देश, काल, परिस्थिति और समुदाय के आधार पर मिलता हो सकती है विरोध नहीं। इसलिए मिली-जुली संस्कृति जैसी बात का सवाल ही नहीं उठता। चौथे पुराण भारतीयों के इतिहास ग्रन्थ हैं। लोग लौकिकता के तहत राम, कृष्ण, शिव, बुद्ध, महावीर आदि को ऐतिहासिक व्यक्ति मानते हैं। आध्यात्मिकता के तहत देवता। यदि पुराण पश्चिम के इतिहास ग्रन्थों से भिन्न दिखते हैं। तो इसलिए कि हिन्दू इतिहास की अवधारणा पश्चिम के इतिहास की अवधारणा से भिन्न है।

वह जमाना मुस्लिम लीग के प्रभावी उभार का था, जिसकी अभिव्यक्ति 'कम्युनल एवार्ड' और मुसलमानों के लिए 'वेटेज' की माँग में हो रही थी। ऐसा ही 'वेटेज' हिन्दुओं के लिए माँगने और उनके हितरक्षण के लिए हिन्दू महासभा की स्थापना मदनमोहन मालवीय ने 1915 में भी थी, जिसमें विनायक दामोदर सावरकर और केशव बलिराम हेडगेवार सहयोगी थे। उसे और मजबूती प्रदान करने के लिए तथा हिन्दुओं को संगठित करने के लिए हेडगेवार ने राष्ट्रीय स्वयंसेवक संघ की स्थापना 1925 में विजयादशमी के

दिन नागपुर में की। उसके स्वयंसेवकों के लिए पोशाक और ड्रिल करने का ढंग डा. मुंजे इटली से लेकर आये, जब वे द्वितीय गोलमेज कान्फ्रेन्स में हिस्सा लेने विलायत गये थे। वह समय पश्चिम में फासीवाद और नाजीवाद के उभार का था। राष्ट्र की एकता और कार्यवाहीप्रणीत राजनीति के लिए फासीवाद संस्कृति पर जोर देता था, नाजीवाद नस्ल पर। दोनों देश के आर्थिक ढाँचे की संरचना समाजवाद के आधार पर करने की बात करते थे, जनतान्त्रिक राजनैतिक राष्ट्रीय व्यवस्था के भीतर। वे समाजवाद, जनतन्त्र और राष्ट्र की व्याख्या अपने ढंग से करते थे जो पश्चिम में प्रचलित इन अवधारणाओं से हटकर था और अदबदाकर पूँजीवाद के पक्ष में जाता था। यद्यपि कि तब राष्ट्रीय स्वयंसेवक संघ के हेडेगेवार व दूसरे बड़े नेताओं ने इसकी व्याख्या नहीं की (जरूरी नहीं समझा, क्योंकि वे संघ को राजनैतिक दल न बनाकर सांस्कृतिक संघटन बनाकर रखा क्योंकि उन्हें विश्वास था कि राजनीति का काम हिन्दू महासभा प्रभावी ढंग से कर रहा है। देश को स्वतन्त्रता मिलना अवश्यम्भावी है तब जरूरत है उसके पुनर्निर्माण की, जो एक बड़ी बात है) पर हिन्दू के बारे में कहा कि भारत में रहनेवाले सभी हिन्दू हैं चाहे वे जिस धार्मिक मत के हों। यहाँ 'हिन्दू' से मतलब धर्म से न होकर जाति से है, जैसे जर्मनी का आदमी जर्मन होता हैं, फ्रान्स का फ्रान्सीसी, इटली का इतालवी, इंग्लैण्ड का इंग्लिश, रूस का रूसी, जापान का जापानी, चीन का चीनी, आस्ट्रेलिया का आस्ट्रेलियाई, अफ्रीका का अफ्रीकी, अमेरिका का अमेरिकी, नेपाल का नेपाली, तिब्बत का तिब्बती, मैक्सिको का मैक्सिकी आदि। इसका सम्बन्ध नस्ल से भी नहीं है, रहने के स्थान से है, जहाँ सभी लोग जाति में तब्दील हो जाते हैं। जाति नस्ल से इस मामले में भिन्न होती है कि नस्ल में वंश की शुद्धता से आशय होता है, जबकि जाति में तमाम नस्लों का सम्मिश्रण। ये सभी मिलकर संस्कृति रचते हैं, जो एक भूखण्ड में प्रचलित होती है, इसके तमाम तत्त्व होते हैं जो अपनी 'ओरिजिन' में विजातीय हो सकते हैं, पर इतने व्यवहृत हो गये होते हैं कि उनकी विजातीयता समाप्त होकर जातीय बन गयी होती है। भारत के लिए ऐसा भूखण्ड मानसरोवर से आरम्भ होता है, जहाँ से तीन नदियाँ निकलती हैं। सिन्धु इस भूखण्ड का उत्तरी-पश्चिमी सीमा रचती है। ब्रह्मपुत्र उत्तरी पूर्वी सीमा, बाकी सीमा समुद्र रचते हैं। बंगाल की खाड़ी, अरब सागर और हिन्द महासागर। राष्ट्र हिन्दुस्तान है, जिसका परम्परागत नाम भारत है। और यह मातृभूमि न होकर पितृभूमि है। मातृभूमि कहने से ध्वनित होता है– जैसा कि यूरोपीय लोग कहते हैं– भारत में बाहर से हमलावर कबीले प्रागैतिहासिक काल से आकर बसते गये, यहाँ के वाशिन्दों की स्त्रियों से विवाह कर सन्तान पैदा करते गये। जबकि मामला ठीक इसके उलट है। इससे वे भारतीय भी भारतीयता पा जाते हैं जो विदेश में रहते हैं, पर जिनका जन्म भारत में हुआ या जिनके पितृव्य भारत के हैं। खैर इस इलाके में रहनेवाले सभी हिन्दू हैं।

सावरकर और हेडगेवार के विचार बिन्दु को विकसित कर माधव सदाशिव गोलवलकर और दूसरे राष्ट्रीय स्वयंसेवक संघ से जुड़े विचारकों ने आज एक मुकम्मिल स्वरूप दे रखा है। गोलवलकर लम्बे समय तक आर. एस. एस. के प्रमुख रहे, इसलिए

उनके विचार अधिक प्रभावी बने। उन्होंने इस शब्द का प्रयोग और भी लौकिक बनाते हुए हिन्दुत्व का प्रयोग हिन्दुपने को (हिन्दुनेस, हिन्दुइज़्म नहीं) जाहिर करने के लिए किया। हिन्दूवाद दरअसल एक वाद बन जाता है, जो राजनैतिक कार्यवाही की आकांक्षा रखता है। वह विचारधारा के करीब पहुँच जाता है। विचारधारा कार्यवाहीप्रणीत विचार होता है। यानी विचार विचारधारा से बड़ा होता है। इसलिए हिन्दुत्व हिन्दू धर्म और हिन्दूवाद से बड़ी अवधारणा है और दोनों को समेटकर बना है। लिखा कि, "It is distinct from Hinduism in that it designates the Hindu 'Nation's rather than Hindu religion'. The Hindu nation is conceived as including Indians belonging to Semi-Hindu Religions like Sikhism and Buddhism (Whose sacreds cities associated with founders lie in India), but whether it also includes Indian Muslims and Christians is a point of disagreement with movement. "कम-से-कम सावरकर के लिए वे हिन्दुत्व से जुड़े हिन्दू नहीं हो सकते थे, क्योंकि उनके धर्मस्थल भारत के बाहर हैं।

गोलवरकर की स्थापना के विकास के दो चरण हैं, एक 1970 तक, दूसरा उसके बाद। उनकी चर्चा करने से पहले नाथूराम गोडसे के विचारों को नोट कर लेना जरूरी है। हिन्दुत्व पर मोहनदास करमचन्द गाँधी के विचारों के प्रतिक्रियास्वरूप हिन्दू महासभा की स्थापना हुई थी। हिन्दुत्व सम्बन्धी गाँधी के विचारों का खुलासा हमने अन्यत्र किया है। उसे वहीं देखना समीचीन होगा। यहाँ इतना ही नोट करना काफी होगा कि जिस वैष्णव शब्दावली का प्रयोग उन्होंने बार-बार किया था, उसके आधार पर उनके तमाम अनुयायियों ने उन्हें एक गम्भीर धार्मिक व्यक्ति माना था। पर उनका सनातन हिन्दू होना उनके कातिल नाथूराम गोडसे ने न केवल अस्वीकार किया था, आगे बढ़कर कहा था कि उनके विचार हिन्दुत्व और हिन्दू हितों के लिए बड़े खतरनाक हैं। वास्तव में वे पाकिस्तान के जन्मदाता और हितरक्षणकर्त्ता थे, सिर्फ इसलिए नहीं कि उन्होंने कहा था कि पाकिस्तान उनकी लाश पर बनेगा, पर उसके बन जाने के बाद भी वे जिन्दा रहे, बल्कि इसलिए भी कि वे पचपन करोड़ रुपये पाकिस्तान को दिये जाने का जिद कर रहे थे, यह जानते हुए कि उसका इस्तेमाल भारत और हिन्दुओं के विरुद्ध हथियार खरीदने के लिए किया जायेगा। हिन्दुत्व पर उनके विचार धार्मिक नहीं थे— वे व्यक्तिगत ईश्वर में विश्वास नहीं करते थे, ईश्वर को सत्य कहते थे, जो कोई स्पष्ट अवधारणा नहीं है, कर्मकाण्ड को नहीं मानते थे, वेदों की बात भूलकर नहीं करते थे। ऊपर से यह भी कहते थे कि वे धार्मिक परम्पराओं और स्क्रिप्चर्स को इस शर्त के साथ स्वीकार करते हैं कि उनमें निहित विवेक और नैतिकता के विरुद्ध जानेवाले तत्त्वों को अस्वीकार करने का पूरा अधिकार रखते हैं। उसी साँस में वह यह भी कहते थे कि मैं सभी धर्मों में उसी प्रकार विश्वास करता हूँ। वे हिन्दुत्व को भीतर से सुधारना चाहते थे और उसके लिए आन्तरिक विवेचना रचते थे। वे कहते थे कि गीता की शाब्दिक व्याख्या हिंसा और असत्य की ओर ले जाती है, इसलिए वे

जान-बूझकर गीता की मनमानी और गलत व्याख्या करते थे, जिससे कि उनके सत्य और अहिंसा के सिद्धान्त को बल मिले, जिन्हें वे सनातन कहते थे। उनका यह सनातन कहना भी ठीक नहीं था, क्योंकि यह उनकी मनमानी थी। इससे वे पूरे हिन्दू समुदाय को नपुंसक बनाना चाहते थे, जबकि जरूरत है इस समुदाय को वीर बनाने की ओर वीरता में हिंसा अन्तर्निहित होती है और वह जगत्-सत्य के लिए उसके विकास और परिवर्तन के लिए जरूरी होती है। हिन्दुत्व का वास्तविक स्वरूप यही है भी, जिसे भक्तिकाल ने धुन्ध में झोंक दिया था।

नाथूराम गोडसे हिन्दूमहासभा में आने से पहले राष्ट्रीय स्वयंसेवक संघ के सदस्य थे। इसी कारण गाँधी की हत्या के बाद राष्ट्रीय स्वयंसेवक संघ पर रोक लगी थी। इसका विरोध करने के लिए हिन्दू महासभा समेत कोई भी राजनैतिक दल सामने नहीं आया था, इसलिए जनसंघ की स्थापना की गयी थी। उसके अध्यक्ष भले ही हिन्दू महासभा से निकले नेता या दीगर हिन्दुओं के विरुद्ध हथियार खरीदने के लिए किया जायेगा। इसलिए भारतीय जनसंघ की स्थापना की गयी उत्तर प्रदेश, दिल्ली और पंजाब के कार्यकर्त्ताओं के एक ग्रूप द्वारा उसमें वसन्त कृष्ण ओक, हंसराज गुप्त, भाई महावीर, बलराज मधोक, जोधराज और बलराज भल्ला बन्धु तथा दीनदयाल उपाध्याय शामिल थे। उनके साथ आर. एस. एस. के बाहर के भी कुछ प्रभावशाली लोग थे जैसे मौलिचन्द्र शर्मा। यद्यपि कि इस दल के अध यक्ष लम्बे समय तक आर. एस. एस. के बाहर के लोग होते रहे : श्यामाप्रसाद मुखर्जी, मौलिचन्द्र शर्मा, प्रेमनाथ डोंगरा, देव प्रसाद घोष, पिताम्बर दास, अवसरलू रामाराव, रघुवीर और बच्छराज ब्यास, इसके सचिव दीनदयाल उपाध्याय ही रहे 1967 तक, जब वे अध्यक्ष बने। उन्होंने हिन्दुत्व के लिए एक दूसरा व्यावहारिक दर्शन रचा 'मानव एकात्मवाद' के नाम से। उसकी चर्चा हम बाद में करेंगे। यहाँ यह नोट करना महत्त्वपूर्ण है कि इस नये दल की स्थापना के प्रति माधव सदाशिव गोलवलकर उत्साहित नहीं थे क्योंकि वे आर. एस. एस. को भारत के नवनिर्माण के लिए एक सांस्कृतिक संगठन ही बनाकर रखना चाहते थे। इसी पृष्ठभूमि में उनके आगे के विचार विकसित हुए हिन्दुत्व के बारे में। उसके भी मूल में उपर्युक्त पुस्तिका की पंक्तियाँ थीं, "From this stand point sanctioned by the experience of shrewd old nations, the foreign races in Hindustan must either adopt the Hindu culture and language, must learn to respect the hold in reverance of Hindu religion, must entertain no idea but those of the glorification of Hindu race and culture i.e. of the Hindu nation, and must loose their seperate existance, or stay in country wholly subordinated to the Hindu Nation, claiming nothing, deserving no privileges, far less any preferential treatment—not even citizens rights."

कहा जाता है कि इसी प्रघट्टक के कारण उन्हें अपनी पुस्तिका वापस लेनी पड़ी थी, क्योंकि यह उनके फासिस्ट होने का प्रमाण देती थी, जिसे वे नापसन्द करते थे। जो

भी हो इसी प्रघट्टक में "हिन्दू राष्ट्रवाद के बीज हैं जो बाद में आर. एस. एस. का एजेण्डा बना। हिन्दू राष्ट्रवाद की पहली झलक अरविन्द घोष के विचारों में दिखती है, जिसे वे अपना आधार बनाते हैं" उद्धरित करते हैं। उत्तर पाड़ा व्याख्यान के इस अंश में अरविन्द घोष ने स्थापना रखी थी, Other religions are preponderantly religions of faith and profession but the Sanatan Dharma is life itself, it is thing that has not so much to be believed as lived. This is the Dharma that for the Salvation of Humanity was cherished in the seclusion of this peninsula from the old. It is to give this religion that India is rising. She does not rise as other countries do, for self or when she is strong, to trample on the weak. She is rising to shade the eternal light entrusted to her the world... When, therefore, it is said that India shall rise... it is Sanatan Dharma that shall rise... It is for Dharma that India exists. To magnify the religion means to magnify country... But why Hindu religion is Sanatan ? Because the Hindu Nation has kept it, because it grew up in the skeclusion of sea and the Himalays, because in this sacred and ancient and it was given as a charge to Aryan race to preserve through the ages. But it is not circumscrived by the confines of a single country it does not belong peculiarly and forever to a bounded part of the world. अपनी पुस्तक 'इण्डिया स रिबर्थ' में मुसलमानों के बारे में लिखते हैं, "The Mohammedan or Islamic culture hardly gave anything to the world which may be said to be of fundamental importance and typically it's own; Islamic culture was mainly borrowed from others. Their mathematics and astronomy and other subjects were derived from Greece. It is true they gave some of these things a new turn, but they have not created much. Their Philosophy and their religion are very simple and what they call Sufism is largely the result of Gnostics who lived in Persia and it is the logical outcome of that school of thought largely touched by Vedanta. Except for Indo-Saracenic architecture, I do not think it has done anything more in India of cultural value. It gave some new forms to art and poetry. Its political institutions were always Semi-Barbaric.

दिक्कत यह है कि गुरु गोलवलकर ने अपनी पुस्तिका 'We' को अस्वीकार कर दिया था और आगे इस विषय पर जो उन्होंने विचार रखे वे व्यवस्थित नहीं हैं। इसका एक कारण यह था कि वे बौद्धिक विमर्श (Intellectualism) के विरुद्ध थे और बातें भावुक ढंग से करते थे, इसलिए गहराई से निर्वचन नहीं बनाते थे। जन-प्रचलित और समय-समय पर उभरनेवाली जनप्रिय बातों पर अपना विचार प्रकट करते रहते थे। वे

अधिकतर मुसलमान, ईसाई तथा साम्यवादियों के विरुद्ध होते थे। उनके भाषणों के संकलन 'बेंच आफ थाट्स' में हिन्दू राष्ट्रवाद पर मुश्किल से 20-25 पन्ने हैं। उनसे गुजरते हुए लगता है कि वे कभी धर्म, राष्ट्र, देश और संस्कृति मे विभेद करते हैं और कभी सभी को एक कर देते हैं, कभी एक का प्रयोग दूसरे की जगह स्थानापन्न की तरह करते हैं। राष्ट्र भी कभी राष्ट्रवाद बन जाता है, तो कभी राष्ट्रीयता। वैसे तो वे राजनीति के विरुद्ध हैं और नागरिक समाज के लिए काम करने की बात करते हैं, फिर भी मौका मिलने पर वे हिन्दुत्व के राजनैतिक पक्ष पर अपनी टिप्पणी करते हैं। इन पर टिप्पणी करते हुए आभास चैटर्जी कहते हैं कि उनके हिन्दू आन्दोलन का उद्देश्य हिन्दूराज्य बनाना है, जो हिन्दू राष्ट्र का प्रातिनिधान होगा। इस तरह उनका हिन्दुत्व और हिन्दूराष्ट्र एक हो जाता है जो हिन्दू देश और हिन्दू संस्कृति की विषयवस्तु है।

इसका बाहरी पक्ष मुसलमानों, ईसाइयों और मार्क्सवादियों के विरोध में झलकता है। मुसलमानों पर बात करते हुए कहते हैं कि जब तक वे हिन्दुत्व में पूरी तरह से घुल नहीं जाते, एक अलग राष्ट्र हैं। हिन्दुत्व के निर्माण में फिलहाल उनकी कोई भूमिका नहीं है, क्योंकि वे भारत को हमेशा सराय कहते रहे। इकबाल कहते हैं कि यदि मेरे गीत हिन्दुस्तान की आभा लिये हुए हैं तो मेरी कविता भी चेतना हेजाज यानी मक्का-मदीना है। एक दशक पहले हाली ने लिखा था कि उदीयमान भारतीय जनतन्त्र में मुसलमानों को कोई जगह न मिलेगी, इसलिए हे चमन अब हम चलते हैं — बहुत रह लिया तुम्हारे देश में मेहमान की तरह। ये प्रभावशाली लोग थे, अपने लिये पाकिस्तान बनवा डाला। जो भारत में रह गये वे अप्रभावशाली लोग हैं, अपनी भलाई के लिए तो भी पाकिस्तान की ओर देखते हैं। इन्हीं लोगों ने कांग्रेस के मुस्लिम प्रत्याशियों के विरुद्ध' लीग के प्रत्याशियों को मत दिया था, जिन्होंने पाकिस्तान बनवाया। ये भीतर के दुश्मन बाहर के दुश्मन से अधिक खतरनाक हैं, क्योंकि जहाँ भी थोक के भाव रहते हैं मिनी-पाकिस्तान बना लेते हैं। इतिहास में हम देखते हैं कि उन्होंने हिन्दुओं को मुसलमान बनाया तो उनकी हिन्दू निष्ठा समाप्त करने के लिए। उसी इरादे से आज भी करते हैं। जेहाद उनके मत का अनिवार्य हिस्सा है। इसलिए वे देश के लिए खतरनाक हैं। पहले भी अन्तिम साम्राज्य विजयनगरम् इन्हीं की गद्दारी से समाप्त हुआ जब उसके दो मुस्लिम सेनापति दक्कन के इस्लामी राज्यों के संगठन से मिल गये। गोलवलकर के ऐसे विचारों का समर्थन आज के समय में बी. एन. जोग जैसे लोग करते हैं और कहते हैं कि आज के जेहादी इसी मानसिकता से ग्रस्त हैं अपना धर्म और साम्राज्य बढ़ाने के लिए।

ईसाइयों के बारे में उनका कहना था कि इनका भी हिन्दुत्व में कोई योगदान नहीं है। उन्होंने भी भारतीयों की निष्ठा में खोट डाला चाहे प्राच्यवाद का दर्शन रचकर यहाँ के निवासियों में हीनता भरनी चाही, या फिर धर्म-परिवर्तन कर एक भिन्न राष्ट्र में ढालना चाहा, जबकि धर्म-परिवर्तन करनेवाला यही समझता था कि वह इनका धर्म अपनी पूजा-प्रार्थना के एक व्यक्तिगत ढंग के रूप में स्वीकार किया है। इसलिए कई तरह के

विद्रोह विशेषतः उत्तर-पूर्व और अन्य जनजातीय इलाकों में देखने पड़ रहे हैं। उन्हें हिन्दुत्व की मुख्य धारा में लाना जरूरी है। वैसे भी ईसा मसीह ने पहले से चले आ रहे एक धर्म में समसामयिक सुधार करना चाहा था। ख्वामख्वाह चार लोगों ने न्यू टेस्टामेण्ट लिखकर उसे एक धर्म में ढाल दिया।

मार्क्सवादियों के बारे में उनका कथन था कि समाजवाद आज के रूसियों का धर्म है। उनके लिए कार्ल मार्क्स मसीहा हैं, उनके विचारों के सूत्र अनुयायियों के लिए न्यू टेस्टामेण्ट है। रूसी लोग उसके प्रति धार्मिक कट्टरता और उत्साह के साथ कटिबद्ध हैं। भारतीय सन्दर्भ में उनके विचार डॉ. बी. एस. मुंजे के विचार के अनुरूप हैं। 1935 में जब जवाहरलाल नेहरू दोबारा कांग्रेस के राष्ट्रपति बने तो उन्होंने लिखा था कि अब हिन्दुओं के धर्म और संस्कृति पर बड़ी भारी विपत्ति आन पड़ी है। अब वे कांग्रेस के सम्मान और समर्थन से भारतीय संस्कृति और धर्म को समाप्त कर साम्यवादी समाजशास्त्र और नैतिकता की संरचना रचेंगे। हालाँकि वे इस विचारधारा का प्रचार मुसलमानों में नहीं करेंगे, क्योंकि यदि किया तो बचे नहीं रहे पायेंगे। ईसाइयों के प्रति भी वही बात होगी, क्योंकि उन्हें ब्रिटिश साम्राज्य का समर्थन प्राप्त है। पादरी लोग अलग से खड़े हैं। बस सारा संकट हिन्दुओं पर रहेगा। गोलवलकर का कहना था कि नेहरू का यह रूस की तरफ झुकाव उनकी धर्म-निरपेक्षता की अवधारणा के मूल में है। मार्क्सवादियों के साथ समस्या 'पूँजीवाद' की नहीं है, धर्मविरोध की है। वे भले ही कहें कि उनके दुश्मन पूँजीवादी लोग हैं, वास्तव में वे भारत में धर्मवादियों को अपना प्रथम दुश्मन मानते हैं। शीत युद्ध के दौरान यह भी जाहिर हुआ है कि फ्रेडरिक वान हाइक जैसे दो-एक अर्थशास्त्रियों को छोड़कर आर्थिक आधार पर हमला करनेवाले लोग नहीं हैं। जो हमला करनेवाले लोग हैं वे जनतन्त्र और नागरिकों के अधिकार पर हमला करते हैं, जिसमें धर्म मानने का अधिकार भी अन्तर्निहित है। अलेक्जेण्डर सोल्जेनित्सिन और पोप जान-द्वितीय जैसे विचारकों ने साम्यवाद की आलोचना यह कहकर की है कि साम्यवाद भी पूँजीवाद की ही तरह भौतिकवाद का दूसरा चेहरा है, जिसमें मनुष्य भौतिक वस्तुओं का उत्पादक और उपभोक्ता में अपचयित होकर जीता है।

यहाँ से हिन्दुत्व की व्याख्या संघ के नये नेताओं के हाथ में चली जाती है। उसकी विवेचना करने से पहले दीनदयाल उपाध्याय के विचारों को नोट कर लेना जरूरी है, क्योंकि भारतीय जनसंघ की उपस्थिति से राष्ट्रीय सवयंसेवक संघ के चिन्तन और कारगुजारी पर काफी असर पड़ता था भले ही संघ उसके विचारों और गतिविधियों पर बहुत ध्यान न दे। दूसरे भारतीय जनसंघ के उत्थान के समय आर. एस. एस. पराभव में रहा। उसका पुनरुत्थान कुछ समय बाद हुआ जब भारतीय जनता पार्टी बनी और दोनों में गहरा सम्बन्ध आरम्भ हुआ।

दीनदयाल उपाध्याय ने हिन्दुत्व के सन्दर्भ में मानव एकात्मवाद की स्थापना की थी, जो बहुत हद तक अरविन्द घोष के 'सेन्थिरिरा ऑफ योग' के दर्शन पर आधारित था

उसे वे 'इण्टीग्रल योग' भी कहते थे। कहते थे कि विकास (Evolution) का अन्तिम लक्ष्य दैवी जीवन है। उसे आध्यात्मिक कलापों से शीघ्र पाया जा सकता है। योग उसी का नाम है, जो देवत्व को प्राप्त करने का साधन है। वह दैवी से जोड़ता है। उसकी प्रकृति 'widening, heightening and integration' की है। इसकी प्रक्रिया के चरण हैं 'psychiciation, spiritualisation and superamentalisation' दीनदयाल उपाध्याय इसे परोक्ष में रखकर मानव जीवन के लौकिक सन्दर्भ के पक्ष में हिन्दुत्व की पुनर्रचना करते हैं विशेषकर राजनैतिक क्षेत्र में। कहते हैं कि हिन्दू धर्म से बड़ी हिन्दू संस्कृति है और हिन्दू संस्कृति से बड़ा हिन्दू राष्ट्र। संस्कृति राष्ट्र के भीतर होती है राष्ट्र संस्कृति के भीतर नहीं उसके ऊपर होता है, उसको रचता है, रक्षा करता है, संवर्द्धित करता है। संस्कृति में वे सभी बातें समाहित नहीं होतीं, जो साहचर्य से, प्रयास से और समाज के इतिहास से शुभ और प्रशंसित मानी जाती हैं, किन्तु चीति में जोड़ी नहीं जातीं। हिन्दू राष्ट्र एक Innate निसर्ग है, जो जन्मजात होता है, किन्हीं ऐतिहासिक कारणों से नहीं। यही राष्ट्र की चीति या आत्मा है, जो सार्वकालिक है, ऐतिहासिक अनुभवों से अप्रभावित। यहाँ हिन्दुत्व का मतलब है हिन्दू संस्कृति के साथ हिन्दू मूल्य व्यवस्था का मिलाप। उसको आधार बनाकर दीनदयाल उपाध्याय कहते हैं कि हमारी राष्ट्रीयता सिर्फ राजनीति नहीं है, विश्वास की वस्तु है, पूजा है, सनातन धर्म है। भारतीय राष्ट्रीयता का जन्म सनातन धर्म के साथ हुआ था वही हमारा राष्ट्रत्व है।

एकात्म का मतलब है 'यत् पिण्डे तत् ब्रह्माण्डे' और मानवतावाद का मतलब है विचार, उद्देश्य, आधार सब-कुछ मनुष्य है, सिर्फ धार्मिक अवतरण या अभिव्यक्ति नहीं। दोनों का मिला-जुला अर्थ है : सामाजिक और राजनैतिक संरचनाओं को मानव व्यक्ति के बहुआयामी स्वरूप के साथ न्याय करना चाहिए। यही कारण है कि भले ही धर्म अर्थ और काम को अनुशासित करता है, तीनों अन्तः सम्बन्धित हैं और एक-दूसरे को सम्पूरित करते हैं। इसका अर्थ यह है कि मानव एकात्मवाद मनुष्य के जैविक यानी नस्ल (डार्विन-स्पेन्सर-हिटलर), आर्थिक (एडम स्मिथ-मार्क्स-लेनिन) या धार्मिक एक आयामी व्यक्तित्व होने का विरोध करता है, राज्य के उस सर्वग्रासी (टोटेलिटेरियन) स्वरूप का विरोध करता है, जो राज्य को मनुष्य के ऊपर मानता है।

संघ के नये नेताओं ने जब हिन्दुत्व की व्याख्या आरम्भ की एक विवाद यह उभरा कि वह भारत तक सीमित है कि उसका विस्तार पूरे जगत् तक है। यदि हिन्दुत्व का सम्बन्ध सनातन धर्म से है तो सनातन होने के नाते वह सार्वदेशिक है। धर्म होने के कारण वह धारण करने का मूलाधार है और हिन्दू धर्म के अलावा जितने धर्म हैं, सभी उसकी शाखा के सदस्य हैं या शाखा के रूप में समाहित हो जाने की क्षमता रखते है। आर. एस. एस. के एक पूर्व जेनेरल सेक्रेटरी एस. वी. शेषाद्रि अपनी पुस्तक 'यूनिवर्सल स्पिरिट ऑफ हिन्दू नेशनलिज्म में लिखते हैं," The word Hindu not only stands for society, for a group of people, but for certain ideas, certain principles and life values.

The high watermark of this Hindu ethos lies in the unique holistic world perception perceiving the entire creation as one single harmonious living entity. Our prayers even for this day are for universal well-being 'सर्वेपि सुखिनः' In fact in none of our prayers is there any refrerence to the achievement of greatness and glory of only our nation at the cost of others."

राष्ट्रीयता के बारे में शेषाद्रि का विचार है कि राष्ट्रीयता विकास का एक चरण है, मानवीय चेतना की अभिव्यक्ति का एक चरण। यह आत्म-उपलब्धि के लिए नहीं है। यह अनात्म होने की यात्रा है, जिसमें वृहत्तर सम्पूर्णता के लिए आत्म का बलिदान कर दिया जाता है। परिवार वह पहला घटक है जहाँ व्यक्ति परिवार के सदस्यों के दुःख सुख के साथ एकाकार होता है। उसका ही विस्तार करते हुए वह राष्ट्र तक पहुँचता है। पर वह यात्रा का अन्त नहीं है। वह पूरी मानवता की ओर बढ़ता है, फिर सम्पूर्ण जीवित जगत् से एकाकार होता है और पूरी सृष्टि के साथ। यही कारण है कि पश्चिम में जहाँ राष्ट्र एक गन्दा शब्द है दूसरे पर अधिकार प्राप्त करने का विचार, एक आक्रामक विचारधारा, भारत में वह जोड़ने की शक्ति है, क्योंकि भारत कभी दूसरों पर हमला नहीं करता। हिन्दुत्व धार्मिक राष्ट्रीयता को यही बल देता है।

वास्तव में शेषाद्रि ने अपने विचारों को अरविन्द घोष के विचारों पर आधारित किया था। अरविन्द ने अपने उत्तरपाड़ा व्याख्यान में कहा था, "Hinduism is really the eternal religion, because it is the universal religion which embraces all others. If a religion is not universal, it cannot he eternal. A narrow religion, a sectarian religion, an exclusive religion can live only for a limited time and a limited purpose. This is the one religion that can triumph over materialism by including and anticipating the discoveries of science and the speculation of philosophy... It is one religion which enables us not only to understand and believe this truth but realize it with every part of our being."

आर. एस. एस. के ही कुछ विचारकों ने शेषाद्रि के विचारों में यह कमी पायी है कि वे वैश्विकता और राष्ट्रीयता के बीच 'डाइवरजेन्स' के कठिन प्रश्न के विवेचन की उपेक्षा कर जाते हैं। डी. आर. गोयल कहते हैं कि हिन्दुत्व को यहूदियों की राष्ट्र की अवधारणा के समानान्तर रखकर समझाया जा सकता है। दिक्कत यह है कि यह तुलना आर. एस. एस. के विरोधियों ने भी की है। उन विरोधियों ने कहा है कि जिन देशों में हिन्दू अल्पसंख्यक हैं, वहाँ आर. एस. एस. का 'एप्रोच' वही हो जाता है, जो भारत में मुसलमानों के प्रति जमायते-इस्लामी का हो जाता है। तब वे पूरी दुनिया के हिन्दुओं को उसी तरह से देखने लगते हैं, जैसे जमायते-इस्लामीवाले पूरी दुनिया के मुसलमानों को देखते हैं। तब दोनों ही मान लेते हैं कि दुनिया का सारा सच्चा ज्ञान सिर्फ उनके पास है। एक तीसरा

समुदाय भी ऐसा सोचता है – वह यहूदियों का है। एसली एम्ब्री ने भी यही बात कही थी।

शेषाद्रि के साथ सावरकर के विचारों को टटोलते हुए आर्गनाइजर के सम्पादक डॉ. श्रीरंग गोडबोले ने कहा है कि सावरकर का इरादा हिन्दुत्व को 'टेरिटोरिअल' बनाकर रखना नहीं था। सावरकर ने लिखा था, "A Hindu is most intrested so, when he ceases to live like a hindu; and when a Shankara claims the whole world for a Benaras... : or with Tukaram exclaims the limits of universe where the frontier of my country lie." यदि उनके विचार 'टेरिटोरिअल' लगे थे तो तत्कालीन ऐतिहासिक कारणों से। उसका मतलब यह नहीं कि हिन्दू सभ्यता भौगोलिक स्थानिकता के अधीन है। एक सच्चा हिन्दू हमेशा ही सम्पूर्ण विश्व की पवित्रता में विश्वास करता है, सिर्फ हिन्दुस्तान की पवित्रता में नहीं। शेषाद्रि के इस विचार को विस्तार देकर कई ज़िम्मेदार आर. एस. एस. के नेता कहते हैं कि दुनिया में भारत की भूमिका 'विश्वगुरु' की है और वह उधर फिर चल पड़ा है।

सूर्यनारायण राव आर. एस. एस. के उतने ही महत्त्वपूर्ण नेता व विचारक उसी सावरकर को उद्धरित करते हैं, "The first essential of Hindutva is not that a man must not reside in lands outside India, but that wherever he goes or his descedents may happen to be, he must recognise 'sindhustan' as the land of his forefathers. Nay, more, it is not a question of recognition either. If his ancesters came from india as Hindus, he cannot help recognizing India as his 'Pitrubhu.' So this definition of Hindutva is compatible with any conceivable expansion of our Hindu people. Let our colonists contribute all that is best in our civilization to the upbuilding of humanity. Let them enrich the people that inhabit the earth from Pole to Pole with their virtues and let them in return enrich their own country and race by inbibing all that is healthy and true wherever found. Hindutva does not clip wings of Himalayan Eagles but only adds to their urge. The only geographical limits to Hindutva are the limits of our earth." और कहते हैं कि सावरकर का इरादा यह बतलाना था कि यदि कोई भारतीय विदेश में उपनिवेश बनाता है तो उतना ही भारतीय रहना है, जितना यदि कोई अंग्रेज उपनिवेश बनाता है तो भी उतना ही अंग्रेज रहता है। यह हिन्दुत्व का 'टेरिटोरिअल' परिभाषा है। इसके आधार पर वे आगे लिखते हैं कि हिन्दुत्व पूरी तरह से भारत से सम्बद्ध होकर अवस्थित है। हिन्दु का मतलब सिर्फ एक धार्मिक मत से नहीं है, जैसा कि इस्लाम या ईसायत है। हिन्दुत्व से यहाँ मतलब राष्ट्रीय

जीवन-पद्धति से है। इसलिए आर. एस. एस. के कार्यकर्त्ता के लिए हिन्दुत्व एक संस्कृति है, एक परम्परा है, एक जीवन ढंग है, इस इलाके के लोगों का स्मृतियों के पार के काल से।

इस पूरी बतकही पर गिरिलाल जैन के विचार दर्शनीय हैं। वे कहते हैं, "The Hindus geniuis to blur issues, not to confront them." उदाहरण के लिए बाबरी मस्जिद-रामजन्म भूमि समस्या को लेते हैं। कहते हैं कि आर. एस. एस. के लोग अक्सर तर्क देते हैं कि भारतीय राज्य को रामदल को समर्थन बाबरदल के विरुद्ध इसलिए देना चाहिए कि राम भारतीय नायक थे, जबकि बाबर बाहरी आक्रान्ता था। उसने हिन्दू मन्दिर को इसलिए ध्वस्त नहीं किया कि वह विदेशी था इसलिए किया कि इस्लाम मूर्तिभंजन की वकालत करता है। अंग्रेजों समेत कई विदेशी आक्रमणकारियों ने हिन्दू मन्दिरों को नहीं छुआ किन्तु भारत में ही जन्में मलिक कफूर ने उन्हें तोड़ा। इसलिए वास्तविक द्वन्द्व विदेशी बनाम भारतीय का नहीं है, हिन्दू बनाम दीगर मतावलम्बियों का है। बहुलतावाद बनाम एकवाद का है। भौगोलिक सीमांकन का नहीं है, आन्तरिक द्वन्द का है। महत्त्व इस बात का नहीं है कि इस्लाम, ईसाइयत और मार्क्सवाद विदेशी मूल के हैं, इस बात का है कि वे हिन्दुत्व का कितना विरोध करते हैं। कितना नुकसान करते हैं। यह गलत है कि भारतीय उत्थान को धर्मनिरपेक्षता के चश्में से देखा जाय, जो पश्चिम के राष्ट्रवाद का सिद्धान्त है और जो हिन्दू और गैर हिन्दू के संघर्ष को राष्ट्रीय बनाम राष्ट्र-विरोधी बना देता है। इसी को आधार बनाकर रामस्वरूप गोयल ने कहा था कि मेरे लिये विदेशी वह नहीं है जो भूगोल के आधार पर है, वह है जो सत्य के लिए बाहरी है, आत्मन् के लिए बाहरी है। इन बातों पर गिरिलाल जैन की टिप्पणी है कि हिन्दू राष्ट्रवाद चीजों को उलट देता है। यह विचारधारा के केन्द्र में भारत भूमि को रखकर प्रस्थान करता है और समाज, संस्कृति और धर्म को इस जमीन पर पैदा होने के कारण रक्षणीय मानता है। पर रामस्वरूप गोयल जैसे विचारक सनातन धर्म– सार्वभौम मूल्य व्यवस्था – से बात शुरू करते हैं, उसकी संस्कृति और सभ्यता पर आते हैं। दोनों को मिलाकर हिन्दुत्व की रचना करते हैं उसकी रक्षा की बात करते हैं और तब निर्णय देते हैं कि भारत देश और राज्य की इसलिए रक्षा की जानी है, क्योंकि वहाँ हिन्दू समाज और संस्कृति रहती है। इसलिए गिरिलाल जैन राष्ट्रीय 'पैराडिज़्म' को हिन्दू समाज को समझने के मॉडल के रूप में अस्वीकार करते हैं। कहते हैं कि हिन्दू पहले एक सभ्यता है, उसको राष्ट्र का पर्दा दिया जाना हालिया और एक दुर्घटना जैसा है। फिर आधुनिक काल में समाज को दिशा निर्देशित करने में राज्य की भूमिका उससे कहीं अधिक है जो पुरातन समय में होती थी। इसलिए हिन्दुओं को संगठित करने के लिए हिन्दुत्व व राष्ट्र से बढ़कर राज्य की भूमिका है। यह राज्य वास्तव में धर्मनिरपेक्ष राष्ट्र है, जो पश्चिम की देन है और जिसे भारत समेत पूरे विश्व ने स्वीकार कर लिया है। इसलिए अल्पसंख्यकों पर उसे हिन्दू राष्ट्र के रूप में थोपे जाने की कोई आवश्यकता नहीं है। यह हिन्दुत्व के बहुलतावाद के विरुद्ध है। "And if the R.S.S. sometimes gives the impression of aiming for a simply national uniformity then that is a chilhood disease of

Hindu nationalism which must he remedied. " भारतीय जनता पार्टी इस तरह की एकरूपता का विरोध भी करती है। अपने 1998 के चुनावी घोषणापत्र में लिखती है– "Diversity is an inseparable part of India's past and present national tradition. The B.J.P. not only respects but celebrates India's regional, caste, creed, lingucstic and ethenic diversity which finds its true exitence and expression only in our national unity. This rich tradition comprises not only Vedas and Upnishad Jain Agams and Tripitak, Puranas and Gurugranth Sahib, the Dohas of Kabir, the various reform movements, saints and seers, warriors and writers, scuplotrs and artists but also the Indian, traditions of Muslims, Christians and Parsis." जाहिर है कि राष्ट्रवादी विचारधाराओं में हिन्दू राष्ट्रवाद स्वयं ही एक 'क्लास', एक विचारधारा है।

एक तीसरे तरह के विचार आर. एस. एस. के अन्य अनुषंगिक संगठनों का है। उसमें सबसे महत्त्वपूर्ण विश्व हिन्दूपरिषद् का है, जो एक तरह भारतीय जनता पार्टी से मिलकर तो दूसरी तरफ उससे दूरी बनाकर एक 'प्रेशर ग्रूप' का काम करती है, अपनी और आर. एस.एस. की माँगों को मनवाने के लिए। फिलहाल उसका एजेण्डा अयोध्या में रामजन्मभूमि पर मन्दिर बनवाने का है। अपने दिसम्बर 1996 के बम्बई अधिवेशन में जो 40 बिन्दुओं का एजेण्डा स्वीकार किया था, उसमें कहा था कि भारत में हिन्दुत्व और हिन्दू राष्ट्रवाद एक ही चीज है। हिन्दू समाज ही भारत की मुख्यधारा है। हिन्दू का हित ही भारतीय राष्ट्र का हित है। हिन्दू में सनातनी, पौराणिक, बौद्ध, जैन, सिक्ख, लिंगायत, वीरशैव आदि सभी लोग आते हैं। इसलिए उनके हितों की रक्षा सब प्रकार से की जानी चाहिए। यह विदेशों में रहनेवाले हिन्दुओं के लिए भी किया जाना चाहिए। दूसरे हर राष्ट्र का एक निर्माणक नाम होता है। इस देश के लिए वह नाम भारत है। भारत एक धार्मिक या पन्थ का शब्द न होकर एक नाम है। उसके इसी अर्थ में यहाँ के निवासियों के लिए प्रयुक्त होना चाहिए। चूँकि हिन्दू गोमांस नहीं खाता, इसलिए गोहत्या पर पूरी तरह से रोक लगनी चाहिए। चूँकि हिन्दू की पहचान राम, कृष्ण, शिव, बुद्ध, महावीर, नानक, गोविन्द सिंह आदि से होती है, इसलिए उनसे जुड़े धार्मिक स्थलों को यदि इतर मतावलम्बियों ने कब्जा कर लिया है, या ध्वस्त कर दिया है, या परिवर्तित कर दिया है तो उन्हें उनका वास्तविक स्वरूप प्रदान किया जाना चाहिए। यह हिन्दुत्व की पहचान के लिए जरूरी है। इसी तरह धोखे से, दबाव से, लालच से, जबरदस्ती हिन्दुओं के मत परिवर्तन पर रोक लगना चाहिए। यदि पहले हुआ है, पुरुखों का हुआ है तो उन्हें वापस आने का पूरा अधिकार है और वह घर वापसी प्रेम से करायी जानी चाहिए जिससे कि उन लोगों को सामाजिक न्याय मिल सके। माइनारिटी कमीशन समाप्त किया जाना चाहिए। भारतीय संस्कृति और धर्म की पढ़ाई अनिवार्य की जानी चाहिए। संविधान में कश्मीर के बारे में जो विशेष प्रावधान है उसे समाप्त किया जाना चाहिए। वहाँ से जो हिन्दू बलात् भगाये गये हैं, उनका पुनर्वास किया

जाना चाहिए। यह सब राजनैतिक न्याय के लिए जरूरी है। पूजा, अर्चना, मन्दिर निर्माण आदि चैरिटेबुल काम हैं इसलिए इनके लिए उगाही को आयकर से छूट मिलनी चाहिए। यह धार्मिक न्याय के लिए जरूरी है। किसी भी तरह का आरक्षण नहीं होना चाहिए। लिंग की समानता और न्याय के लिए भ्रूण हत्या, कन्या हत्या, स्त्रियों का व्यापार आदि समाप्त किया जाना चाहिए और उनको अपने अधिकारों के लिए सजग किया जाना चाहिए। राष्ट्र के विरुद्ध जो आतंकवाद है— मुस्लिम, ईसाई और कम्युनिस्ट— उसे समाप्त किया जाना चाहिए। हिन्दी के साथ संस्कृत को बढ़ावा दिया जाना चाहिए।

ये सब विचार संयुक्त रूप से सिंहल और तोगड़िया के हैं। साध्वी ऋतम्भरा के विचार इससे अधिक उग्र हैं। उनका कहना है कि हिन्दूराष्ट्र और हिन्दुत्व के संरक्षण और अभिवृद्धि के लिए गैर हिन्दुओं को तुरन्त 'जिमी' या अधीनस्थ बनाकर रखना चाहिए। ऐसे उपाय करना चाहिए कि वे जल्दी-से-जल्दी हिन्दुत्व की मुख्य धारा में समाहित हो जायँ। इधर वे प्रयत्न कर रहे हैं कि अपनी संख्या बढ़ाकर इस हिन्दुत्व में एक बड़ा खरोच मारें। इसके लिए वे परिवार नियोजन का विरोध करते हैं। कहते हैं कि पोलियो की दवा पीने से सन्तान पैदा करने की क्षमता पर रोक लगती है। एक तो यह भ्रम दूर किया जाना चाहिए। नहीं मानते हैं तो कानून बना दिया जाना चाहिए कि कोई भी जोड़ा दो से ज्यादा बच्चे नहीं पैदा कर सकता।

वैसे तो राष्ट्रीय स्वयंसेवक संघ के और भी अनुषंगिक संगठन हैं, पर उनमें हिन्दुत्व और धार्मिक राष्ट्रवाद पर कोई मार्के का स्वतन्त्र चिन्तन नहीं हुआ है। वे संघ के एजेण्डे के ही तहत काम करते रहे। इसलिए उनकी चर्चा छोड़ते हैं। पर यह जरूर नोट करते हैं कि अरुण शौरी के अनुसार भारत का राष्ट्रवाद वेदों की देन नहीं है। वह पश्चिम की देन है। सावरकर ने उसे वहीं से लेकर भारत की पृष्ठभूमि में रोपा है और उसके लिए प्रागैतिहासिक काल तक दौड़ लगायी है। दूसरे जिस धर्म और शामिल इतिहास को उसका आधार बनाया गया है (हिन्दुत्व नाम देकर) वह बहुत विश्वसनीय नहीं है। हाँ सभ्यता की एकता जरूर काम करती रही है, जिसका एक अनवरत इतिहास है। इसलिए जन्मभूमि, चाहें मातृभूमि के रूप में हो, या पितृभूमि के रूप में, से कहीं बेहतर अवधारणा कर्मभूमि की है। यदि भाषा को उसका आधार सूत्र देखा जाये तो वह संस्कृत होगी। फिर तीर्थस्थलों की अपनी भूमिका है। आभास कुमार चैटर्जी एक दूसरी बात कहते हैं। स्पष्ट वैचारिक दृष्टि की कमी आर. एस. एस. के हिन्दुत्व और हिन्दू राष्ट्रवाद के आड़े आता है। इस कमी का कारण यह है कि आर. एस. एस. हमेशा ही बौद्धिक विचार-विमर्श से किनारा करके रखती है। न तो वह तर्क-वितर्क करनेवाले, वैज्ञानिक ढंग से सोचनेवालों को अपने यहाँ स्थान देती है, न ही उनकी बातों पर स्थान देती है। सरसरी तौर पर कह देती है कि हमें किसी से हिन्दुत्व और राष्ट्रभक्ति के बारे में सीख नहीं लेनी है। परिणति यह है कि उनका बौद्धिक देनेवालों की जो फौज है, वह हमेशा इधर-उधर की सामान्य जन धारणा की बातें करती है। और-तो-और उनके कार्यक्रमों में प्रश्न पूछना, जिज्ञासा करना, अपनी

बात रखना वर्जित है। इसलिए वहाँ जिज्ञासाओं का शमन नहीं होता, और सोचने-विचारनेवाले लोग किनारा कस लेते हैं। जो भी हो उनका हिन्दू राष्ट्र एक मिथ है। वह हिन्दुत्व को परिभाषित करने का एक ढंग है और यह तब है, जब हिन्दू को भी परिभाषित करने के लिए किसी तत्त्ववाद की आवश्यकता नहीं है। वे हिन्दू राष्ट्र और हिन्दू राज्य में अन्तर जरूर करते हैं, किन्तु जब हिन्दू राष्ट्र का आधार हिन्दुत्व बनाकर चलते हैं तब वह भ्रमकारी अवधारणा (confusing concept) बन जाता है। वह भविष्य के ऐजेण्डे के रूप में उभरता है, जब वे कहते हैं कि, 'हम हिन्दू राष्ट्र बनाकर छोड़ेंगे' या 'हमें हिन्दू राष्ट्र बनाने से कोई नहीं रोक सकता।' यानी हिन्दुत्व आधारित राष्ट्र कभी अतीत में था नहीं, उसे अब बनाया जाना है। और वह बनाया जाना है, स्वभावतः है नहीं। इसलिए वह एक विमर्श है निर्वचन पर टिका है, सच्चाई पर नहीं, जिसे खोजा जाना है, प्रकट किया जाना है। दरअसल उन्हें यह कहना चाहिए, "हम हिन्दू एक राष्ट्र हैं और यह हिन्दू राष्ट्र एक राज्य में तब्दील हो जायेगा।" विश्व हिन्दू परिषद् के वामनदास अग्रवाल 'हिन्दू' शब्द को 'भारतीय' में तब्दील कर देते हैं, क्योंकि 'भारतीय' एक लौकिक या धर्मनिरपेक्ष शब्द है। पर इससे भ्रम समाप्त होने की जगह और बढ़ जाता है। तब भारतीय राष्ट्रवाद हिन्दूराष्ट्रवाद नहीं रह जाता। उसमें मुसलमानों, ईसाइयों को हिन्दू बनाने की जरूरत नहीं रह जाती। तब आर. एस. एस. की यह विचारधारा ही क्यों?

इस संक्षिप्त विवेचन के बाद हम कह सकते हैं कि हिन्दुत्व पहले से चले आ रहे पुनरुत्थानवादी हिन्दूवाद (Hinduism) का ही विस्तारित रूप है। इसके विकास के दो चरण हैं : एक देश की स्वतन्त्रता प्राप्ति से पहले, दूसरा उसके बाद। पहले में जोर हिन्दूपने पर था और वह लौकिकता के कुछ निकट था। बाद में वह धीरे-धीरे हिन्दू संस्कृति, हिन्दू राष्ट्रवाद और हिन्दू धर्म की ओर बढ़ता गया, भले ही उसमें से कर्मकाण्ड निकाल दिया गया हो। इसने भारतीय बहुलवाद को त्यागकर एकरूपता की स्थापना पर जोर दिया है और उसके आधार पर विश्वगुरु बनने का दावा कर रहा है इससे न केवल तमाम मतावलम्बियों को डर महसूस हो रहा है, डर यह भी लग रहा है कि कहीं इस देश का जनतन्त्र ही खतरे में न पड़ जाये, विशेषतः जब वह एक दल-विशेष के राजनैतिक एजेण्डे में घुसता जा रहा है, उसकी नीतियों को लगातार प्रभावित करता जा रहा है।

II

ऐसा नहीं है कि हिन्दुत्व के समर्थक मुसलमान नहीं हैं। हैं और उनकी कई कोटियाँ हैं। एक कोटि भारत-पाकिस्तान के बँटवारे को लेकर है। कहना न होगा कि इस बँटवारे पर संघ और उसके आनुषंगिक संगठनों में दो मत हैं। एक मत नाथूराम गोडसे के अनुयायियों का है, जो कहते हैं कि विभाजन गलत था और उसे समाप्त किया जाना चाहिए, चाहे दोनों (अब तीन) देशों का महासंघ बनाया गया हो या उन्हें आपस में मिलाकर हो। के. आर. मालवाड़ी और एम. वी. कामथ उनके अगुआ हैं। वे कांग्रेसियों की ही तरह मानते हैं विभाजन वल्लभभाई पटेल और एच.एस. सुहरावर्दी के अड़ियल और असहयोगात्मक

रुख के कारण नहीं हुआ, वह मुहम्मद अली जिन्ना और हिन्दू महासभाइयों के कारण भी नहीं हुआ। वह अंग्रजों की दुरभिसन्धि के कारण हुआ। एच. वी. कामथ लिखते हैं, "Partition was a folly and a crime. It has hurt Muslims as much as Hindus. The real villain here was Briton—Perfidous Albion- and not the Mormin.." पर सच्ची बात यह है कि लार्ड वावेल और लार्ड लिनलिथगो, दोनों वाइसराय विभाजन के विरुद्ध थे और लार्ड माउण्टबेटन तभी तैयार हुए जब मुस्लिम लीग ने ऐसा वातावरण बना दिया कि उसमें बिना विभाजन के कुछ किया ही नहीं जा सकता था। इसीलिए इन विचारकों का दूसरा धड़ा कहता है कि भारत अखण्ड होता तो ठीक था, पर बँट जाने के बाद अखण्ड बनाना दुरूह ही नहीं घातक भी है। हिन्दुत्व के लिए तो अच्छा ही हुआ कि मुसलमान बहुल इलाका बाहर हो गया, क्योंकि अखण्डता बनाये रखने के अन्तिम प्रयास में मुहम्मद अली जिन्ना ने न केवल हर स्तर पर मुसलमानों के लिए पचास प्रतिशत आरक्षण माँगा था, सरकार में उनका वर्चस्व माँगा था, हर तरह से मुस्लिम 'डॉमिनेटेड' अखण्ड भारत माँगा था, जिससे कि वे मुगलिया सल्तनत के उत्तराधिकारी बन सकें और दुनिया में सबसे बड़ी मुस्लिम आबादी के साथ मुस्लिम 'सुपरपावर' बन सकें, इस्लाम का खलीफा बन सकें। इस बात से सहमति हमीद दलवई जताते हैं। लिखते हैं, "It is quite true that partition far from proving to be a solution to the Muslim problem has only aggravated it. But it is simply not true that there was a happy solution waiting round the corner only if Partition had been avoided. For the Muslims demanded parity as the price for remaining in politically united India and surely this was an impossible demand. " लेकिन तब मुसलमानों में मलकानी और कामत के विचारों के भी समर्थक हैं। इस्लामिक विश्वदृष्टि से बाहर आकर अंसार हुसैन खान अपनी पुस्तक 'द रिडिस्कवरी ऑफ इण्डिया' में लिखते हैं कि विभाजन को समाप्त किया जाना चाहिए, कम-से-कम भारत, पाकिस्तान और बाँग्लादेश का एक महासंघ बनाया जाना चाहिए, कोशिश की जानी चाहिए कि मलाया और सिंगापुर तक के देश उसमें शामिल हो जायें, क्योंकि सबकी संस्कृति एक है, हिन्दुत्व उसमें अन्तर्भुक्त निर्णायक तत्त्व हैं, पर अंसार हुसैन के विचार उतने मासूम नहीं हैं, जितने हिन्दुत्व के समर्थकों को लगता है। उनका इरादा है कि इतना बड़ा महासंघ बन जाने पर हिन्दुत्व वैसे भी दो कौड़ी का हो जायेगा और मुस्लिम वर्चस्व अपने आप बढ़ जायेगा, जो मध्यपूर्व के किसी भी इस्लामी राज्य की तुलना में बड़ी भूमिका विश्व पटल पर निभायेगा। इसीलिए गिरिलाल जैन महाराघ की बात को न केवल अव्यावहारिक बल्कि हिन्दुत्व के लिए नुकसानदायी भी बताते हैं। लिखते हैं, "आधा मजाक में और आधा गम्भीरता से मैंने हमेशा ही कहा है कि स्व. मोहम्मद अली जिन्ना ने भारत को तोड़कर हिन्दुत्व की बड़ी मदद की है। दी गयी स्थिति में विभाजन से बढ़कर हिन्दुत्व और हिन्दुओं के लिए भला करनेवाला कोई दूसरा काम नहीं हो सकता था। इसके परिणामस्वरूप तीन-चौथाई भारत में अन्ततः मुगलिया मुस्लिम वर्चस्व

समाप्त हो गया। अभी जो सत्ताधारी दल द्वारा छद्म धर्म-निरपेक्षता के माध्यम से उन्हें कुछ तरजीह दी जा रही है, तो आगे वह भी समाप्त हो जायेगा।" के.डी. पृथ्वीपाल ने भी लिखा है, "Partition has been boon for India for majority Hindus, after nearly forty years of more or less non-violent struggle, would have been no match for the violence of the Muslim League, which did not participate in freedom struggle but expressed only lust for power on the cost of other."

दूसरा रूप वह है, जो शिक्षित मुसलमानों के बीच विकसित हो रहा है। उसके प्रवक्ता हमीद दलवई हैं। कहते हैं कि आज शिक्षित हिन्दू और शिक्षित मुसलमान में कोई अन्तर नहीं रह गया है। दोनों को पश्चिमी शिक्षा मिली है, जिससे एक तरह के मूल्यों का निर्माण हुआ, है, जीवन चलाने के लिए। इससे उनमें उदारता आयी है, सोचने का ढंग एक हुआ है, खान-पान, कपड़े और नित्य-प्रति की चर्चा में अन्तर नहीं रह गया है। इससे एक 'कम्पोजिट' भारत बन रहा है। हिन्दुत्व भी यही चाह रहा है और वही हो रहा है। खोजा मुसलमान और जिन्न के कभी सचिव, पूर्व न्यायाधीश, राजदूत और शिक्षामन्त्री सी. एम. छागला अपने को 'राष्ट्रवादी मुसलमान' और 'मोहम्मदी हिन्दू' मानते थे। कहते थे, "In the true sense, we are all Hindus although we may practice different religions. It is the distinction between Hindus and non Hindus that has created all the trouble in this country and has even led to partition of our motherland .... If the distinctions were to go then there will be no conflict between Hindus and non-Hindus... I am a Hindu because I trace my ancestry to my Aryan forefathers."

इस आर्य पुरुषों की बात अंसार हुसैन खान भी करते हैं, जिनके परपाजा ने इस्लाम स्वीकार कर उसे त्याग दिया था। कहते हैं कि इस्लाम सभी नस्लवाले अरब लोगों का धर्म है, जबकि आर्यों का स्वाभाविक धर्म हिन्दुत्व है। इस तथ्य का पता चलते ही भारतीय मूल का मुसलमान मुसलमान नहीं रह जाता है। इसे रोकने के लिए अरब भारत में मदरसों के माध्यम से पेट्रो-डालर खर्च कर रहा है, जिसके परिणामस्वरूप भारत के गाँवों में भी लोग अलीगढ़ी पायजामा, अरबी गाउन, चारखाने का गमछा, सिर पर स्कल टोपी लगाये घूम रहे हैं, स्त्रियाँ बुरके में की जा रही हैं, लाउडस्पीकर लगाकर अजान दिया जा रहा है, अपनी लिपि और उर्दू को हर राज्य में द्वितीय राजभाषा बनाने की माँग उठायी जा रही है, धर्मग्रन्थों के साथ आतंकवाद का पाठ पढ़ाया जा रहा है, जिससे कि उनकी मुस्लिम पहचान बने और यदि खो गयी है तो वापस आये। यह प्रवृत्ति दरअसल अरब का विस्तारवाद है, जिसे वह वैश्विक वर्चस्व हासिल करने के लिए, इस्लामी साम्राज्य कायम करने के लिए फैला रहा है। अपनी पुस्तक 'इस्लाम द अरब नेशनल मूवमेण्ट' में वे इसे इस्लाम का और मुसलमानों का अरबीकरण (Arabization) कहते हैं, जिसमें उनका नाम, लिपि, शब्दावली, पोशाक, विवाह आदि से जुड़ी परम्पराएँ सभी कुछ ऐसा प्रभाव छोड़ते हैं कि जैसे सातवीं

सदी का अरब वापस लौट रहा हो। लिखते हैं कि, "We may compare Mohammad's conquest of Arabia with Mao's conquest of China : The real nationalists trying to preserve national culture and identity were his opponents but his own importeour ideology (Prophetie monotheism, Marxism) pushed out the national mainstream by winning the war." इस सन्दर्भ में सीताराम गोयल एक बड़े मार्के की बात कहते हैं। रिद्दा का मतलब होता है देवों की बहुलता की ओर वापस लौटना। अरब की इस वापसी से इस रिद्दा की सम्भावना बढ़ती है, जो हिन्दुत्व के लिए शुभ होगा। वास्तव में इस्लाम का सबसे बड़ा शिकार स्वयं अरब हुआ था। यदि वहाँ कोई राष्ट्रीय आन्दोलन उठता है तो वह इस्लाम पूर्व स्थिति की बहाली के लिए होगा। वहाँ का वास्तविक राष्ट्रवाद अरब साम्राज्यवाद नहीं है। यही कारण है कि असगर अली इंजीनियर ने लिखा था, "The war of Ridda (apostasy) is a general insurrection throughout Arabia." संघ के लिए ऐसे विचार स्वागतेय है।

तीसरी कोटि उन मुसलमानों की है, जो भारतीय जनसंघ या भारतीय जनता पार्टी से जुड़े हैं। सिकन्दर बख्त उनमें से एक रहे हैं। वे भी अपने आर्यमूल की बात बड़े गर्व से करते रहे हैं और उसके माध्यम से हिन्दुत्व की वकालत करते रहे हैं। पर उन्होंने कोई सैद्धान्तिक लेखन नहीं दिया है। उनके विरोधी मुसलमान कहते हैं कि जब उन्होंने एक हिन्दू औरत से शादी किया तो इस्लाम छोड़ हिन्दू धर्म में दीक्षित होकर किया और अपने बच्चों का पालन-पोषण हिन्दू की तरह किया। फिर जब उन्होंने नारा लगाया, "मैं पहला रामभक्त हूँ" तो बाकी क्या रह गया? दूसरी व्यक्ति नज्मा हेपतुल्लाह हैं। वे लम्बे समय तक राज्य सभा की उपाध्यक्ष रही हैं। अब राज्यपाल हैं। पर उन्होंने भी कोई सैद्धान्तिक लेखन नहीं किया है। बड़ी बात यह है कि वे मौलाना अब्दुल कलाम आजाद की नतिनी हैं। तीसरे नेता बिहार के शाहनबाज खान हैं। भारतीय विदेश सेवा को छोड़कर एक नेता शहाबुद्दीन भी बने थे और हिन्दुत्व का समर्थन किया था। पर सैद्धान्तिक लेखन इन लोगों ने भी नहीं किया। मुख्तवार अब्बास नकवी कल्वे सादिक आदि शीआ है। वे हिन्दुत्व का समर्थन करते हैं। राम मन्दिर रामजन्मभूमि पर तत्काल बनाने की बात करते हैं। पर सैद्धान्तिक लेखन इन लोगों ने भी नहीं किया है।

सांस्कृतिक राष्ट्रवाद

सांस्कृतिक राष्ट्रवाद भारतीय जनता पार्टी का एजेण्डा है राष्ट्रीय स्वयंसेवक संघ की अवधारणा हिन्दूराष्ट्र को लागू करने के लिए। भारतीय जनता पार्टी ने अपने संविधान की धारा 3 में लिखा है, "Integral Humanis shall be the basic philosophy of the party." धारा 2 में लिखा है,. "The party is pledged to build up India as a strong and prosperous nation... proudly drawing inspiration from India's ancient culture and values... thus a reliable to emerge as a great world power." सांस्कृतिक राष्ट्रवाद की बुनियाद इसी से पड़ी। जो भी व्यक्ति इस दल का सदस्य बनता है, वह प्रतिज्ञा करता है। " (1) I believe in Integral Humanism which is the basic philosophy of Bharatiya Janata Party. (2) I am committted to Nationalism and National cultural integration, Dermocracy, Gandhism, Socialism Postive secularism. (सर्वधर्म समवाय) and value-based politics." इसे लागू करने करने के फिलहाल दो चरण रहे, एक वाजपेयी-आडवाणी युग का, दूसरा नरेन्द्र मोदी-अमित शाह युग का। उसकी चर्चा करने से पहले यह जानना आवश्यक है कि जब बी.जे.पी. की स्थापना हुई थी तब संघ के संचालक बाला साहब देवरस थे। वे गुरु गोलवलकर के इस विचार से असहमत थे कि आर.एस.एस. का एजेण्डा सिर्फ सांस्कृतिक है, इसलिए उसे राजनीति से परहेज रखना चाहिए। उल्टे वे यह मानते थे कि अपने सांस्कृतिक एजेण्डे को लागू करने के लिए राजनीति की सहायता ली जानी चाहिए तथा उसके लिए राजनैतिक दल के रूप में भारतीय जनता पार्टी और धार्मिक मंच के रूप में विश्व हिन्दू परिषद् उपलब्ध हैं। दोनों से तालमेल बिठा कर राजनीतिक शक्ति प्राप्त की जा सकती है जिसके सहारे अपने हिन्दू राष्ट्र का एजेण्डा लागू किया जा सकता है।

हम अन्यत्र देख आये हैं कि आर.एस.एस. के विचारकों ने किस तरह से हिन्दुत्व की अवधारणा को हिन्दू राष्ट्र में बदला था। अब उन्होंने हिन्दू राष्ट्र को धीरे-धीरे हिन्दू राज्य में बदला। दोनो में ही हिन्दू राष्ट्र की अवधारणा उनके मन में बहुत स्पष्ट नहीं था। बाला साहब देवरस से जब नलिनी सिंह ने 1988 में पूछा कि वे पहले हिन्दू हैं कि भारतीय तो उन्होंने बहुत सोच-विचारकर कहा, "मैं दोनों में अन्तर नहीं देखता। जब मैं हिन्दू कहता

हूँ तो राष्ट्रीय सन्दर्भ में कहता हूँ। यहाँ हिन्दू से मतलब किसी धर्म से नहीं है। एक सनातनी हिन्दू मूर्ति में विश्वास करता है, पर आर्यसमाजी नहीं करता। उसका वह विरोध करता है। पर हिन्दू दोनों ही हैं। जब राज्य हिन्दू के लिए कोई कानून बनाता है, तो इस विरोध पर, भिन्नता पर ध्यान नहीं देता। मेरा विचार है कि भारत में रहनेवाले सभी लोग क्या हिन्दू, क्या मुसलमान, क्या ईसाई, क्या सिक्ख-पारसी सभी हिन्दू हैं। दुर्भाग्य से मुसलमानों और ईसाइयों ने इसे अभी स्वीकार नहीं किया है। जब हिन्दू लोग मजबूत हो जायेंगे तब ईसाई और मुसलमान भी अपने को हिन्दू कहने लगेंगे।" देवरस ने यह भी कहा कि उनका इरादा भारत को एक हिन्दू राष्ट्र में तब्दील करना नहीं हैं, क्योंकि वह पहले से ही है और सभी भारतीय हिन्दू हैं। इसलिए हिन्दू राष्ट्र क्या होगा— इसे परिभाषित करने की आवश्यकता नहीं है। उन्होंने यह भी कहा कि हिन्दू राष्ट्र कोई धार्मिक अवधारणा नहीं है और फिर यह कोई राजनैतिक अवधारणा भी नहीं है। कुछ लोग हमारे ऊपर बेकार ही यह इल्जाम लगाते हैं कि हम धर्म राज्य या धार्मिक हिन्दू राज्य की बात करते हैं। राष्ट्र और राज्य दो अलग-अलग अवधारणाएँ हैं। राष्ट्र एक सांस्कृतिक अवधारणा है, जबकि राज्य एक राजनैतिक अवधारणा है। राज्य का सम्बन्ध शासन से है। इसलिए जब सत्ताधारी दल या नेता बदलते हैं तो शासन का स्वरूप बदल जाता है। वह राज्य का स्वरूप भी बदल देता है, पर राष्ट्र और उसके लोग वही रह जाते हैं। जाहिर है कि बाला साहब के विचार भ्रमकारी हैं। सरकार और राज्य वही नहीं हैं। राज्य के अनेकों तत्त्वों में सरकार सिर्फ एक तत्त्व है। इस एक तत्त्व के बदल जाने से समग्र राज्य नहीं बदल जाता। अटल बिहारी वाजपेयी या नरेन्द्र मोदी के आ जाने से भारतीय राज्य का गणतन्त्रीय स्वरूप, धर्मनिरपेक्षता, समाजवादी जरूरत, संसदीय व्यवस्था न्यायपालिका की स्वतन्त्रता अपने आप समाप्त होकर उसका उलट नहीं आ गया। वह सब ऐसे ही हैं जब नेहरू थे या इन्दिरा गाँधी थीं। इन्हें बदलने के लिए दोनों सेट के शासकों को क्रियाशील रूप से प्रयास करना पड़ा है, भले ही सफलता न मिली हो। इसी तरह राष्ट्र की जो व्याख्या वे प्रस्तुत करते हैं, वह सरसरी है। उसकी किसी विशेषता की चर्चा वह नहीं करता।

विशेषता की चर्चा करते हैं दूसरे सर संघ चालक के. एस. सुदर्शन। एस.वी. शेषाद्रि सम्पादित पुस्तक 'ह्वाई हिन्दू राष्ट्र' के एक लेख में लिखते है, "हिन्दू राष्ट्र के प्राचीन महल की सांस्कृतिक बुनियाद की आधारशिला 'अनेकता में एकता' है। इस अनेकता में एकता की व्याख्या करते हुए लिखते हैं, "भारतीय चिन्तन व्यवस्था यह मानकर चलती है कि हर अस्मिता की एक निश्चित भूमिका और विशिष्ट अवदान होता है विश्व के विकास में। इसलिए आवश्यक है कि अपने चरित्र के अनुसार सभी को इसमें अपना अवदान प्रदान करने के लिए पूरा अवसर मिलना चाहिए। उसी समय उन्हें यह भी याद रखना चाहिए कि अनन्त विभिन्नताओं में छिपी एकता होती है, जिसकी चेतना को स्वीकार कर चलना चाहिए।" इसके आधार पर वे पश्चिम पर हमला करते हुए कहते हैं कि, "वहाँ व्यक्तिवाद वर्ग-संघर्ष और राष्ट्रों के संघर्ष की बात होती है, जबकि हमारे यहाँ परिवार, समाज, राष्ट्र

और विश्व में भेद नहीं देखा जाता। पूरे विश्व को कुटुम्ब की तरह लखा जाता है। इसलिए उनके हितों में टकराहट नहीं मानी जाती है।"

इस राष्ट्र की दूसरी और अन्तिम विशेषता यह है कि सत्य तो एक ही होता है, पर विप्र लोग उसे अनेक तरह से कहते हैं। ऐसा इसलिए होता है कि उसी सत्य के किन्हीं हिस्सों या पक्षों को ही लोग देख पाते हैं एक क्षण-विशेष में और उसी की बात पूर्ण सत्य के रूप में करते रहते हैं। यह उनके सामर्थ्य की कमी के कारण है। सत्य उससे अलग अपना स्वरूप लिये रहता है। इसलिए सभी के विचारों को बराबर सम्मान दिया जाना चाहिए। भारतीय राष्ट्रवाद इसी का अनुगामी है। जाहिर है कि इन दो विशेषताओं से न तो हिन्दू राष्ट्र परिभाषित हो पाता है, न ही उसकी विशेषताएँ ठोस रूप से गोचर हो पाती हैं।

एक तीसरे विचारक हैं एस. वी. शेषाद्रि। वे लम्बे समय तक आर.एस.एस. के सचिव रहे हैं और अपेक्षाकृत अधिक लिखे-पढ़े लगते हैं। अपनी दो पुस्तकों– 1. यूनिवर्सल स्पिरिट ऑफ हिन्दू नेशनलिज़्म और 2. द वे में वे दो विचार रखते हैं। वे पूछतें हैं कि यदि धर्म शाश्वत है और सभी देशों और जातियों पर लागू होता है तो 'हिन्दू' पर जोर देने की जरूरत क्या है? स्वयं ही जवाब देते हुए कहते हैं कि चूँकि धर्म की यह अवधारणा हिन्दू की है, उसी ने इसे खोजा है इसलिए उसे हिन्दू नाम दिया गया है, जैसे विज्ञान के सिद्धान्तों का नाम उनके खोजकर्त्ताओं पर रखा जाता है। इस तरह हिन्दू व धर्म एक हो जाते हैं। वह जिस राष्ट्र को लेकर चलता है, वह हिन्दू राष्ट्र हो जाता है। राष्ट्र में हिन्दू विशेषण अपने आप जुड़ जाता है। इसी तरह हिन्दू राष्ट्र अपने आप हिन्दू धर्मराष्ट्र बन जाता है। यह तर्क कितना वैध है, पाठकगण स्वयं विचारें।

वही शेषाद्रि यह भी कहते हैं कि हिन्दू सिर्फ एक समाज, लोगों का एक समुदाय, एक राष्ट्र के लिए लागू नहीं होता। उसका सम्बन्ध कुछ शाश्वत मूल्यों, सिद्धान्तों, जीवन उद्देश्यों से है। राष्ट्र उसके आत्मप्रकटीकरण का एक चरण है, जो एक सम्पूर्ण वैश्विक छवि गढ़ता है, सभी मनुष्यों को एक जीवित इकाई में विकासमान स्वीकृत करते समय। वह मानवीय चेतना के आत्मविकास का एक चरण है, जिसमें एक विस्तृत पूर्णता के लिए स्वार्थहीन बना जाता है। जाहिर है कि इस तरह की बातें हिन्दू राष्ट्र के वाद सम्बन्धी चिन्तन में कोई योग नहीं देतीं।

यह आर.एस.एस. का दुर्भाग्य है कि उससे कठोर तार्किक अनुशासन से बँधे विचारक नहीं जुड़ते। जो लोग जुड़ते हैं वे प्रश्न से हटकर बात करते हैं। प्रश्न को खुला ही छोड़ देते हैं। उसके दो कारण हैं। एक तो वे समस्या को ठीक से जानते नहीं या जानना नहीं चाहते। इसलिए उत्तर भी नहीं देना जानते या नहीं देना चाहते। इसलिए उसे छूकर हट जाते हैं। दूसरे वे हर बात में एक रहस्यमयता बनाकर रखते हैं, जिससे कि आगे समयानुसार विभिन्न व्याख्याएँ देकर अवधारणा को जीवित रखा जाय। इस घेरे से हटकर जो विचारक हैं, वे कुछ सार्थक बात जरूर करते हैं। ऐसे ही एक विचारक हैं आभास कुमार

भट्टाचार्य। वे आर.एस.एस. के विचार 'हिन्दू राष्ट्र के लिए काम करने' की बात को हवा-हवाई बताते हुए कहते हैं कि दरअसल यह 'हिन्दूराज्य' की स्थापना का बहाना है जिसे वे लोग साफ-साफ नहीं कहते। यदि हिन्दू लोग पहले से ही राष्ट्र में हैं, तो उसे आगे बनाने की बात ही बेमानी है। वास्तव में भारत देश हिन्दू राज्य नहीं बन पाया है, क्योंकि संविधान ने उसे धर्म-निरपेक्ष राज्य घोषित कर रखा है और सभी अन्य धर्मों की तरह हिन्दू धर्म को भी स्थान दिया है, जिसे व्यक्तिगत आस्था तक सीमित रखा है। आर.एस.एस. का एजेण्डा उसे हिन्दू राज्य बनाने का है, जिससे कि हिन्दुओं से भिन्न दूसरे सम्प्रदाय उसके अधीनस्थ बनकर रहें, कम-से-कम हिन्दुत्व को स्वीकार कर चलें। इसके लिए आये दिन उससे जुड़े कुछ नेता संविधान में परिवर्तन करने की बात करते हैं। ताजा उदाहरण दक्षिण के नेता एस. विजय कुमार हैं। इसका एक अर्थ यह भी है कि भारत अभी हिन्दू राष्ट्र व राज्य अभी तक नहीं बन पाया है, इसलिए आये दिन नारे लगाये जाते हैं कि हमें हिन्दू राष्ट्र बनाना है या हमें कोई हिन्दू राष्ट्र बनाने से रोक नहीं सकता। यदि हिन्दू पहले से ही राष्ट्र है तो इन नारों का मतलब यही है कि हिन्दू राज्य बनाना है। दरअसल इन नेताओं को साफ-साफ कहना चाहिए, "हम हिन्दू एक राष्ट्र हैं और उसके लिए हमें एक हिन्दू राज्य की जरूरत है।" वे कहें चाहे जो भी उनका कार्यक्रम स्पष्ट है : ये हिन्दुओं को एक राष्ट्र व नाम दे, एक हिन्दू राज्य बनाना चाहते हैं। यही कारण है कि सूर्य नारायण राव जब जवाहरलाल नेहरू की राज्य की अवधारणा पर हमला करते हैं तो उसे 'स्यूडो-सेक्युलरिज़्म' कहते हैं। अरब देशों ने मदरसों में जो पेट्रो-डालर भर रखा है और जिस विचारधारा का निर्माण उससे उन मदरसों में हो रहा है जिसे लेकर वहाँ के छात्र बाहर आ रहे हैं, वह राष्ट्र-विरोधी ही नहीं, राज्य-विरोधी भी हैं। इसी तरह हिन्दुओं की सहिष्णुता की भावना व व्यवहार भी राष्ट्र-विरोधी होता जा रहा है, जिससे राज्य-विरोधी होने की गन्ध है, विशेषतः साम्यवादियों, समाजवादियों में। यह सब तभी रुकेगा, जब हिन्दू राज्य स्थापित हो जायेगा। इसीलिए वे कहते हैं कि हिन्दू राज्य मात्र एक नारा नहीं है, एक जीवन्त वास्तविकता है, जिसकी तरफ आर.एस.एस. अपने आनुषंगिक संगठनों के साथ चल पड़ा है। विश्व हिन्दू परिषद् रामजन्मभूमि समेत अन्य धार्मिक स्थलों को मुक्त कराने में लगा है, बनवासी कल्याण आश्रम वनवासियों को हिन्दुत्व में दाखिल कर रहा है हिन्दू विश्वास और हिन्दू कर्मकाण्ड की शिक्षा देकर, उनके बीच एक नये पुजारी वर्ग का निर्माण कर (यानी उनमें जातिवादी व्यवस्था घुसाकर) गोरक्षक लोग गो-ब्राह्मण की सुरक्षा में निकल पड़े हैं। विद्यार्थी लोग हिन्दुत्व से जुड़े विषयों और उस दृष्टिकोण से अन्य विषयों के अध्ययन की माँग कर रहे हैं। भारतीय विज्ञान पर जोर बढ़ रहा है। अकादामक लोग भारत का इतिहास नये सिरे से रचने में लग गये हैं। युवजन सभा युवाओं में इसका प्रचार कर रहा है, स्त्रियों से जुड़े संगठन स्त्रियों में। आर. एस. एस. पर इल्जाम लगता रहा है कि वह ब्राह्मण, बनिया की पार्टी बी.जे.एस और बी.जे.पी. को समर्थन देता है और पेशवाओं के मराठा राज्य से प्रेरणा लेकर उसका पुनर्स्थापना करना चाहता है। इससे असन्तुष्ट रहनेवाले मराठा लोग कहते

हैं कि पेशवा लोग शिवाजी और उनकी सन्ततियों के साम्राज्य के प्रधानमन्त्री थे, जो धीरे-धीरे वास्तविक शासक बन गये, उन्हें दर-किनार कर। उस चेतना को पुनर्स्थापित करने के लिए शिवसेना आयी है, मराठा अस्मिता कायम करने के लिए। वे लोग भूल जाते हैं कि बाला साहब देवरस ने पहले ही कहा था कि संघ सामाजिक न्याय और समता के लिए कटिबद्ध है। उसके लिए अनुसूचित जातियों और जनजाजियों का हित संवर्द्धन इसकी प्राथमिकता है। मुसलमानों और ईसाइयों के सन्दर्भ में उन्होंने कहा था कि वे किसी भी तरह की साम्प्रदायिक हिंसा की निंदा करते है क्योंकि आर.एस.एस. का दृष्टिकोण सम्प्रदाय निरपेक्ष है। यही कारण है कि भारतीय जनता पार्टी के नेता निरन्तर इस विभेद का शमन करते हुए 'वाम' की ओर बढ़ते गये हैं जय प्रकाश नारायण का साथ दिया था आपातूकाल से पहले भी और उसके बाद भी। यहाँ तक कि अपने दल भारतीय जनसंघ को समाप्त कर उसे जनता दल से जोड़ दिया था। उनके इस काम में संघ के स्वयंसेवकों ने जमीनी स्तर पर पूरा साथ दिया था।

एक दूसरे विचारक हैं बलराज मधोक, जिनकी पुस्तक 'रैशनेल ऑफ हिन्दू स्टेट' इस विषय पर सम्भवतः सर्वोत्तम पुस्तक है। उसमें मधोक कहते हैं कि हिन्दू राष्ट्र एक बहुलवादी जनतान्त्रिक राज्य होगा, जिसमें अल्पसंख्यकों को कोई विशेषाधिकार नहीं दिया जायेगा। यदि वे अल्पसंख्यक 'जीओ और जीने दो' का सिद्धान्त अपनाकर चलेंगे तो हिन्दुओं के बीच अति सुरक्षित और विकासमान रहेंगे, क्योंकि हिन्दू दूसरों के साथ वही बर्ताव करता है, जो दूसरे उसके साथ करते हैं। वह सभी धर्मों, मतों, सम्प्रदायों का सम्मान करता है, उसकी पूजा-पद्धति और पूजा-स्थल को सुरक्षा देता है। इसलिए पाकिस्तान और बाँग्लादेश जैसे मुस्लिम राज्यों में अल्पसंख्यकों के साथ जो बर्ताव हो रहा है, उससे अच्छा बर्ताव भारत में होगा। इसके एवज में उन्हें राज्य के प्रति वफादार रहना होगा और राष्ट्र के तमाम ग्रूपों के लोगों के हितों और अधिकारों का सम्मान करना होगा। उन्हें बराबर का अधिकार तो दिया जायेगा, पर कोई विशेषाधिकार नहीं। जाहिर है कि यह हिन्दू राज्य अन्ततः एक धर्मनिरपेक्ष राज्य होगा। तब यह राज्य नेहरू के धर्मनिरपेक्ष राज्य की अवधारणा से कैसे भिन्न और उत्तम होगा, यह स्पष्ट नहीं है।

भारतीय जनता पार्टी के नेता और उसकी विचारधारा तय करनेवाले पार्टी अध्यक्ष लालकृष्ण आडवाणी भी कहते हैं कि राष्ट्रीय स्वयंसेवक संघ की हिन्दू राष्ट्र की अवधारणा स्पष्ट नहीं है। वास्तविकता यह है कि भारतीय जनसंघ के दिनों में भी 'हिन्दू राष्ट्र' शब्द का प्रयोग कभी नहीं हुआ था, न ही भारतीय जनता पार्टी के मैनिफेस्टो में यह शब्द है। बी.जे.पी. 'रामराज्य' की बात करती है और इसका प्रयोग महात्मा गाँधी ने आरम्भ किया थां। वहीं आडवाणी यह भी कहते हैं कि भारत में रहनेवाले सभी लोग हिन्दू हैं। यहाँ तक कि इस्लाम के अनुयायी मुसलमान हिन्दू उसी प्रकार हैं, जिस प्रकार सिक्ख हिन्दू या बौद्ध हिन्दू। यदि ऐसी बात स्वीकार कर ली जाय तो इस प्रकार से भारत को हिन्दू राष्ट्र अवान्तर से कहा जा सकता है। किन्तु ऐसा विश्वास करने के लिए दूसरों को बाध्य नहीं किया जा

सकता। इसी तरह सी.पी. मिसीकर ने एक पुस्तक लिखी है 'कन्सेप्ट ऑफ द राष्ट्र।' उसमें एक तरफ उन्होंने दीनदयाल उपाध्याय के एकात्म मानववाद की व्याख्या की है, तो दूसरी तरफ स्थापना रखी है कि हिन्दू राष्ट्र देशभक्ति का विज्ञान है, जो अपनी इच्छाशक्ति से इस तरह के राज्य का निर्माण करेगा। यह स्थापना दीनदयाल उपाध्याय के एकात्म मानववाद की अवधारणा को देखने के लिए उकसाता है।

एकात्म मानववाद की कुछ चर्चा हम एक अन्य लेख में कर आये हैं। यहाँ यह कहना है कि उपाध्याय ने यह अवधारणा पूर्व मार्क्सवादी विचारक एम.एन.राय के 'रेडिकल मानववाद' के बरक्स रची थी। एम. एन. राय का कहना था कि मनुष्य का स्वरूप उसकी आर्थिक अवस्थिति से तय होता है जो भौतिकवाद की अब तक की सबसे बड़ी परिणति है। दीनदयाल उपाध्याय इसका विरोध करते हैं। कहते हैं कि मनुष्य का आर्थिक जीवन उसका सिर्फ एक पक्ष है। सिर्फ उस पर जोर देने से पूर्ण मनुष्य का निर्माण नहीं हो सकता। सदियों से परीक्षित भारतीय दर्शन मानता है कि मनुष्य के चार पक्ष हैं: काम यानी ऐन्द्रिक आनन्द, अर्थ यानी सांसारिक सफलता, धर्म यानी निजी, पारिवारिक सामाजिक, राष्ट्रीय, वृहत्तर मानवीय सरोकारों में अपने कर्त्तव्य का निर्वाह जिसमें धार्मिक कर्मकाण्ड भी आता है और मोक्ष जो भारतीयों द्वारा विकसित एक विशिष्ट कोटि है सांसारिकता से मुक्त होन का। जब तक इन चारों को एक में जोड़कर जीवनयापन नहीं किया जायेगा, जीवन अध ूरा ही रहेगा।

इस आधारभूत स्थापना के आधार पर उपाध्याय ने भारतीय जनसंघ, फिर भारतीय जनता पार्टी का सिद्धान्त रचा था, नीति रची थी। उसके प्रासंगिक दो प्रघट्टक ये है–

1. हमारी व्यवस्था में व्यक्ति का स्थान धुरी का है। 'यत् पिण्डे तत् ब्रह्माण्डे' सिद्धान्त के अनुसार मनुष्य समाज का प्रतिनिधि और प्रमुख उपकरण हैं। उसकी प्रसन्नता के लिए सम्पत्ति एक साधन है, अपने आप में साध्य नहीं। किन्तु वह व्यवस्था जो समूह मनुष्य (mass man) की स्थापना पर आधारित है और जो यह बात स्वीकार करने में चूक जाती है कि जीवित व्यक्ति की अपनी विशिष्ट वैयक्तिकता होती है, समीचीन नहीं होती। वह व्यवस्था भी अपर्याप्त होती है, जो मनुष्य के सिर्फ एक गुण को ध्यान में रखती है और उसकी समग्रता को देखने से रह जाती है, जिसमें वह एक अवयवी इकाई के रूप में काम करता है, जिसमें शरीर, मन, बुद्धि और आत्मा की अपनी भूमिका होती है, जिनके माध्यम से पुरुषार्थों को पूरा किया जाना होता है। हमारा आदर्श समेकित मनुष्य है, जो एक साथ ही अनेक व्यक्ति और निर्मित अस्मिताओं में भाग लेने की क्षमता रखता है। एकात्म मानववाद वह बुनियाद की पत्थर है, जिस पर हमारी पूरी व्यवस्था को आधारित करने की आवश्यकता है।

2. 'यत् पिण्डे तत् ब्रह्माण्डे' का मतलब है कि जो सूक्ष्म में है, वही वृहद में है। यह हठयोग का सूत्र है जो व्यक्ति और विश्व में एका दिखाने के लिए रचा गया था– शरीर के ऊर्जा चक्रों को आकाश के नक्षत्रों की गति के साथ ताल-मेल बिठाकर। इसी

को आज 'होलिस्टिक' या समेकित कहते हैं, जो वास्तविकता को देखने का सर्वोत्तम ढंग है। जिस तरह से शरीर की प्रत्येक कोशिका पूरे शरीर की सूचना कूट रखती है, उसी तरह व्यक्ति पूरे जगत् की छाप छुपाये रखता है और अपनी भूमिका उसी पूर्णता के कलाप में रखता है।

दीनदयाल उपाध्याय ने अपना विचार कहाँ से लिया, इसकी कुछ खोज विचारकों ने की है। कन्दर्प रामचन्द्रराव ने पाया है कि इसकी जड़ें कांग्रेस के गरम दल के बंगाली नेता विपिन चन्द्र पाल के भाषण 'हिन्दू नेशनलिज़्म हिन्दू स्टैण्ड प्वाइण्ट' (1913) में है। उसमें उन्होने 'नारायण' शब्द और उसमें निहित अवधारणा की व्याख्या की है और निचोड़ 'यूनिवर्सल ह्यूमैनिटी' निकाला है। उसके माध्यम से वे पश्चिम के आत्मकेन्द्रित व्यक्तिवाद और उसके हू-ब-हू बने राष्ट्रवाद का विकल्प रचते हैं। कहते हैं कि मनुष्य का "सामाजिक विकास निम्न और सरल से उच्च और जटिल चरणों में होता है, जो दूसरे मनुष्य की इकाइयों और संगठनों के साथ सम्बन्धों की विभिन्नता और विस्तार (range) के अनुपात में फैलता और बढ़ता है। इस बड़े और बढ़ते जा रहे साहचर्य के माध्यम से व्यक्ति विकासमान ढंग से अपने व्यक्तित्व की प्रतीति प्राप्त करता है और उसके परिणामस्वरूप हुए उसके अपने मानवीय विकास और पूर्णता में अपनी अन्तर्भुक्त दैविकता को अनावरित करता है, क्योंकि मानवता और दैविकता एक ही हैं। यह एकता ही भारतीय चिन्तन का मुख्य स्वर है। दुनिया के सभी मनुष्यों के बीच में हिन्दू है जिनके पास सम्भवतः एक शब्द है, इन दोनों बातों को कहने के लिए और वह शब्द है 'नारायण'। नारायण व्यक्ति मनुष्यों के भीतर रहनेवाला वह तत्त्व है, जो वास्तव में सभी प्राणियों में बहुविध होता है। वही मनुष्य के सामूहिक जीवन में भी भीतर रहनेवाला तत्त्व है जो सभी सामाजिक और ऐतिहासिक गतिविधियों का निदेशक, संचालक है।"

डॉ. फ्लड ने इस 'नारायण' शब्द की व्युत्पत्ति और प्रचलन को खोज निकाला है। 'नारायण' शब्द की उत्पत्ति दो धातुओं के मेल से होता है। एक है 'नृ' जिसका मतलब मनुष्य होता है दूसरा है उसमें जुड़ा प्रत्यय, जो पुरुष की अवधारणा को प्रेषित करता है। अन्ततः पुरुषार्थों से जोड़ता है। यह शतपथ ब्राह्मण से आया है और वहाँ उसे विष्णु से जोड़कर देखा गया है। डॉ. फ्लड लिखते हैं, "The cosmic man doctrine is an early holographic paradigm suggesting a homomorphism between the part (man) and the whole (cosmos), and thereby attributing to the cosmos functional unity similar to the functional unity in the Human body."

निश्चय ही यह विचार सिर्फ भारतीयों का नहीं है। इसका अध्ययन करते हुए हमने यहूदियों के 'आदम कदमोन' के सिद्धान्त में भी इसे पाया है, जिसमें ईश्वर मनुष्य में रूपान्तरित होकर अपनी छवि में मनुष्य को रचता है। यहीं से ईसाइयत और अन्य मजूसी मतों ने अपनाया है। अंग और पूर्णता का सम्बन्ध वह भी मनुष्य की सादृश्यता पर आधारित हम हर्बर्ट स्पेन्सर के दर्शन में पाते हैं, जो समाजशास्त्र के डार्विनियन हैं और

अंग तथा इकाई के सुचारु सम्बन्धों के आधार पर सतत विकास को लिखते हैं। आज विकास का जो बोलबाला नरेन्द्र मोदी गढ़ रहे हैं, वह उसी का अधूरा और सुना-सुनाया ज्ञान है। खैर, वैश्विक स्तर पर विपिन चन्द्र पाल कहते हैं कि ये नारायण और मानवता सम्पूर्णता है। इस सम्पूर्णता के दुनिया के तमाम देश हिस्से हैं। यह नारायण या मानवता शरीर है, विभिन्न नस्लें, जातियाँ, राष्ट्रीयताएँ इस शरीर के अंग हैं। अंगों में सम्पूर्ण अन्तर्ग्रथित है, जैसे 'आरगन्स' में 'आर्गनिज्म' अन्तर्ग्रथित होता है।

दीनदयाल उपाध्याय अपने राजनैतिक 'विजन' की सीमा जानते थे। पर उन्होंने अपने प्रारम्भिक और बुनियादी सिद्धान्त का जितना पसारा हो सकता था, उसे देने का प्रयास किया, जिससे कि वह भविष्य के प्रतिपाद्य के लिए खोज का आधार दे सके। लिखा कि एकात्म मानववाद, "is the name we have given to the sum total of various features of Bhartiya sanskriti, abiding, dynamic, synthesizing and sub-lime." इसलिए आगे का राष्ट्रवाद संस्कृति पर आधारित होगा और वह संस्कृति हिन्दू संस्कृति होगी। यानी हिन्दू संस्कृति में जो घाल-मेल आ गया है, पहले उसे छानकार हटाना होगा, फिर उसके शुद्ध रूप को नये सिरे से आगे बढ़ाना होगा। तब सवाल उठता है कि यह हिन्दू संस्कृति अपने शुद्ध रूप में है क्या? कहीं आर्य संस्कृति तो नहीं है, जिससे तत्कालीन नेता अन्नादुरै खार खाते थे? खैर, आर.एस.एस. और बी.जे.पी. के नेता कहते हैं कि इसके लिए पूरा भारतीय इतिहास नये सिरे से खँगालना होगा। यह कठिन काम है।

इसका एक बना-बनाया स्वरूप प्रदान किया है वासुदेवशरण अग्रवाल ने। अपनी पुस्तक 'भारत—एक राष्ट्र' में कहते हैं कि राष्ट्र का निर्माण जन, भाषा और धर्म के जोड़ से होता है। अथर्ववेद से पृथ्वी सूक्त को उद्धरित करते हुए कहते हैं कि 'माताभूमि' हमारी सर्वोच्च देवी हैं, जो अपने हृदय में विभिन्न जन, भाषा और धर्म के लोगों को धारण करती है। इसका थोड़ा विस्तार दिखाते हुए कहते हैं कि ये तीनों किरात (तिब्बती-बर्मी) निषाद (आस्ट्रो.-एशियाटिक) आर्य, द्रविड़ और नीग्रो हैं। पर वासुदेवशरण अग्रवाल इस भूमि की सीमा नहीं बताते और तब लगता है कि भारत की जो भी सीमा हो, उससे बढ़कर पूरा विश्व ही उसमें समाहित हो गया लगता है। पहले वृहत्तर भारत, फिर पूरा जगत्। वे यह भी कहते हैं कि यह एकता अभी प्राप्त नहीं हो पायी है। इसलिए तमाम विचारकों को चाहिए कि वे इस विविधता में एकता को खोजें। न मिले तो गढ़ें। उसके लिए निम्न तकनीकों का इस्तेमाल करें, दूसरों से करारें—

1. 'माताभूमि' की पूजा स्वयं करें, दूसरों से करारें। इसके लिए अथर्ववेद में ही निर्देश है, 'माता भूमि पुत्रोऽहम् पृथिव्याः।' यह अवधारणा किरात, निषाद, आर्य, द्रविड़ आदि सभी में एक स्वर से है। इसलिए सांस्कृतिक एकता का आधार अपने आप बन जाता है।
2. 'माता भूमि' की पवित्रता स्वीकार करें, करायें। इसके लिए शंकराचार्य ने जिन मठों की स्थापना की थी उसकी लम्बाई-चौड़ाई में तमाम मठों-मन्दिरों की स्थापना होती

आयी है, आगे भी होती रहनी चाहिए और वहाँ भी होनी चाहिए जहाँ यहाँ की भावना गयी है।

3. भौगोलिक एकता पर जोर दिया जाना चाहिए। तब तमाम छोटे-छोटे रजवाड़े बिखरे पड़े थे। उनकी सीमा पार कर यह भौगोलिक एकता बननी थी।
4. भारत भूमि की प्रशस्ति गायी जानी चाहिए। इससे राष्ट्रीय चेतना निर्मित होगी।
5. तीर्थ यात्राएँ करायी जानी चाहिए। उसके लिए आकर्षण पैदा किया जाना चाहिए।
6. त्योहार, मेले मनाये जाने चाहिए । सामूहिक भोज आयोजित किया जाना चाहिए।
7. विभिन्न लोगों के देवी-देवताओं को वांछित सम्मान दिया जाना चाहिए। उन्हें स्वीकार और अपने में समाहित किया जाना चाहिए। इसे 'विभूति योग' कहा जायेगा।
8. विशाल धार्मिक सहित्य में से लोगों को अपने मन का साहित्य चुनकर पढ़ने के लिए प्रोत्साहित किया जाना चाहिए।
9. सर्वधर्म समवाय की बढ़ोतरी की जानी चाहिए, जिससे कि राष्ट्रीय समेकन हो सके।
10. एक पवित्र भाषा पर जोर दिया जाना चाहिए। वह भाषा स्वभावतः संस्कृत होगी। उसी में भारतीय संस्कृति की महत्तम अभिव्यक्ति हुई है।
11. व्यक्ति के जीवन को अनुशासित करने के लिए सभी सोलह संस्कारों को करने/कराने का यथासम्भव प्रयास किया जाना चाहिए।
12. सदाचार का जीवन जीना चाहिए।
13. सांस्कृतिक समन्वय का निर्माण किया जाना चाहिए। उसके लिए समन्वयकारी मेधा पर बल दिया जाना चाहिए।

वासुदेवशरण अग्रवाल का कहना था कि इन्हीं सूत्रों के चलते अशोक के बाद और हर्ष से पहले आनेवाली तमाम विदेशी जातियों का समन्वय भारतीय संस्कृति की एकता में हुआ। वही आगे भी दिया जाना चाहिए। दीनदयाल उपाध्याय के मन में यही तस्वीर थी, जब उन्होंने एकात्म मानववाद के दर्शन को सांस्कृतिक राष्ट्रवाद में व्यावहारिक रूपान्तरण किया।

दीनदयाल उपाध्याय के जीवनकाल में ही उनके विचारों से असहमत दो सेट के नेता लोग दिखे। एक था अटलबिहारी वाजपेयी और नाना जी देशमुख का सेट। वे गैर-हिन्दू मतावलम्बियों के प्रति नरम रुख रखते थे और कारण चुनावी राजनीति था। इसलिए उन्हें पार्टी के लोग वामपन्थी कहते थे, जबकि उनके विचार अधिक उदार, इसलिए दक्षिणपन्थी थे। उनका कहना था कि सांस्कृतिक राष्ट्रवाद के एजेण्डे को लागू करने से देश में विघटन बढ़ेगा। इसके लिए हिन्दू पूरी तरह से तैयार नहीं हैं। उनके मन में संस्कृति और राष्ट्र के सम्बन्ध में विविध अवधारणाएँ हैं, जिसमें रवीन्द्रनाथ टैगोर से लेकर पण्डित जवाहरलाल नेहरू के विचार सामान्य लिखे-पढ़े भारतीयों में हावी हैं। इसलिए चुनाव में उन लोगों का वोट नहीं मिलेगा और उनके विरोधस्वरूप दूसरे भी सामान्य जन प्रभावित होंगे। इसके लिए नरम मार्ग अपनाना पड़ेगा। इसलिए तत्त्ववाद को लेकर नहीं चला जा सकता। यह

धर्मनिरपेक्षता सम्मानित और देश की आफिसियत विचारधारा है, हिन्दुत्व 'गौण और बदनाम।' नाना जी देशमुख का कहना था कि हिन्दू तत्त्ववादी होता भी नहीं है। क्योंकि वह मजूसी मतावलम्बियों की तरह किसी एक धर्म ग्रन्थ, मसीहा या पैगम्बर और एकदेव को लेकर नही चलता। एक हिन्दू की वास्तविक समस्या यह है कि वह बहुमत का होकर भी अल्पमत की मानसिकता से ग्रस्त रहता है, जो नेहरूवियन राज्य की अवधारणा की देन है। जरूरत है पहले इसे दूर करने की।

इसी को आधार बनाकर जब भारतीय जनसंघ के बाद भारतीय जनता पार्टी बनी और उसे लेकर वाजपेयी और आडवाणी चले तो यह मिथ ध्वस्त हो गया कि भाजपा ब्राह्मण-बनिया की पार्टी है। उसे दलितों, पिछडों, आदिवासियों, सिक्खों आदि का इतना मत मिला और उसके अछूतपन को त्यागकर दूसरे दलों का ऐसा समर्थन मिला कि वह सत्ता में ही आ गयी। ऐसा तभी हो पाया जब वे दीनदयाल उपाध्याय की स्थापना से दूरी बनाकर चले, जिसे उस पार्टी के संविधान में स्थान दिया गया था। इसी उदारता के चलते वे जयप्रकाश नारायण के आन्दोलन में भाग ले पाये। इसी के चलते वे एक तरफ अपने दल को जनता दल में मिलाकर उसे सत्ता में ला पाये, तो दूसरी तरफ जब जनता दल के छूटने के बाद भाजपा बनी तो वह उत्तरोत्तर बढ़ती गयी और आर.एस.एस. से कुछ दूरी बनाकर रही, जबकि अटलबिहारी वाजपेयी थोड़ा धर्मनिरपेक्ष और वामपन्थी छवि बनाकर रहे। लालकृष्ण आडवाणी थोड़ा अनुदार और आन्दोलनकारी छवि बनाकर रहे। समान नागरिक संहिता, पंजाब व कश्मीर के अलगाववाद पर कठोर रुख, धारा 370 की समाप्ति उनके एजेण्डे में रही। विश्व हिन्दू परिषद् से निकटता बनाकर रामजन्मभूमि आन्दोलन के सहारे दल की लोकप्रियता खूब बढ़ायी। दोनों ने 'गाँधियन सोशलिज़्म' को अपना एजेण्डा बनाया और कहा कि एकान्त मानववाद का यही व्यावहारिक अर्थ है। अन्तरराष्ट्रीय राजनीति में कम्युनिस्टों के विरोधी नहीं, उनके समर्थक होकर रहे। उन्होंने यह भी स्पष्ट किया कि 1. संस्कृति के सहारे मनुस्मृति की ओर नहीं लौटा जा सकता, वर्णाश्रम व्यवस्था और छूआछूत की ओर तो कत्तई नहीं। 2. पड़ोसियों से होनेवाली तमाम समस्याओं से निजात पाकिस्तान के साथ एक वृहद संघ बनाकर पाया जा सकता है। यह विचार समाजवादी नेता डॉ. राममनोहर लोहिया का था। वाजपेयी ने उसे समर्थन दिया और अपने सत्ता काल में भरपूर कोशिश की कि सम्बन्ध सामान्य व स्वाभाविक बने।

उनकी व्यावहारिक नीतियों के परिणामस्वरूप हिन्द मजदूर संघ के दत्तोपन्त ठेंगड़ी और स्वदेशी जागरण मंच के गोविन्दाचार्य ने कम्युनिस्टों के साथ मिलकर बहुराष्ट्रीय कम्पनियों, विश्व व्यापार संगठन और जी.ए.ए.टी. का विरोध किया।

दूसरा सेट बलराज मधोक, मुरली मनोहर जोशी जैसे उग्र विचार रखनेवालों का था। इसलिए इन्हें वामपन्थी कहते हैं। पर वे कम्युनिस्टों के भयंकर विरोधी थे और हिन्दुत्व पर जोर अधिक था। अपेक्षाकृत आर.एस.एस. के अधिक करीब थे, इसलिए दक्षिणपन्थी कहा जाता है। इसमें मुरली मनोहर जोशी विचारक नहीं थे, संगठनकर्त्ता जितने प्रभावी हों।

बलराज मधोक अटलबिहारी वाजपेयी के विचारों को होंच-पोंच मानते थे। वे नाथूराम गोडसे के इस विचार से सहमत थे कि हर प्रकार के वाद-विवाद में हिन्दू आवाज की हमेशा उपेक्षा की जाती है। तुलनात्मक धर्म के अध्ययन और बहस में तो इसकी पराकाष्ठा देखी जा सकती है। यहूदी मत पर बात करने के लिए यहूदी बुलाया जाता है, ईसाई मत पर ईसाई, इस्लाम पर मुसलमान, ताओं पर चीनी, पर हिन्दुत्व का प्रतिनिधित्व करने भारतविद् जाते हैं, निरीश्वरवादी या ईसाई। हिन्दुत्व के आलोचक मुसीरुल हसन, प्रफुल्ल विदवाई, रोमिला थापर और सर्वपल्ली गोपाल एण्टोनी कापले की पुस्तक पर अपने तर्क आधारित करते हैं, जिसकी चौसठ पाद-टिप्पणियों में एक भी सीधे हिन्दुत्व सम्बन्धी मौलिक पाठों से नहीं है। सिर्फ चार उद्धरणों को हिन्दू पाठ से लिया गया है, जिसमें दो अखबारों से गौण रूप से उठाये गये हैं। अखबार में कितना सही उद्धरण दिया जाता है आज के अर्द्धशिक्षित पत्रकारों द्वारा, इसे अलग से बताने की आवश्यकता नहीं है। दो उद्धरण ब्रूस ग्राहम से लिया गया है, जिसने बिना किसी मौलिक पुस्तक को पढ़े दूसरों के मतों के आधार पर अपनी पुस्तक लिखी है। यही काम असगर अली इंजीनियर ने किया है, जिसका ढोल कम्युनिस्टों ने बहुत पीटा है। अटलबिहारी वाजपेयी के धर्मनिरपेक्षता और वामपन्थियों की ओर झुकाव की आलोचना करते हुए कहते हैं कि इनका भारतीयकरण किया जाना चाहिए क्योंकि इनके प्रेरणा का स्रोत भारत है। और यह काम दीनदयाल उपाध्याय के सरपेटिया चिन्तन एकात्म मानववाद के आधार पर नहीं हो सकता। दूसरे यह मान लेने से कि भारत की सीमा में रहनेवाले सभी हिन्दू हैं वे हिन्दू नहीं हो जाते। उन्हें सक्रिय रूप से हिन्दू बनाना पड़ेगा और वह तभी हो पायेगा जब वे हिन्दू संस्कृति में पूरी तरह आत्मसात् कर लिये जायँ। इसके लिए राज्य को सरकार को एक सक्रिय कारगुजारी लेकर आगे बढ़ना चाहिए। इसके लिए भावनात्मक समेकन के तहत उन्होने संसद में बाबरी मस्जिद का सवाल सबसे पहले उठाया यह कहते हुए कि सामाजिक समरसता तब तक कायम नहीं हो सकती जब तक कि एक समुदाय दूसरे समुदाय के धार्मिक स्थलों पर बलात् कब्जा बनाये रखेगा। इसी तरह राष्ट्रीय एकता तब तक कायम नहीं हो सकती जब तक कि पंजाब और बंगाल का अस्वाभाविक विभाजन समाप्त कर इन्हें भारत में नहीं मिला लिया जाता। सांस्कृतिक एकता के लिए यह भी जरूरी है कि पंजाब का विभाजन भाषा के नाम पर न करके हरियाणा न बनाया जाये । इसी तरह केरल के बनाये जाने का विरोध इन्होंने किया था। कहा था कि कहाँ तो चर्चा है कि सांस्कृतिक एकता बनायी जाय और कहाँ इस एकता को नष्ट किया जा रहा है, जहाँ वह बना हुआ है। राज्यों में जब संविदा सरकारें बनने लगीं और उसमें भारतीय जनसंघ भाग लेने लगा तो उन्होंने इसका विरोध यह कहते हुए किया कि यह अवसरवाद को बढ़ावा देगा और इसके लिए कम्युनिस्टों जैसे भारतीय संस्कृति और राष्ट्रवाद के विरोधियों से हाथ नहीं मिलाया जा सकता। यह आवाहन राममनोहर लोहिया का है "जो समाजवादी हैं और उनको सहयोग नहीं किया जा सकता।" इसी तरह अन्तरराष्ट्रीय राजनीति में कम्युनिस्टों और अमेरिकन जनतान्त्रिकों के बीच में रहना चाहे

उनसे बराबर की दूरी बनाकर या बराबर की मित्रता कर ठीक नहीं है। उसमें कम्युनिस्टों से अलग होकर रहना ही ठीक है, जो तिब्बत और इजराइल की स्वतन्त्रता का विरोध करते हैं। शीत युद्ध में स्पष्ट स्टैण्ड लेना चाहिए भले ही वह स्टैण्ड अमेरिका और यूरोप के पक्ष में जायेगा। इस सन्दर्भ में उन्होंने वाजपेयी की नीतियों को कम्युनिस्ट व मुस्लिम तुष्टीकारण कहा, जो हिन्दू राष्ट्र और सांस्कृतिक राष्ट्रवाद के लिए घातक है। इसके लिए उन्होंने सी. राजगोपालाचारी की 'स्वतन्त्र पार्टी' से गठजोड़ बनाने की बात कही जो घोषित पूँजीवादी दल था और वह पूरी तरह से पश्चिम की वकालत करता था। ऐसा कर वे कम्युनिस्टों को अकादमियों के उन पदों से हटाना चाहते थे, जिस पर वे बिना किसी जिम्मेदारी के सिर्फ नेहरू परिवार की चापलूसी कर काबिज थे और सांस्कृतिक राष्ट्र के निर्माण में बाधा डाल रहे थे। इस बात से रजनी कोठारी और द्वारका प्रसाद मिश्र वाकिफ थे और उनके प्रभाव में संजय गाँधी ने मार्क्सवादियों को कांग्रेस पर भीतर से कब्जा करने के अभियान को ध्वस्त कर दिया पर उनकी पहुँच को न तोड़ पाये, जिसका मलाल बलराज मधोक को बना रहा।

भारतीय जनता पार्टी का दूसरा दौर नरेन्द्र मोदी के सत्ता में आने से आरम्भ होता है और उनके सहयोगी हैं गुजरात सरकार में उनके पूर्व मन्त्री अमित शाह। इनकी जोड़ी वैसी ही है जैसे अटल बिहारी-आडवाणी की जोड़ी। और पूर्व में जायँ तो नाना जी देशमुख और वाजपेयी की जोड़ी और श्यामाप्रसाद मुखर्जी-दीनदयाल उपाध्याय की जोड़ी।

यह जोड़ी राष्ट्रीय स्वयंसेवक संघ, विशेषतः इसके प्रधान मोहन भागवत के सहयोग और चुनाव के आधार पर अपनी छवि के कारण सत्ता में आयी। इतने सांसदों के साथ आयी कि इसको पूर्ण बहुमत मिल गया। यह छवि कट्टर हिन्दुत्व की थी, जो गोधरा और अहमदाबाद काण्डों से बनी, जिसमें पहले कुछ हिन्दू मरे, फिर बदले में ढेर सारे मुसलमान मरे, और तब मरे जब नरेन्द्र मोदी मुख्यमन्त्री थे प्रधानमन्त्री अटल बिहारी वाजपेयी, जिन्होंने बहुत दुःख से कहा कि राज्यधर्म प्रान्तीय सरकार द्वारा नहीं निभाया गया। यानी दंगों में सरकार का अप्रत्यक्ष हाथ था, कम-से-कम मौन सहमति तो थी ही। इस कट्टरतावाद को भुनाया गया और उसके लिए एक तरह वाजपेयी-आडवाणी की नरम और मुरली मनोहर जोशी की गरम नीति को ठुकराया गया। चुनाव से पहले समझौता इस बात पर रहा कि यदि दल पूर्ण बहुमत में आया तो प्रधानमन्त्री मोदी बनेंगे तो नहीं आया, दूसरे दलों के सहयोग से आडवाणी बनेंगे। पूर्ण बहुमत में लाने की जिम्मेदारी मोदी पर होगी, जिन्हें चुनाव प्रचार समिति का प्रमुख बनाया गया। उन्होंने ही रणनीति बनायी और श्रम किया और सफल हो गये।

इससे आर.एस.एस. को अपना हिन्दू राष्ट्रवाद लागू करने का सुनहरा मौका मिला और भा.ज.पा. ने इसके लिए सांस्कृतिक राष्ट्रवाद को नये सिरे से अपना अघोषित एजेण्डा बनाया। उन्मादियों का एक ऐसा दल विभिन्न आनुषंगिक संगठनों से दौड़ पड़ा कहीं वामपन्थी बुद्धिजीवियों की हत्या करने के लिए, कहीं गोरक्षा के नाम पर हत्या करने के

लिए, कहीं किसी फिल्म के नाम पर हत्या करने के लिए, कहीं राम मन्दिर के नाम पर जोर देने के लिए, कहीं मुसलमान स्त्रियों को उद्धार करने के नाम पर अल्पसंख्यकों को डराने के लिए, इसके लिए समान नागरिक संहिता बनाने की इच्छा न होने के बावजूद विवाद करने के लिए कश्मीर, बंगाल, पाकिस्तान और न जाने क्या-क्या... । कहीं सिनेमाघरों में राष्ट्रगान अनिवार्य किया जा रहा है, कहीं मदरसों में योग अनिवार्य किया जा रहा है। कहीं भड़काऊ तिरंगे झण्डे का जुलूस निकाला जा रहा है, कहीं भारतमाता की जय जबरदस्ती बोलवाया जा रहा है, कहीं राष्ट्रगीत गवाया जा रहा है। और यह तब हो रहा है जब स्कूलों में अध्यापक नहीं रखे जा रहे हैं, शिक्षा का बजट कम किया जा रहा है, स्वास्थ्य निजी हाथों में सौंपा जा रहा है, दोनों से बचे पैसों का इस्तेमाल ऑटोमोबाइल लाबी को खुश करने के लिए सड़क बनवाने में किया जा रहा है। रोजगार के नाम पर 'मेक इन इण्डिया' बाँटा जा रहा है। ढिंढोरा तो किसानों का कर्ज माफ करने का पीटा जा रहा है, पर वास्तव में माफ बड़े उद्योगपतियों का किया जा रहा है और इस हद तक किया जा रहा है कि बैंकों का दिवाला पिट जाने की नौबत आ रही है, उन्हें बचाने के लिए नोटबन्दी आयी कि लोगों के घरों से पैसा निकलकर बैंक में चला गया, फिर भी राहत न मिली। ऊपर से जी.एस.टी. लाकर छोटे व्यापारियों को चौपट किया जा रहा है, जिससे कि बड़े व्यापारी अपने मालों के माध्यम से खुदरा व्यापार करें। बहुराष्ट्रीय कम्पनियों के लिए देश को कर्जदार बनाया जा रहा है। अमेरिका के चरणों में हम बैठ चुके हैं, अब इजराइल के चरणों में बैठेंगे। प्रगतिशीलता अब गाली हो गयी है। सांस्कृतिक राष्ट्रवाद अभिनन्दन का मन्त्र। उसकी वकालत करनेवाले जाने कहाँ से खोज-खोजकर पद्म पुरस्कृत किये जा रहे हैं, अकादमियों और भाषा संस्थानों द्वारा बड़े साहित्यकार कलाकार घोषित किये जा रहे हैं। जो कुछ भी हो रहा है सांस्कृतिक राष्ट्रवाद के नाम पर हो रहा है।

सवाल ये है कि क्या यही सांस्कृतिक राष्ट्रवाद है? और है तो कब तक, किस हद तक? कुछ भी गलत-सलत प्रचार द्वारा उचित और ग्राह्य बना दिया जा रहा है, जिसका विस्फोट कश्मीर के एक मुफ्ती के इन स्वरों में हो रहा है, "जब हम सत्तरह प्रतिशत थे तो पाकिस्तान बनवा लिया, अब बीस प्रतिशत हैं। भारत से अलग कुछ नया बनवाना चाहिए।" एस.एस. सुहरावर्दी ने 1946 में कहा था कि पाकिस्तान की माँग मुसलमानों के लिए अन्त नहीं, आरम्भ है। उसी 1946 में लियाकत अली खान ने कहा था कि भारत में जो मुस्लिम पॉकेट छूट जायेंगे वे एक-एक मिनी-पाकिस्तान बनायेंगे। मुशाविरात की ऐंसे ही पाकेटों की माँग पर केरल के तीन जिलों से काटकर मल्लापुरम् बना था। अब क्या बनेगा, सोचने की बात है। यह नहीं कि इस तरह की अलगाववादी माँगों पर डर जाया जाये, यह कि इस तरह की माँग उठने का मौका ही न दिया जाय।

हाँ, इधर सांस्कृतिक राष्ट्रवाद को समर्थन तमाम शिक्षित मुस्लिम महिलाओं से मिल रहा है, जो अपने समाज के पुरुष वर्चस्व के विरुद्ध लड़ती रही हैं। सरकार के सहयोग से उन्हें तलाक, हलाला, बुर्का, गुजारा भत्ता सम्बन्धी जलालत से मुक्ति मिल रही है। पर

पुरुष वर्ग विशेषतः मुस्लिम पर्सनल ला बोर्ड से जुड़े लोग या उनके धर्म और शरीअत में दखलन्दाजी मान रहे हैं और बी.जे.पी. से टकराव बढ़ रहा है। इस पर भी कुछ ध्यान देना जरूरी है। ऐसे में जरूरी है समान नागरिक संहिता की ओर बढ़ना, जो कोई समान हिन्दू संहिता नहीं होगी, उसके निर्माण में मुस्लिमों के प्रतिनिधियों का भी हाथ होगा। तभी यह टकराव घटेगा। आखिरकार उन्हें राष्ट्रवाद को बाहर करने का आधार नहीं बनाया जा सकता। इसलिए वह नस्ल , क्षेत्र, जाति, धर्म और संस्कृति के आधार पर नहीं रचा जाना चाहिए। इरफान हबीब लिखते हैं, “आज जो राष्ट्रवाद का आधार बनाया जा रहा है, उससे तो रवीन्द्र नाथ ठाकुर राष्ट्रद्रोही ठहर जायेंगे, क्योंकि उन्होंने अन्तरराष्ट्रीयता की वकालत की थी। "Nationalism is not a virtue on so many grounds. It is certainly not something to be used as a weapon against your own people, as is happening today."

मिली-जुली संस्कृति

(1)

संस्कृति एक समाज की जीवन-पद्धति रचती है। मिली-जुली संस्कृति की बात तब उठती है, जब एक ही समाज में कई जीवन-पद्धतियाँ प्रचलित हों। यानी जब एक ही समाज में कई ऐसे समुदाय होते हैं, जिनकी भिन्न-भिन्न जीवन-पद्धतियाँ होती हैं। यानी मिली-जुली संस्कृति कई जीवन-पद्धतियों के सह-अस्तित्व के बीच एक सन्तुलन की तलाश होती है। यह सह-अस्तित्व और सन्तुलन कभी दो या अधिक संस्कृतियों के बीच से कुछ अच्छी और उदार तथा विस्तृत बातों को लेकर रची जाती है और कभी कुछ रादान्तिक व व्यावहारिक बातों में अन्तर कर रादान्तिक को समुदायों के पास अनुरक्षित कर व्यावहारिक बातों में अन्तर कर रादान्तिक को समुदायों के पास अनुरक्षित कर व्यावहारिक बातों के आधार पर मिली-जुली संस्कृति रची जाती है। यह विलगाव, चुनाव और त्याग समाज द्वारा बड़े ही अचेतन ढंग से होता है। यदि समाज के बरदार लोग यह काम चेतन रूप से एक एजेण्डे के तहत करते हैं, तो मिली-जुली का कुछ हासिल नहीं होता, उल्टे समाज की समरसता विनष्ट हो जाती है।

जीवन-पद्धति दो प्रमुख तत्त्वों को लेकर चलती है, एक आधिभौतिक, दूसरा भौतिक। आधिभौतिक में विश्वास, मत और उससे जुड़े संगठन आते हैं। भौतिक में लोक व्यवहति, सामाजिक व्यवहार, आर्थिक सम्बन्ध, राजनैतिक व्यवस्था, इन सबसे जुड़े संगठन आते हैं। इतिहास और साहित्य दोनों तत्त्वों के बीच आते हैं।

हिन्दी में एक ही शब्द है 'विश्वास', पर अंग्रेजी में दो शब्द हैं 'बिलीफ' और 'फेथ'। इधर इन दोनों शब्दों का अनुवाद क्रमशः 'विश्वास' और 'प्रतीति एवं श्रद्धा' होने लगा है। दोनों अवधारणाओं में साम्य यह है कि दोनों तर्क को अपने अधीन मानते हैं, विवेक को गौण मानते हैं। अन्तर यह है कि श्रद्धा किसी वस्तु, आदर्श या लक्ष्य की सच्चाई या औचित्य में ऐसा विश्वास आरोपित करती है, जो विवेक या निरीक्षण का परिणाम न होकर भावना पर आधारित हो। इसलिए प्रतीति वहाँ महत्त्वपूर्ण होता है, उसका वास्तव में होना नहीं। यह सब आध्यात्मिकता की ओर ले जाता है। ईश्वर का अस्तित्व, उसकी सृजन करने की क्षमता, आत्मा और उसकी अमरता, मनुष्य की संकल्प सम्बन्धी स्वतन्त्रता आदि इसके

विषय हैं। जाहिर है कि यह कुछ ऐसे सत्यों की स्थापना करता है, जो प्रत्यक्ष और तार्किक अनुमान द्वारा सिद्ध नहीं किये जा सकते। विश्वास के बारे में कहा जाता है कि वह किसी वस्तु या मानसिक निर्णय के विषय में असन्दिग्धता या सन्देहशून्यता का भाव होता है। यह एक ऐसी आन्तरिक व्यवस्था होती है, जो तर्क या चिन्तन के बाद आती है या फिर किसी अपरोक्ष साक्षात् ज्ञान द्वारा। इसका प्रयोग विवेक के विपरीत होने के बावजूद कुछ विचारक इनमें विरोध नहीं मानते। जो भी हो, दार्शनिकों ने विश्वास के तीन रूप माने हैं– एक प्रभावकारी, यानी किसी प्रत्यक्ष स्मृति का एक सजीव भावनात्मक रूप, दूसरा बौद्धिक प्रक्रिया का अन्तिम फलन और तीसरा संकल्पप्रणीत।

जाहिर है कि यह विश्वास पारलौकिकता की स्थापना करता है। यह पारलौकिकता निरी काल्पनिक नहीं होती। ऐसे व्यक्ति इतिहास में मिलते हैं, जिन्होंने उसका अनुभव किया है, प्रत्यक्ष किया है, आत्मसात् किया है, दूसरों को लखाया है। एक-एक व्यक्ति के लखने के ढंग को जिन लोगों ने एक समूह के रूप में स्वीकार किया है और उसी पद्धति पर चलने का आग्रह किया है, उन्होंने मत की स्थापना की है। इस मत और विश्वास के मिले-जुले रूप ने मूल्यबोध के लिए दर्शन, पद्धति के लिए कर्मकाण्ड और विश्वास को बनाये रखने के लिए पुराकथा की रचना की है। जन्म से मृत्यु तक के विभिन्न चरणों पर उनके उपयोग की वकालत की है। इससे उस समुदाय की विश्वदृष्टि, जीवनदृष्टि, सृष्टि और स्रष्टा के कार्य-कारण सम्बन्ध, जीवन का लक्ष्य, उसकी शक्ति, अनुयायियों के आपसी सम्बन्ध, गैर-अनुयायियों के साथ सम्बन्ध, नैतिकता आदि की रचना होती है।

ऐसे मतों के दो स्वरूप पाये जाते हैं। एक वह, जो एक ईश्वर या ब्रह्म में विश्वास करता है, उसके विचार और उपदेश को एक पुस्तक में संगृहीत पाता है तथा उस ईश्वर और पुस्तक के एक प्रवक्ता, पैगम्बर, मसीहा को स्वीकार करता है। ऐसे मतों का जन्म इजराइल और उसके इर्द-गिर्द के इलाकों में हुआ और पूरी दुनिया में फैला। उन्हें मजूसी मत कहते हैं, जिनमें यहूदी, ईसाई और इस्लाम आते हैं। उनका स्वरूप एकान्तिक और तमाम अन्य को बहिष्कृत करनेवाला होता है। अंग्रेजी में इसे 'एक्सक्लूसिव' कहते हैं, जिसका मतलब होता है (1) एक व्यक्ति, समुदाय या क्षेत्र तक सीमित कर देना, (2) दूसरों को अपने में तब तक सम्मिलित नहीं करना, जब तक कि वे उनकी कट्टरता का अनुसरण न करें, विशेषतः जब वे निम्न सामाजिक संस्तरण हों। किन्तु दुनिया में कुछ ऐसे भी मत हैं, जो इस कट्टरता यानी एक ईश्वर, एक पोथी और एक उपदेशक को स्वीकार नहीं करते। वे कई-कई ईश्वर, कई-कई पुस्तक, कई-कई उपदेशक या नेतृत्व देनेवाले पुरुषों को एक साथ स्वीकार करते हैं, भले ही उनकी उच्चता की शृंखला को लेकर बड़े-बड़े विवाद, यहाँ तक कि मार-पीट होती रहती है। वे एक ही तरह के उपदेश को भी स्वीकार नहीं करते, इसलिए उनकी आस्था किसी एक पुस्तक तक सीमित नहीं होती। वे तमाम दूसरों के मत को भी आसानी से स्वीकार कर लेते हैं, कभी सह-अस्तित्व के रूप में, कभी अपने ही मत के एक शाखा के रूप में। इसलिए वे 'इन्क्लूसिव' होते हैं, जो तमाम दूसरे

लोगों, समुदायों, वस्तुओं, विचारों, आचरण की पद्धतियों के लिए जगह रखते हैं। ऐसे मत 'इवाल्व' यानी विकसित होते हैं, जबकि पहले किस्म के मत 'लेजिस्लेटेड' यानी निर्मित होते हैं। हिन्दू धर्म अपनी तमाम शाखाओं, सम्प्रदायों के साथ पहले किस्म का है, मजूसी मत दूसरे किस्म का।

इस क्षेत्र में संस्कृति के निर्धारक पुरोहित वर्ग, गुरुवर्ग, संन्यासी वर्ग और भावप्रधान आचरण करनेवाले व्यक्ति विशेष (सन्त वगैरह) होते हैं। मठ और तमाम दीगर धार्मिक संस्थाएँ अपने अनुयायियों का जीवन निर्धारित और नियमित करती हैं। उनको मत से निकालने और समाहित करने का अधिकार होता है। प्रचार करने का दायित्व होता है।

भौतिक तत्त्वों में सबसे पहले लोक जीवन आता है। इसके संगठन का आधार परम्परा होती है, परम्परा पर ही नित्य-प्रति का जीवन अवलम्बित होता है। उसका स्वरूप सामूहिक होता है, इसलिए एकरूपता लिये होता है और संस्कार से लेकर मनोरंजन, और मनोरंजन से लेकर लोकाचार तक कब धार्मिक रूप का होता है और कब लौकिक, पता ही नहीं चलता। इसमें वैयक्तिकता का अभाव होता है, इसलिए नगर के जीवन से थोड़ा अलग-थलग दिखता है। इसका सांगठनिक स्वरूप एक समाज में छोटे-छोटे समूह की इकाइयों के रूप में बिखरा पड़ा होता है, जो उनके नस्ली और जनजातीय तत्त्व का द्योतक होता है। इनके विचारों, विश्वासों, इरादों और प्रतीकों के अर्थों में भिन्नता होती है, पर इससे विभेद नहीं सह-अस्तित्व का बोलबाला बढ़ता है।

दूसरा तत्त्व है सामाजिक व्यवहार। यह लोगों के बीच आपसी सम्बन्धों के कारण उपजता है आपसी हितों की आपूर्ति के लिए, वही उसे नियमित करता है और हित-संघर्षों का शमन करता है। इसमें 'मैं' की जगह 'हम' पर जोर होता है। इससे समूह, संस्थाएँ, समाज और अन्तः सामाजिक अस्मिताएँ रची जाती हैं। उससे सामान्यबोध, समझ, मिथक, बिम्ब, कल्पना आदि की अपनी भूमिका होती है। अध्ययनों ने जाहिर किया है कि (1) सामाजिक व्यवस्थाएँ एक सन्तुलन या समस्थिति (होमिओस्टेटिस) बनाने में लगी रहती हैं, क्योंकि वे सीमा तय करनेवाली व्यवस्थाएँ होती हैं, (2) दूसरे सामाजिक व्यवस्थाओं का उपयोग सूचना-व्यवस्था के रूप में किया जा सकता है। सामाजिक पद्धति के अंश विनिमय के माध्यम से जुड़े होते हैं, जिसमें सूचना को ले जानेवाले प्रतीक (जिसे भाषा, मुद्रा, प्रभाव, कटिबद्धता आदि) समाहित होते हैं। इससे समस्थिति 'इनपुट' और 'आउटपुट' के बीच सन्तुलन बनाती है। कुछ लोग सामाजिक संरचना की तुलना जैविक संरचना से करते हैं, जिसमें अंगों का सम्बन्ध पूर्ण से माना जाता है उसे पूर्णता देने के लिए और जीवित बने रहने के लिए, जिसमें एक अंग का विक्षेप पूर्ण को प्रभावित करता है। गिडेन्स इस संरचना की आलोचना करता है। कहता है कि समाज के तत्त्व वे होते हैं, जो व्यक्ति के अपने तत्त्वों से भिन्न होते हैं तथा समाज के तत्त्व उनसे ऊपर नहीं जा सकते।

संस्कृति के निर्माण में आर्थिक संरचना की बड़ी भूमिका होती है। उत्पादन के ढंग

के आधार पर उसके संचरण का इतिहास लिखा जाता है। आरम्भिक समाज में हर मनुष्य स्वतन्त्र होता था उत्पादन और उपभोग में। वह अपने भोजन, आवास और सुरक्षा का इन्तजाम स्वयं करता था और उसका उपभोग करता था जब स्त्री और पुरुष साथ रहने लगे तो उनमें सहयोग बढ़ा और संयुक्त सन्तति पालन का एक नया आयाम जुड़ गया। परिवार बढ़कर गोत्र और कई गोत्रों के मिलने से कबीला बना। भोजन के लिए जंगल से संग्रह करने की जगह पशुपालन और फिर कृषि अस्तित्व में आया, कुछ स्थायी आवास की आवश्यकता पड़ी और उन सबको सुरक्षा देने के लिए संगठग बने। वह पशु, चारागाह, कृषि भूमि और स्त्री की रक्षा के लिए था। पलटकर दूसरों से हरण के लिए भी था यानी जर, जमीन और जोरू इसके केन्द्र में आये। उसके लिए संगठन बनने पर अगुआ और अनुयायियों की शृंखला बनी। अगुआई में पहले स्वाभाविक नेतृत्व और चुनाव पर जोर दिया गया होगा। फिर वंश के आधार पर उत्तराधिकार का स्वरूप बना होगा। कभी बलात् भी प्राप्त किया जाता होगा, क्योंकि तब तक यह सब लाभ और सम्मान के पद में तब्दील हो गया था। कृषि काल में इसकी जटिलता बढ़ गयी और सामन्तवाद आया। राज्य का स्वरूप अधिक शक्तिशाली और मूर्त बन गया, जो उत्पादन और वितरण पर भी नियन्त्रण करने लगा और अपराधियों को दण्ड और तमाम दूसरे लोगों की हितों की रक्षा करने लगा। समाज का नियन्त्रण राज्य से जुड़े शासक वर्ग के आगे कुछ ढीला पड़ा। राज्य समाज से अलग होता गया और उस पर आधिपत्य बनाकर रखने लगा अपने नियमों के द्वारा। राज्य की प्रकृति में नियम बनाना, लागू करना और विवाद होने पर निर्णय देना समाहित रहा। इसके लिए वह शासितों से धन उगाहने लगा। सुरक्षा का स्वरूप पहले बाह्य था, अब आन्तरिक भी हो गया। सामन्त काल में यह सत्ता की शृंखला पद और क्षेत्र के आधार पर बनी। राजस्व, पुलिस और सेना शक्ति का संकलन और संगठन नीचे से ऊपर की ओर जाता बना और जमा तथा खर्चे के लिए ऊपर से नीचे की ओर आता बना। स्वयं समाज के भीतर राज्य की अगुआई से हटकर दूसरे क्षेत्रों में भी नेतृ वर्ग उभरा, जैसे व्यापारियों में, कृषकों में, मजदूरों में, शिल्पियों में, उपभोक्ताओं में, जो अपने हितरक्षण के लिए आगे आता था, राजा को अपनी जरूरत बताता था, उसके लिए लड़ता था चाहे दूसरे वर्ग से हो या स्वयं राज्य से। वह आज भी जारी हैः औद्योगिक युग की हालत हमारे सामने है। उसमें उत्पादन बड़े स्तर पर होता है, उसका यातायात और वितरण विश्व स्तर पर होता है। उसमें मनुष्य ऐसा फँस जाता है कि अपने स्वभाव के अनुसार रहने का अवसर नहीं मिल पाता और वह धीरे-धीरे अपने से ही नहीं, अपने आसपास के लोगों से भी अलग-थलग पड़ता चला जाता है। सूचना औद्योगिकी ने इसकी सम्भावना और रफ्तार और तेज कर दी है। उसकी जीवन-पद्धति बस पेट भराऊ और शारीरिक सुख तक सीमित होकर रह जाती है। तब उसके स्वभाव को नये सिरे से खोजने और निर्मित करने की जरूरत पड़ती है।

इस क्षेत्र में संस्कृति का निर्धारण राजन्य वर्ग से होता है, सैनिक वर्ग से होता है और

पुरोहित वर्ग से होता है। राजन्य वर्ग में नेता यानी सरकार और अफसर यानी शासन से जुड़े लोग आते हैं। इधर सबसे बड़ी भूमिका सिनेमा के नचनियों-बजनियों की हो गयी है, जिसे आमजन अपना मॉडल मान वैसा बरतते हैं। इससे अश्लीलता और अमर्यादा फैल रही है, जो शारीरिक सुख के लिए चाहे जितना मुफीद हो, आध्यात्मिक और मानसिक जीवन को रोगग्रस्त किये जा रहा है यही परिणाम आधुनिक गैजेटों का है। अन्तरराष्ट्रीयता का एक्सपोजर एक तरफ उदारता और पश्चिमी जीवनशैली थोप रही है, तो दूसरी तरफ परम्परागत आचरण के मानदण्डों को छिन्न-भिन्न किये दे रही है। यही हाल शिक्षा का है, मीडिया का है। यह सब कभी चेतन रूप से हो रहा है, कभी अचेतन रूप से, कभी अर्द्ध चेतन रूप से, तो कभी प्रचण्ड चेतन रूप से।

इतिहास आदिम काल से लेकर आज तक की सांस्कृतिक प्रगति और विकास का रिकार्ड रखता है। यह रिकार्ड वह समाज को नेतृत्व देनेवाले लोगों के कलापों और समाज में आये परिवर्तनों के विवरण को संरक्षित कर रचता है। तब होना तो यह चाहिए कि उसमें व्यक्ति और समाज दोनों के समग्र को निबद्ध कर रखे, पर वह शासकों की महानता, क्रूरता विरोध, लड़ाई और विस्तार का जखीरा बन गया है और दूसरी बातें गौण हो गयी हैं। तो भी इसमें जीवन का यथार्थ प्रस्तुत रहता है। पानी क्या है, कैसा है, क्यों है का जवाब वहाँ ढूँढा जा सकता है। क्या होना चाहिए का उत्तर वहाँ नहीं होता, क्योंकि वहाँ अगर-मगर नहीं चलता। इसका उत्तर साहित्य में मिलता है, क्योंकि उसमें व्यक्ति और समुदाय का मन व्यक्त होता है। उसका मूल्यबोध, उसकी चाहत व्यक्त होती है। ये दोनों ही समाज की जीवनधारा को रचते हैं। मतों में जो भूमिका पुराकथा की होती है, लौकिक जीवन में वही भूमिका इतिहास और साहित्य की होती है।

ये ही वे आठ प्रमुख तत्त्व हैं, जो जीवन-पद्धति के नियामक होते हैं। मिली-जुली संस्कृति को इन्हीं के इर्द-गिर्द रचा जाता है।

(2)

उसकी विस्तृत मीमांसा और अभियन्त्रण की चर्चा करने से पहले कुछ बातों को नोट करना जरूरी है। एक तो यह कि हम जीवन में सर्वत्र चेतना और पदार्थ को उपस्थित पाते हैं। यह दर्शन का शाश्वत प्रश्न है और उसकी सबसे बड़ी समस्या कि जगत् का निर्माण चेतना से हुआ है कि पदार्थ से। दूसरे इस जगत् को कोई बनानेवाला है, कोई आदिकारक कि इसका क्रमशः विकास हुआ है, कारक कोई एक न होकर कारकों की संश्लिष्टि है। इसमें भौतिकवाद की पराकाष्ठा के अनुगामी बट्रेण्ड रसेल जैसे तार्किक प्रत्यक्षवादी और अरविन्दो घोस जैसे सेन्थेटिक अध्यात्मवादी फँसे रहे हैं। यह प्रश्न और समस्या तब पैदा होती है जब हम एक आधार, एक तत्त्व की प्राथमिकता पर बल देते हैं। सब-कुछ एक से प्रारम्भ करना चाहते हैं। यदि हम दोनों को आधारभूत मानकर चलें तो समस्या नहीं उठती। तब पदार्थ में ही चेतना होती है या पदार्थ चेतना का ही एक चरण है, दोनों

एक-दूसरे में अन्तर्भुक्त हैं— कुछ इस तरह की बात बनेगी और दुविधा जाती रहेगी। दोनों का सह-अस्तित्व बनेगा और एक ही प्राथमिकता को स्वीकार करने की आवश्यकता नहीं रह जायेगी। पर पता नहीं क्यों मानव मन अदबदाकर एक से आरम्भ करना चाहता है।

जो भी हो चेतना को प्राथमिक माननेवालों का मध्यकाल तक बोलबाला था। उस काल तक विश्वास और ईशवाणी पर जोर अधिक था। जीवन का स्वरूप आध्यात्मिकता के घेरे में था। बल 'आत्मा' पर था। ऐसा नहीं है कि उस युग में पदार्थ को प्राथमिक माननेवाले लोग नहीं थे। थे, पर बहुत प्रभावी नहीं थे। प्रभावी वे आधुनिक काल में हुए। तब जोर 'आत्मा' की जगह 'आत्म' पर बढ़ा, आन्तरिक भी जगह बाह्य पर बढ़ा, विश्वास की जगह विवेक पर बढ़ा, अदृश्य की जगह दृश्य पर बढ़ा, अतीन्द्रीय की जगह ऐन्द्रिय पर बढ़ा, आध्यात्मिकता की जगह भौतिकता पर बढ़ा। उसी 'आत्म' का संचरण आज 'निज' में हो रहा है, जो भौतिकतावाद की पराकाष्ठा है इस उत्तरआधुनिक काल में।

इसने संस्कृति की अवधारणा को बदल दिया है। जीवन-पद्धति को नया कर दिया है। दुनिया छोटी हो गयी है – समय और दूरी दोनों अर्थों में। इससे समाजों का विभाजन धुँधला पड़ता जा रहा है। बल भौतिकता पर, विवेक पर होने के कारण तथा विश्व के केन्द्र में ईश्वर की जगह मनुष्य और अब साइबोर्ग के आ जाने के कारण कट्टरता कम होना माँगती है। उससे मिली-जुली संस्कृति की सम्भावना बढ़ी है।

दूसरी बात यह है कि किसी भी समाज में शुद्ध रूप से कभी भी कोई एक जीवन पद्धति, एक संस्कृति नहीं होती – ऐसा आज के अध्ययनों ने स्पष्ट कर दिया है। आज जो एकरूप दिखती है, उसमें विजातीय तत्त्व घुले-मिले होते हैं। वे तत्त्व कभी नस्ल के होते हैं, कभी विकास के चरणों के होते हैं, कभी दमन के होते हैं, कभी स्वार्थ के, कभी मान्यताओं के, कभी सुविधा के, कभी संघर्ष के, कभी हार के, कभी जीत के होते हैं। इसे माननेवाले विभिन्न समुदाय होते हैं, जो समाज के बीच होते हैं कभी घटक की तरह, कभी छिटक कर निकलनेवाले तत्त्व की तरह, कभी दबाव बनानेवाले समूह की तरह, कभी भिन्न उत्पत्ति की ऐतिहासिकता की तरह, तो कभी क्रम से विच्छिन्न होकर कुछ नया अपनाने की तरह।

तीसरे मिली-जुली संस्कृति का निर्माण बड़े ही धीरे-धीरे बड़े ही अचेतन ढंग से होता है। जब चेतन ढंग से मिलाने की कोशिश होती हैं, तो बलात् थोपे जाने जैसा होता है, जिसके चलते भीषण संघर्ष होने की सम्भावना बढ़ जाती है। हण्टिगटन इसे संस्कृतियों का संघर्ष कहता है अन्तरराष्ट्रीय स्तर पर राष्ट्रीय स्तर पर यह साम्प्रदायिकता को जन्म देता है।

(3)

ऐसे में भारत में मिली-जुली संस्कृति का प्रश्न कहाँ से उठता है। विभिन्न समुदायों के आपसी सम्बन्धों के आधार से। जब लगता है कि एक जीवन-पद्धति दूसरी जीवन-पद्धति को आत्मसात् कर ले रही है, या चलन से बाहर कर दे रही है, तब टकराव की स्थिति बनती है। पर तब यह भी जाहिर करती है कि जो जीवन-पद्धति अधिक

शक्तिशाली होती है, वह दूसरे को या तो आत्मसात् कर लेती है, या भगा देती है। भारत में इसका लम्बा इतिहास है, ऐतिहासिक और प्राक्-ऐतिहासिक, दोनों कालों में। प्राक्-ऐतिहासिक काल के सन्दर्भ में अंग्रेजों ने स्थापना रखी थी कि आर्य बाहर से आये और स्थानीय लोगों को विजित कर उन पर अपना शासन थोपा। ऐसे स्थानीय लोग काले लोग थे, नीग्रो, आस्ट्रियाक और द्रविड़ मूल के। बाद में उन्हीं अंग्रेजों ने 'वैज्ञानिक अध्ययन' कर बताया कि ये काले लोग भी बाहर से आये थे। उनके आने से पहले भारत मनुष्यशून्य देश था। यह 'वैज्ञानिक अध्ययन' कुछ नहीं था 'बाइबिलिकमिथ' का विस्तार था कि दुनिया में पहले आदम आये, उनकी हड्डी से ईव बनी और उनकी सन्ततियों से पूरी दुनिया भर गयी। अध्ययन के जिन उपकरणों का प्रयोग यह वैज्ञानिक सिद्धान्त निकालने व स्थापित करने के लिए किया गया था, उन्हीं उपकरणों का इस्तेमाल कर भारतीय विचारकों ने प्रमाणित किया कि भौगोलिक दृष्टि से भारत का निर्माण पाँच स्वतन्त्र चट्टानों के मिलने से हुआ है, जिनमें कई तरह के मानव समूह अनादि काल से ही रहते आये हैं। इन चट्टानों पर आर्य, आस्ट्रिक, द्रविड़, नीग्रो, मंगोल वंशमूल के लोग रहते आये हैं। इनका आपस में संघर्ष और मिश्रण होता रहा है। बाहर से भी तमाम जातियाँ प्रागैतिहासिक काल से इस प्रान्तर में आती रही हैं और मिलती रही हैं। नस्ल के स्तर पर इस मिश्रण पर डॉ. बी.एस. गुहा ने लगभग निर्णय देते हुए सार-संक्षेप रूप में लिखा है, "It must be clearly understood that no rigid separation is possible as there is considerable overlapping of types. From a broad point of view, however, a Nordic territory in north-western India, mixed with Mediterraneans and Orientals can be distinguished from a territory in Peninsula India containing the older Palaeo Mediteranian element. On both sides of this are the domains of the Alpo Dinare. mixed no doubt with other types. The primitive darker elements have come in everywhere and with blood from other strains, chiefly Palaeo Mediteranian they constitute the lower stratum of population. The Mongoloids occupy the submontane regions of north and the east, but various thrusts from them have gone deeply into the compositon of the people.

Racial Elements in Population, page 26."

संस्कृति के स्तर पर भी यही हाल है। माना गया है कि आर्थिक दशा और संगठित जीवनयापन के दौरान मानव मन और उसके संवेग जिस तरह का प्रशिक्षण पाते हैं, उससे सभ्यता या व्यावहारिक जीवन का चौखटा बनता है, जिसकी अभिव्यक्ति उनकी भाषा में होती है। इसलिए वास्तविक संस्कृति एक नस्ल की न होकर एक भाषाई समूह की होती है। उसके आधार पर पुराने लोगों को चार भागों में बाँटा गया है, जिन्हें आस्ट्रिक, द्रविड़, तिब्बती-चीनी और इण्डो-यूरोपीयन कहा गया है। पाया गया है कि हिन्दुओं का जो मूल सांस्कृतिक प्रवाह है, उसकी विश्वदृष्टि, लौकिक-पारलौकिक सम्बन्ध, देवतावाद, मान्यता,

पूजा-अर्चना पद्धति, जन्म, विवाह, मृत्यु आदि से सम्बन्धित संस्कार, कर्मकाण्ड, अवधारणाएँ आदि पर सबका प्रभाव है। इसलिए भाषा और संस्कृति में तमाम विजातीय मूल के शब्द घुसे हुए हैं। कुछ मामलों में आर्थिक दशा ने सामाजिक व्यवहृति, परम्परा, भाषाई-सांस्कृतिक विभेद और मत-मतान्तर के पार जा एक ऐसा संश्लेषण रचा है कि उन्हें अलगाना कठिन हो जाता है। हाँ, उनके कुछ छापों की चर्चा की जा सकती है। वह यहाँ अभीष्ट नहीं है। उसकी चर्चा मैं अन्यत्र कर आया हूँ। उसे वहीं देखना ठीक होगा।

ऐतिहासिक काल में आनेवाली जातियाँ – आभीर, शक, सीथियन, पार्थियन, कुषाण, ग्रीक, यवन, हूण, गूजर, कई तरह के मलय, मंगोल, थोड़ी-थोड़ी मात्रा में अबिसीनियन, नीग्रो, शामी आदि इनमें घुसती गयी हैं। सांस्कृतिक और भाषाई रूप से कमजोर होने के कारण उनकी वह पहचान तो नष्ट हो गयी है, पर चार वर्णों के बीच सैकड़ों जातियाँ, उपजातियाँ समाहित हो अपनी पहचान अपने अस्तित्व के साथ मौजूद रखे हुए हैं। इनका मिश्रण इतना प्रभावशाली और जटिल है कि उन्हें जीवन पद्धति के स्तर पर अलगाना असम्भव है। सुनीति कुमार चटर्जी लिखते हैं, "For India as a whole, a more or less comman type of economic life based on agriculture and taking shape within limits of India forming a single geographical unit combined with a large scale co-mingling of different races building up a comman history has been responsible for the gradual modification of what doubtlessly existed in most ancient times as distinct racial types and distinctive language cultures and has let to the evolution, as a result of a more or less conseious movement of a common Indian type and a common Indian culture. In the culture of India, the original genetic differences in the four languages families, obtaining in India from pre-historic times have largely converged towards the evolution of a number of common traits."

(4)

ये सारी बातें हिन्दू धर्म के अन्तर्गत हैं। आज जब मिली-जुली संस्कृति की बात कही जाती है तो उसमें हिन्दू धर्म के बाहर के धर्म सामने आते हैं। उसमें इस्लाम, ईसाई, यहूदी और पारसी आते हैं। इसलिए विमर्श का स्वरूप बदल जाता है। कहना न होगा कि हमारे जीवन के दो पक्ष हैं– धार्मिक और लौकिक। लौकिक में, विशेषतः आर्थिक और सामाजिक जीवन-पद्धति में टकराव की सम्भावना कम रहती है। लोगों की एक भौतिक इकाई में रहने के कारण आर्थिक उत्पादन और वितरण का ढंग तथा हित एक जैसे होते हैं। सामाजिक में वे समुदायों के रूप में अपने-अपने समुदाय के भीतर बरतते हैं। इसलिए टकराव की गुंजाइश बहुत कम रहती है। राजनैतिक की बात हम आगे करेंगे। धार्मिक पक्ष में हम पाते हैं कि यह टकराव पारसियों से नहीं है। वे पूर्णतः बाहरी हैं और संख्या में कम हैं। वे भारत को पूरी तरह से अपनी भूमि स्वीकार करते हैं कोई 'एक्स्ट्रा-टेरिटोरिअल एफिनिटी' नहीं

रखते। उनकी जीवन-पद्धति को उनके आगमन के समय से ही अक्षुण्ण रखा गया है। उन्होंने यदि हिन्दुओं की कोई रीति अपनायी है तो स्वेच्छा से और लम्बे समय तक साथ रहने के कारण उनकी उपयोगिता समझ कर। उनका मत बहुत हद तक भारतीय मत के अग्निपूजकों के समान रहा है, इसलिए भी टकराव नहीं बनता। वे आर्थिक रूप से समृद्ध हैं और आधुनिक भारत को समृद्ध करने में उनका महती योगदान रहा है। नये आविष्कारों के लाभों को उन्होंने बड़े उत्साह से स्वीकार किया है। वे श्रम करनेवाले और जोखिम उठानेवाले लोग हैं और इन मामलों में वे भारतीय समाज को नेतृत्व देते हैं। उनका मनोबल हमेशा ऊँचा रहा है। यही हाल यहूदियों का है। भले ही उन्होंने व्यापार में नेतृत्व न दिया हो, शिक्षा व शासन में उनकी भूमिका सराहनीय रही है।

ईसाइयों के चार रूप हैं। पहला रूप बहुत पुराना है– सेण्ट टामस के ही समय का। वे केरल में रहते हैं और उनकी दो शाखाएँ हैं– सिरियाक और डॉमिनिक। सिरियाक लोग ब्राह्मण मूल के हैं अधिक 'रिफाइण्ड' और आर्थिक रूप से बेहतर हैं। डोमिनिक लोग मछुआरा मूल के हैं, संख्या में अधिक हैं, अपने परम्परागत पेशा को नीची निगाह से नहीं देखते और खूब श्रम करते हैं। दोनों ही समुदाय शिक्षित हैं और नये एडवेंचरों से मुँह नहीं चुराते। वे अपने साथ के लोगों–हिन्दुओं और मुसलमानों से भरसक नहीं टकराते। इधर कुछ टकराव होने लगा है। कारण राजनीतिक है। उसकी चर्चा हम यथा प्रसंग करेंगे।

दूसरा रूप उन ईसाइयों का है, जिन्होंने अपना मत यूरोपियों के आने के बाद परिवर्तित किया। वे गोवा और अन्य दक्षिण के प्रान्तों में फैले हुए हैं। उन पर पुर्तगालियों, फ्रान्सीसियों और अंग्रेजों का प्रभाव है। उन्हीं के साथ ऐंग्लो इण्डियन लोग भी हैं। वे शान्त लोग हैं, शिक्षित लोग हैं और अपनी जीवनयापन की पद्धति पर गर्व करते हैं। मत परिवर्तन के बावजूद वे अपनी कुछ पुरानी परम्पराओं का अनुपालन करते हैं। वे राजनैतिक रूप से भी दूसरे मतानुयायियों से नहीं टकराते।

तीसरा रूप उत्तर भारत के मत परिवर्तित लोगों का है। उनकी संख्या काफी कम है। वे ईसाई अपने मत के कारण हैं। आर्थिक और सामाजिक रूप से हिन्दुओं के काफी करीब हैं– इतने करीब कि यदि वे बतायें नहीं तो उन्हें आम आदमी दूसरे मत के आदमी के रूप में अलग से पहचान नहीं सकता, सिवाय नामवाची संज्ञा के। वे कुण्ठाहीन आदमी हैं और भारतीय जीवन-पद्धति में खुलकर हिस्सा लेते हैं।

चौथे में आदिवासी लोग हैं और उनके दो विभाग हैं। एक हैं उत्तर-पूर्व के पहाड़ी मंगोलवंशियों का समाज। उन्हें अंग्रेजों ने बलात् अपने साम्राज्य में शामिल कर उन्हें ईसाई बनाया था। अभी स्थिति यह है कि मणिपुर और त्रिपुरा के तमाम समुदायों को छोड़कर सभी अपना पारम्परिक मत त्यागकर ईसाई बन गये हैं। अंग्रेजों ने उन्हें अपने राज्य और मत में मिलाया जरूर, किन्तु उनकी मूल सामाजिक संरचना और परम्परागत जीवनशैली से छेड़-छाड़ नहीं किया। ईसाइयत के कारण कुछ रूपान्तरण अवश्य हुआ, किन्तु वह ऐसा नहीं था कि भारत की मुख्यधारा से वहाँ के लोग जुड़ जायें। परिणाम यह हुआ कि खूब

साक्षर और शिक्षित होने के बावजूद, यूरोपीय मूल्यों की कुछ जानकारी होने के बावजूद वे अपनी पहचान और अस्मिता बनाकर रखे। देश जब अंग्रेजों के चंगुल से मुक्त हुआ तो इस अस्मिताबोध ने अलगाववाद की समस्या खड़ी कर दी। कारण राजनैतिक था। नगाओं का एक नेता जेड. ए. फिजो आजाद हिन्द फौज को रास्ता दिखाते बैंकाक से मणिपुर तक आया था। स्वतन्त्रता प्राप्ति के बाद उसमें राजनैतिक महत्त्वाकांक्षा जगी, जिस पर कांग्रेसी नेतृत्व और स्थानीय प्रशासन ने ध्यान नहीं दिया। लिहाजा उसने समस्त नागाओं को संगठित किया और भारतीय गणराज्य से बाहर निकल जाने के लिए विद्रोह कर दिया। नागालैण्ड बाहर तो नहीं निकल पाया, पर एक प्रान्त बन गया। इससे विद्रोह शान्त नहीं हुआ। वह अभी भी चल रहा है। विच्छेद के लिए उनका तर्क है कि चूँकि अंग्रेजों ने बलात् उस इलाके को अपने साम्राज्य में मिलाया था, इसलिए उनके जाने के बाद वे इलाके स्वतन्त्र हो गयें। भारत ने अंग्रेजों के उत्तराधिकारी के रूप में उन्हें अपने में समाहित कर लिया, जबकि होना यह चाहिए कि उन जनजातियों से इसके लिए पहले राय ली जाती। इस तर्क ने तमाम जनजातियों को विशेषतः मिजो, कूकी, तिप्पेरा, गारो और खासी लोगों को अलगाववादी विद्रोह के लिए बल दिया है।

पूर्वोत्तर की यह समस्या दरअसल ईसाई और हिन्दू की समस्या नहीं है, जनजाति और मुख्यधारा की टकराव की समस्या है। इसका हल राजनैतिक आचरण में है, सामाजिक जीवन पद्धति में नहीं। हालाँकि वहाँ के बाशिन्दों का देश के स्तर पर बहुत एक्सपोजर न होने के कारण कुछ नस्ली समस्या पैदा होती है, विशेषकर जब वहाँ के लोग शिक्षा व रोजगार के लिए दूसरे इलाके में जाते हैं। मंगोल मूल के होने के कारण अक्सर उन्हें विदेशी मान लिया जाता है और मुक्त समाज के लोग होने के कारण मुख्य धारा के लोग उनके आचरण को 'एप्रेसियेट' नहीं कर पाते। इसलिए हिंसा होती है। समरसता के लिए इसे दूर किया जाना जरूरी है। इस व्यथा को इस कविता से बखूबी समझा जा सकता है:

You look at me, and you see
My eyes, my skin, my language, my faith.
You dissect my future and build my profile.
Jama curriosity and ethnie specimen.
Potities, history, anchropology your impressive learning
All unable to answer the fundamental question.
"What does an Indian look like?"
An Indian looks like me, an Indian is me.

इसका घाव इतना गहरा लगता है कि ये अपने को पूरी तरह से भारतीय जीवन की मुख्यधारा से अलग-थलग महसूस करते हैं और आगे की समरस संस्कृति के निर्माण में रोड़ा अटक जाता है।

अरुणाचल प्रदेश की जनजातियों की समस्या इससे अलग है। वे अपने ट्राइबल मत को अभी भी बनाये हुए हैं और कुछ बौद्ध हो गये हैं। ईसाइयत की पैठ वहाँ नहीं के बराबर है। ऊपर से शिक्षा के क्षेत्र में हिन्दी भाषी लोग लम्बे समय से काम करते रहे हैं। हिन्दी का अच्छा प्रचार है। इससे मिली-जुली संस्कृति बनने में काफी सहूलियत हुई है।

आस्ट्रिक और गोंड आदिवासी ईसाइयों की समस्या दूसरे तरह की है। यद्यपि कि उन्होंने भारत से निकलकर स्वतन्त्र राज्य बनाने की माँग नहीं रखी है, पर अपनी अस्मिता और पहचान के लिए संघर्ष किया है। उसमें ईसाई और गैर-ईसाई की मानसिकता एक जैसी रही है। यह और बात है कि उसे उकसाने में उत्तर-पूर्व की ही तरह ईसाई मिशनरियों का हाथ कुछ अधिक रहा है। उन संघर्षों के आधार पर छत्तीसगढ़ और झारखण्ड राज्यों का निर्माण हुआ है। अपने को अक्षुण्ण रखने के लिए उन्होंने सामान्य भारतीय जीवन से अब किनारा कसना शुरू किया है। तमाम बाहरी लोगों के उनके इलाके में रहने से 'हिन्दुइज़्म' का जो प्रभाव उनके यहाँ आ रहा है, उसे एक तरफ ईसाई समुदाय के अगुआ, दूसरी तरफ जनजातीय मतों के अगुआ दूर करना चाहते हैं। जल, जमीन और जंगल पर जिस तरह से सरकार से मिलकर बाहर के लोगों ने कब्जा करना आरम्भ किया है, उससे उनका आन्दोलन हिंस्र और उग्र हो गया है। नक्सलाइटों का साथ मिल रहा है। जंगल उनका है, इसके लिए लिखित दस्तावेज माँगा जा रहा है, जिसे कभी उन्हें दिया ही नहीं गया है। दूसरे विस्थापन की समस्या तेजी से बढ़ रही है। सुखद यह है कि यह सब हिन्दू और ईसाई की समस्या की तरह नहीं जनजातियों की समस्या की तरह विमर्शित किया जा रहा है। वहाँ का शिक्षित तबका जो अन्य शहरों में जाकर रह रहा है, वह अधिक सहिष्णु होकर उभर रहा है। पर छोटे-छोटे काम करनेवाले लोगों का हर तरह का शोषण विभिन्न इलाकों में जारी है। इससे समरसता विनष्ट हो रही है।

वह तब भी विनष्ट हो रही है, जब हिन्दुओं के उन्मादी संगठन उनके सामूहिक प्रार्थना करने पर, क्रिसमस मनाने पर बवाल खड़ा करते हैं। गोमांस खाने पर गाली बकते हैं। और सरकार है कि उन्हें छुट्टा छोड़े रहती है।

तमाम तरह के शोषणों से बचने के लिए जनजातियों के इलाकों में बाहरी लोगों के बसने की कानूनन मनाही रही है। उसके आधार पर वहाँ बसे लोगों को हटाने की माँग गाहे-बगाहे जनजातीय क्षेत्रों से उठती रही है। दीकू बहिरागत, वाई आदि की समस्या सामने पड़ी है। इसका फैलाव बड़ा खतरनाक है। बहिरागत की एक समस्या असम में है। बाहर से, विशेषकर बाँग्लादेश से अवैध रूप से आकर बसनेवालों के कारण स्थानीय लोगों की संस्कृति नष्ट हो जायेगी। वे अपने ही राज्य में अल्पसंख्यक बन जायेंगे। सरकार इसके लिए कानून बनाती है, प्रचार भी खूब करती है पर काम कुछ नहीं करती, लिहाजा रह-रह कर हिंस्र आन्दोलन कभी खुले रूप से तो कभी भूमिगत रूप से उठ खड़ा होता है। महाराष्ट्र में यह समस्या दूसरी तरह की है। वहाँ मनसे और शिवसेना के लोग मराठियों के वोट पर एकाधिकार के लिए पूर्वी उत्तर प्रदेश और पश्चिमी बिहार से गये लोगों पर आये दिन हमला

करते हैं। इससे समरसता भंग होती है। वे भूल जाते हैं कि यदि दूसरे प्रान्तों के लोग मराठियों पर हमला करने लगें तो क्या होगा?

ईसाइयों के साथ समरसता से जुड़ा एक प्रश्न है, धर्म-परिवर्तन का। इन पर अक्सर यह आरोप लगता है कि वे लालच देकर विशेषतः जनजातियों के इलाके में पिछड़े लोगों का धर्म-परिवर्तन कराते हैं। गुजरात का अहवा डांग और उड़ीसा का कन्दमाल इलाका इससे विशेष रूप से प्रभावित होता है। धर्म व्यक्तिगत आस्था की चीज है और हर व्यक्ति को पूरा अधिकार है कि वह किस मत को छोड़े और किस मत को स्वीकार करे। किन्तु जब यह दबाव में या लालच में होता है तो उस पर आपत्ति उठना स्वाभाविक है। कुछ हिन्दू अर्थात् धार्मिक संगठन इस विरोध को हिंसक रूप देते हैं। उनके दो तर्क होते हैं। एक तो यह धर्म परिवर्तन लालच देकर, गलत बयान कर या दबाव में हो रहा है। इसका परिणाम व्यक्ति का नहीं व्यक्तियों के समूह में परिवर्तित होता है। यह दूसरा तर्क है। ऐसा सोचने के लिए मौका मिशनरी लोग ही देते हैं। एक दूसरा संघर्ष का मुददा 'घर वापसी' को लेकर बनता है। हिन्दू-कर्मेठू कहते हैं कि आज जो ईसाई हैं उनके पुरुखे कभी हिन्दू थे। या भारतीय मूल के जनजातियों के लोग थे। वैसे तो हिन्दू धर्म मतपरिवर्तन में विश्वास नहीं करता– हिन्दू जन्मजात होते हैं जिन्हें जीवन के विभिन्न चरणों पर संस्कारित किया जाता है, या समुदाय धीरे-धीरे स्वेच्छा से कई, पीढ़ियों में हिन्दूमत की ओर बढ़ते जाते हैं और हिन्दू धर्म के अंग बन जाते हैं। तो भी जो पहले हिन्दू थे और किंसी कारणवश किसी दूसरे धर्म के अनुयायी बन गये थे तो उनकी सन्ततियों को अपने पूर्व धर्म में वापस आ जाने का पूरा अधिकार है और उन्हें 'शुद्धि' कर अपनाया जा सकता है। इसके लिए प्रयास होते रहते हैं। इससे संघर्ष होता है और सामाजिक समरसता मारी जाती है। इसका दुष्परिणाम इधर यह होने लगा है कि कई पादरी राजनैतिक पक्षधरता दिखाने लगे हैं और मुसलमान धर्मगुरुओं की तरह अपने अनुयायियों को फतवा देने लगे हैं कि वे किस दल को मत दें।

(5)

पूरे देश को अति गहराई से प्रभावित करनेवाली समस्या इस्लाम और उसके अनुयायियों के साथ मिली-जुली संस्कृति बनाने की है। इस्लाम के अनुयायियों के कई संस्तर और समुदाय हैं। पहला संस्तर पुराने शासक वर्ग का है। उसके दो रूप हैं। एक रूप यह है कि उन्होंने पामीर के उस पार से हमला किया चाहे लूट मारकर भाग जाने के लिए हो या मन्दिरों को भंग कर धर्म प्रचार के लिए। उनका स्थायी प्रभाव यहाँ की जीवन-पद्धति पर नहीं पड़ा, भले ही एक ऐसी गाँठ यहाँ के वाशिन्दों के मन में पड़ गयी कि वे उन्हें हमेशा के लिए अपना दुश्मन और आततायी मान बैठे। उनकी स्मृतियाँ बड़ी विदारक रहीं। दूसरा रूप उन शासकों का है, जो यहीं बस गये। उन्हें यहाँ की जीवन-पद्धति ने खूब प्रभावित किया हर क्षेत्र में। उनके अपने पाँच अन्तः वर्ग हैं, अरबी, फारसी, तुर्की, मंगोल और अफगान। उनका प्रभाव उनकी सांस्कृतिक 'रिफाइनमेण्ट' के अनुसार पड़ा

है। अरबी और फारसी कम उग्र रहे हैं, अधिक 'सोफिस्टिकेटेड' रहे हैं। अरबी लोग विशेषकर केरल के तटीय इलाकों में रहे हैं, व्यापार के सिलसिले में काफी पहले से आये हुए लोग हैं। फिर भी उनकी उग्रता मोपला आन्दोलन में देखने को मिली है और मत के अनुसार केरल में एक जिला ही बनवा लिया है। वह वहाँ की राजनीति पर गाहे-बगाहे बड़ा खराब प्रभाव डालती है और दूसरों के लिए उँगली उठाने के लिए उदाहरण प्रस्तुत करती है। वे मुस्लिम लीग से जुड़कर एक 'प्रेशर ग्रूप' का काम करते हैं, जो समरसता में यदा-कदा बड़ी बाधा डालती है। फारसी यानी ईरानी मूल के लोग बिखरे पड़े हैं। वे लोग अधिकतर शीआ हैं और हिन्दुओं के करीब आते दिखते हैं। वे सुन्नियों को बहुत पसन्द नहीं करते और उसके अपने ऐतिहासिक कारण हैं। उसके चलते 1885 से लेकर 1995 तक लखनऊ में हर साल दंगे होते रहे है। सुखद है कि अभी वह बन्द है। समरसता में अधिक गड़बड़ी सुन्नी लोगों से हुई है जो कट्टर होते हैं जिनकी संख्या काफी है, वे पूरे देश में फैले हुए हैं और पाकेटों में इकट्ठा रहते हैं। उनमें मंगोल, अफगान और तुर्की शामिल हैं। दूसरा संस्तरण इनके धनी और खानदानी (अशरफ) लोगों की है। वे शासन से सीधे न जुड़े होने के बावजूद खेती, व्यापार और जागीर से जुड़े हुए लोग रहे हैं। आज वे रहते हैं शहर में पर गाँव-देहात में तब भी जमींदारियाँ थीं, आज भी खेती-बारी है। उनके आचरण के अपने ढंग रहे हैं और उनका अच्छा-खासा प्रभाव मुस्लिम संस्कृति को नियोजित करती है। उसने आस-पास के हिन्दुओं को भी प्रभावित किया है। तीसरा संस्तरण यहाँ के स्थानीय निवासियों का रहा है, जो कई कारणों से विभिन्न समयों पर मुसलमान बने हैं। उन्हें पहले और दूसरे संस्तरण के लोग 'हिन्दी' कहते हैं, जैसे भारत के बाहर के मुसलमान तमाम भारतीय मुसलमानों को 'हिन्दी' कहते हैं। सबसे अधिक संख्या हिन्दू वर्ण-व्यवस्था के शूद्रों विशेषकर अछूतों की रही है, जो वर्ण-व्यवस्था के उत्पीड़न के चलते और कभी अपनी पहचान और मुक्ति के लिए विकल्प की तलाश में रहते रहे हैं। इस्लाम के आगमन पर उन्हें विकल्प दिखायी दिया था, क्योंकि वहाँ जाति-व्यवस्था नहीं थी। किन्तु वहाँ भी वे बहुत सन्तुष्ट नहीं हो पाये, क्योंकि रोटी-बेटी के सम्बन्धों में वहाँ भी अशरफ और शासक तबका 'हड्डी की खोट' पर ध्यान देता था। इस धर्म परिवर्तन से उनकी आर्थिक स्थिति में भी कोई खास परिवर्तन नहीं आया और वे अपनी परम्परागत पेशा शायद ही त्याग पाये। शिक्षित भी नहीं हो पाये। परिणामस्वरूप वे अपना टोना-टोटका बनाये रहे। इसलिए उनके परिवर्तन का लौकिक और पारलौकिक दोनों ही आधार कमजोर रहा। वे अपने अधिकांश में पिछड़े-के-पिछड़े बने रहे। इसलिए मिल-जुली संस्कृति कम्पोजिट जीवन-पद्धति रचने में उनकी भूमिका काफी रही, क्योंकि अपने साथ के हिन्दू किसानों और शिल्पकारों तथा शहर के निचले तबके के लोगों, जिनकी आर्थिक दशा उनके अनुरूप थी, के साथ रहे और उन्हीं जैसा आचरण किया। जो परिवर्तन आया वह सामन्तों और ऊँचे वर्ण के लोगों के धर्म-परिवर्तन से आया क्योंकि एक तो वे बलात् मुसलमान बनाये गये थे अधिकांशतः अलाउद्दीन खिलजी और औरंगजेब के जमाने में, पर एक बार बन जाने के बाद के बड़े

कट्टर बन गये। दूसरे वे शासन की शृंखला में कुछ स्थान पा गये। इसलिए 'कम्पोजिट कल्चर' के निर्माण में कोई भूमिका नहीं निभा पाये।

इस्लाम के दो पक्ष हैं कुरानिक और सूफी। कुरानिक पक्ष अधिक कठोर, अनुदार, परिवर्तन न स्वीकार करनेवाला और हर हालत में कुरान के कोड को स्वीकार करनेवाला है। उसका मानना है कि मजहब का मतलब ही है एक पुस्तक, एक ईश्वर और एक पैगम्बर स्वीकार करनेवाला, उसमें विश्वास रखनेवाला आस्था और श्रद्धा दोनों रूपों में। इससे समझौता किसी भी रूप में नहीं किया जा सकता। भारत के सन्दर्भ में उसके विचारकों का कहना है कि यहाँ का हिन्दू धर्म अति उदार है, क्योंकि वह अनेक पुस्तकों, अनेक देवों और अनेक पथ प्रवर्तकों, महापुरुषों, अवतारों के अस्तित्व को स्वीकार करता है। इसलिए वह एक मत के रूप में इस्लाम को आत्मसात् कर लेगा। इसलिए मुसलमानों को उससे मुकाबला एक चुनौती की तरह करते रहना चाहिए। एक जमाने में चर्चा चली थी कि इस्लाम मतावलम्बियों को भारत में पंचम वर्ण के रूप में हिन्दू धर्म का अंग मान लिया जाना चाहिए। इस मान्यता के कुछ व्यावहारिक परिणाम हैं। उनके बहुत विस्तार में न जाकर कुछ मुद्दों की चर्चा यहाँ उदाहरणस्वरूप कर सकते हैं।

उसके पहले चार बातें नोट करना जरूरी है। एक तो यह कि कुरानिक लोगों के दो धड़े हैं एक सुन्नी, दूसरा शीआ। अन्तर का आधार इमामत को लेकर है। सुन्नी लोग चौथे इमाम अली के बाद इमामों की जो परम्परा मानते हैं, शीआ लोग उसका विरोध करते हैं और इमाम अली के बेटों और आगे के रिश्तेदारों को खून के आधार पर मानते हैं। फिर वे मोहम्मद के बाद सीधे अली को इमाम मानते हैं और पहले, दूसरे, तीसरे इमाम को अस्वीकार करते हैं। इसके नाते उनके आचरणों में भी अन्तर है, जिससे अक्सर संघर्ष होता रहा है। इसके कारण वे अपने को हिन्दुओं के अधिक करीब लाते रहे हैं। दूसरे वे अधिकांशतः ईरानी मूल के हैं, वहीं की संस्कृति को माननेवाले हैं, अधिक शिक्षित और परिष्कृत हैं तथा अभी भी ईरान की तरफ देखते हैं। इसलिए अधिक उदार हैं। 'कम्पोजिट कल्चर' के निर्माण में उनकी अपनी भूमिका है। इसी तरह सूफी लोग कुरान के कोड में बहुत फिट नहीं बैठते क्योंकि वे आत्मा, परमात्मा और जगत् के सम्बन्ध में रहस्यवादी दृष्टि रखते हैं। उनकी परम्परा इस्लाम से काफी पीछे जाती है और जोरोवास्टर मत से सम्बन्ध रखती है। कुरान जहाँ किसी दार्शनिक के लिए जगह नहीं छोड़ता, सूफियों ने छह बहुत महत्त्वपूर्ण दार्शनिकों को जन्म दिया है, अल् अरबी, अल् फरबी, अल् गजाली, इब्न सीना, अल् किन्दी और इब्न रुश्द। भारत में लोगों को आश्वस्त कर अपने मत में शान्तिपूर्वक मिलानेवाले यही सूफी लोग हैं। उनके चार स्कूल हैं सुहरावार्दिया, चिश्तिया, नक्शबन्दी और कादिरिया। इनके संस्थापकों और अन्य सन्त पुरुषों के मजारों को प्रणामकर हिन्दू लोग वही सम्मान देते हैं जो अपने मन्दिरों और अन्य धार्मिक स्थलों को। इसने मिली-जुली संस्कृति रचने में बड़ी भूमिका निभायी है और आज भी निभा रही है। तीसरे कुछ कला-सिद्धान्त के आधार पर व्यवहार में लाये जाते हैं और कुछ कलाप ऐसे होते हैं, जिनके

व्यवहार से सिद्धान्त बनता है। बिना इन दोनों के भेद को समझे और पारस्परिक आवर्तन के कलापों पर निर्णय देना गलत होता है समरसता के निर्माण में बाधा डालता है। यह दृष्टि उन्माद पर रोक लगाती है और विवेक के इस्तेमाल में मदद करती है। चौथी बात यह है कि हिन्दुओं की ही तरह मुसलमानों के आर्थिक आधार पर तीन वर्ग हैं– धनी वर्ग, मध्यम वर्ग और निम्न वर्ग। तीनों की अपनी-अपनी मानसिकता है। धनी वर्ग अपेक्षाकृत उदार है। शिक्षित होने के कारण परिवर्तनों को स्वीकार करता है, पश्चिम के मूल्यों से डरता नहीं है, यदि ये बातें उसकी राजनैतिक महत्त्वाकांक्षा में बाधा न डालें। मध्यवर्ग अनुदार है। अपनी इस्लामिक पहचान बनाये रखने के लिए हर तरह का काम करता है। वह निम्न वर्ग को विश्वास में लेने का प्रयास करता है, उच्च वर्ग को प्रभावित करना चाहता है और राजनीति में 'प्रेशर ग्रूप' का काम करता है। राजनैतिक दल उन्हीं के सहारे वोट बैंक की राजनीति करते है। उसका शिक्षित युवा वर्ग दो विपरीत धाराओं में जा रहा है। नौकरी पेशा होकर उदार सामान्य भारतीय की तरह बरतता है और उसे मुसलमान के रूप में अलग से पहचानना कठिन है, उसकी जरूरत भी नहीं है। उसकी प्रतिक्रिया में दूसरा शिक्षित वर्ग अधिक अनुदार होता जा रहा है। आई.एस.आई.एस. तक जुड़ने चला जाता है, लव जेहाद में शामिल होता है और इस्लाम की कट्टरता का प्रचार करता है। गनीमत है कि उनकी संख्या काफी कम है। तीसरा निम्न वर्ग वैसे तो अपनी रोजी-रोटी के संघर्ष में लगा रहता है, पर सबसे ज्यादा बरगलाया उसी को जाता है, क्योंकि शिक्षा और धन की कमी होने के कारण इस वर्ग के लोग अधिक धार्मिक होकर जीवन बिताने में पहचान व प्रतिष्ठा पाते हैं। दूसरे लोग छोट-छोटे धन्धे करते हैं और युवा वर्ग के बच्चे अपराध की तरफ उन्मुख होते जाते हैं। अरब देशों से यही पेशा करने जाते हैं और वहाँ की कट्टरता में दीक्षित होकर आते हैं। मदरसे और शरिया की वकालत करनेवाले इन्हीं मध्य वर्ग और निम्न वर्ग के बीच विचरते हैं। उसके परिणामस्वरूप अभी जो बरतते वर्ग 'कम्पोजिट कल्चर' के उदाहरण के रूप में रचते थे, अब वरगलाते जा रहे हैं।

इस पृष्ठभूमि में हम राष्ट्र की अवधारणा और मुस्लिम समुदाय को लेते हैं। वेद, पुराण, इतिहास और काव्य में 'राष्ट्र' शब्द के मौजूद होने के बावजूद भारत में आज जो राष्ट्र की अवधारणा है, वह नयी है और निर्मित है। पुराने भारतीय वाङ्मय में जहाँ राष्ट्र शब्द आता है, वहाँ वह एक नस्ल के चन्द परिवारों के रिहाइशी इलाकों की स्थानीय पहचान के रूप में आता है, जिनके जीवनयापन के ढंग और सपने एक जैसे होते थे। उससे बड़ी इकाई जनपद होती थी, फिर अंचल, फिर देश, फिर विदेश। यही कारण है कि सौराष्ट्र, महाराष्ट्र या राष्ट्रकूट जैसे क्षेत्रों के बावजूद राष्ट्र की वैसी कल्पना कभी नहीं बन पायी, जो आज है। आज 'राष्ट्र' अदबदाकर पश्चिम की अवधारणा है, एक भाषा के आधार पर रची रोमन साम्राज्य के टूटने के बाद विभिन्न राज्यों के गठन के लिए। कुछ विस्तारवादी यूरोपीय राज्यों ने इसका उपयोग नये साम्राज्य बनाने के लिए किया। इंग्लैण्ड के साम्राज्य का शिकार भारत बना। तब भारत ने इस राष्ट्र की अवधारणा का निर्माण उस साम्राज्य

से मुक्ति के लिए दूसरे आधारों पर किया। उसने तमाम भाषाओं को बोलनेवाले समुदायों को एक में मिलाया उनकी संस्कृतिक जड़ों को तलाशकर, उसी से एकता के आधार को पुष्ट किया तथा पूर्व में ब्रह्मवर्त से लेकर पश्चिम में पंजाब के धुर पश्चिमी छोर अफगानिस्तान की सीमा तक एवं कश्मीर की अन्तिम पर्वत श्रेणी से लेकर कन्याकुमारी और आगे बढ़कर श्रीलंका तक को अपने में समाहित किया। उसे अतिरिक्त गरिमा प्रदान करने के लिए भाववादियों ने इस पूरे इलाके की मूर्तिमत्ता को 'माँ' का सम्बोधन दिया बंगाल में होनेवाली मातृ देवियों की पूजा के प्रभाव में। बाद में स्व. शिवप्रसाद गुप्त ने इसका मन्दिर अपने बाग में बनारस में बनवाया। आज राष्ट्रीय स्वयंसेवक संघ उसे पुरुष का सम्बोधन दे रहा है, 'पितृभूमि' कहकर।

इस्लाम एक भक्तिमार्गी धर्म है, जिसमें प्रार्थना के लिए जगह है, पूजा के लिए नहीं। प्रार्थना भी अल्लाह के लिए है, जो निराकार है। वहाँ अल्लाह के सिवाय किसी और वह भी साकार के लिए प्रार्थना की कोई जगह नहीं है। वहाँ इसी आधार पर माँ-बाप के सामने भी सिर नहीं झुकाया जाता। अभिवादन में शान्ति (सलाम) की बात कही जाती है, किसी के सामने नमन की नहीं। इसलिए मुसलमान लोग कहते हैं कि उन्मादियों द्वारा भारत माता के लिए जयकारे लगाने की माँग करना क्रुफ है, गलत है। यह उनकी आस्था को ठेस लगानेवाला है। यह धारणा मिली-जुली संस्कृति के निर्माण में बाधक है। उन्मादी लोग कहते हैं कि वे तमाम लौकिक शक्तियों के आगे झुकते रहे हैं। बादशाहों के सामने फर्शी लगाते हैं, पीरों के सामने घुटने टेकते हैं, उनका हाथ चूमते हैं। सूफी लोगों के मजारों के सामने झुकते हैं। तब देश के सामने झुकने में क्या हर्ज है? तमाम शीआ लोग भी इसे गलत नहीं मानते। शायद सूफी लोग भी नहीं मानते हैं। उन्माद तब और डरावना हो जाता है, जब राष्ट्र गान का गायन सिनेमाघरों में अनिवार्य किये जाने की माँग उठती है और उम्मीद की जाती है कि उस दौरान मुसलमान लोग खड़े होंगे। न खड़े होने पर उन्हें देशद्रोही माने जाने की धमकी दी जाती है। दो बातें हैं। एक तो यह कि राष्ट्रगान को सिनेमा हाल में बजाये जाने की बाध्यता की भला क्या जरूरत है और यदि आपने जरूरी कर ही दिया तो जो सम्मान में खड़ा नहीं हुआ उसे सिर्फ इस आधार पर देशद्रोही कैसे करार दे देंगे? क्या अब्दुल हमीद जैसे वीरों की देशभक्ति किसी हिन्दू से कम है? दूसरे स्कूलों में 'योगा' अनिवार्य करना, उसके लिए मुसलमानों को बाध्य करना, तर्क रचना कि यह नमाज की मुद्राओं के अनुरूप है, भड़काऊ कार्रवाई है। यदि समरसता बनाना है तो उन्मादियों को ऐसी हरकतों से परहेज करना ही होगा।

इस सांस्कृतिक विलगाव का कारण ऐतिहासिक है। भारतीय इतिहास के मुसलमानी दौर में बाहरी आक्रमणकारियों द्वारा हिन्दुओं की मूर्तियों और मन्दिरों का भंजन हुआ है। उस भंजन का कारण सिर्फ लूट नहीं थी, अपने मत का विस्तार और भय पैदा कर धर्म परिवर्तन भी था। जिन्होंने इस देश को विजित कर स्थायी रूप से शासन किया, उनमें अलाउद्दीन खिलजी और औरंगजेब दिल्ली के दो ऐसे शासक हुए, जिन्होंने उन लुटेरों की ही तरह यहाँ की हिन्दू जनता को प्रताड़ित किया। मूर्तियाँ तोड़ीं, मठ उजाड़े और बलात्

धर्म-परिवर्तन कराया। अकबर और जहाँगीर ने जजिया उठाकर जो उदारता दिखायी थी, दरबार के काम में कठमुल्लों को दरकिनार कर रखा, उसे शाहजहाँ और औरंगजेब ने मटियामेट कर दिया। अकबर ने राजपूतों के यहाँ मुसलमानों के लिए रोटी-बेटी का जो सम्बन्ध बनाकर समरसता रचनी चाही थी, कालान्तर में वह भी विनष्ट हो गया। एक बड़ा कारण यह था कि वह सम्बन्ध एकतरफा होता था। हिन्दू की, राजपूत की बेटी उनके यहाँ जाती थी, उनकी बेटी हिन्दू के यहाँ नहीं आती थी। जब बेटियाँ बलात् उठाकर ले जायी जाने लगीं, तो राजपूतों में कन्या हत्या की परम्परा चल पड़ी। टीपू सुल्तान बड़ा बहादुर आदमी था। अपने राज्य की स्वतन्त्रता के लिए अंग्रेजों से खूब लड़ा और युद्धभूमि में जान दे दी, पर अधीनता स्वीकार नहीं की। इस मामले में वह हमारे नमन का अधिकारी है। पर जैसे ही पता चलता है कि उसने धर्म-परिवर्तन के लिए हिन्दुओं पर बड़ा अत्याचार किया— मनोवैज्ञानिक कारण यह था कि उसके पिता हैदर अली ने मैसूर के हिन्दू राजा को अपदस्थ कर सत्ता हथियाया था और पूरी तरह से नियन्त्रण बनाने से पहले ही दिवंगत हो गया था, वह काम टीपू को करना था। वह डरता था कि हिन्दू कहीं उसे पुराने राजघराने के नेतृत्व में अपदस्थ न कर दें, इसलिए वह उन्हें डराकर रखने के लिए यह अत्याचार करता था। तब उसके प्रति सम्मान की भावना पतली पड़ जाती है।

हिन्दुओं और मुसलमानों के बीच जो समरसता बनी थी, विशेषकर हिन्दीभाषी इलाकों के ग्रामीण अंचलों में, उनकी अभिव्यक्ति काफी हद तक 1857 की लड़ाई में हुई थी। अंग्रेज इससे बुरी तरह से डर गया था। उसने इन दोनों समुदायों में नये सिरे से विभाजन की नीति बनायी। एक विभाजन की नीति जान मिल पहले ही बना गया था, भारत का इतिहास 'हिन्दू काल', 'मुस्लिम काल' और 'अंग्रेज काल' में विभाजित कर और यह स्थापना रखकर कि हिन्दू बहुत पिछड़े, कबीलों में रहनेवाले, दुनियादारी से दूर, मत-मतान्तर में डूबे विभाजित लोग थे, जिन्हें मुसलमानों ने राज्य के स्तर पर एकीकृत किया (जिसमें राणा प्रताप और शिवाजी बाधा डालते रहे), एक संगठित राज्य और शासन किया, उनके पिछड़ेपन को कुछ हद तक दूर किया, जंगलों को काटकर जमीन को खेती के लिए उपयुक्त बनाया, व्यापारिक नगर बसाये और देश को समृद्ध किया। अब अंग्रेज आये हैं 'ह्वाइट मैन' स बर्डेन' के साथ, जो इन्हें सभ्य बनायेंगे, मुसलमान के वृहत्तर राज्य की योजना को पूरा करेंगे, संस्कृति और 'हिन्दुइज़्म' क्या है, इसे बतायेंगे, इन्हें आधुनिक बनायेंगे। इसके लिए 1857 के बाद ठान लिया कि दोनों को एक नहीं होने देंगे। इसलिए जब नया 'रेसिस्टेण्स मूवमेण्ट' आरम्भ हुआ, तब सर सैयद अहमद खाँ जैसे प्रतिक्रियावादी को पकड़ा। प्रतिक्रियावादी इसलिए कि वे अपने को पूर्व शासक वर्ग का प्रतिनिधि समझते थे और मानते थे कि उस वर्ग को अभी भी शासक बनकर ही रहना है, चाहे दोयम-तेयम स्तर पर क्यों न हो। इसलिए वे अंग्रेज के सहयोगी बने अपनी कौम को अधीनस्थ पद दिलाने के लिए। उसके लिए शिक्षा पद्धति, सरोकार और सहयोग का निर्माण किया। भारतीय राष्ट्रीय कांग्रेस में प्रभावशाली मुसलमानों को जाने से रोका। राजनीति में मुसलमानों पर पकड़ मजबूत करने

के लिए उन्हीं से प्रेरणा लेकर ढाका के नवाब और सर आगा खान ने मुस्लिम लीग की स्थापना की। उन्हीं से प्रेरणा लेकर मोहम्मद इकबाल ने मुस्लिम पुनरुत्थान की बात की, जिसकी परिणति भारत में दो संस्कृतियों और दो राष्ट्रों के सिद्धान्त में हुई। खिलाफत आन्दोलन के नेताओं में से एक प्रशस्त नेता मोहम्मद अली 'जौहर' ने पहले कहा था कि भारत में हिन्दू मुसलमान एक विशाल वटवृक्ष की दो डालें हैं, जिनमें से एक के कटने पर दूसरा यूँ ही घायल होकर सूख जायेगा, उसी मोहम्मद अली 'जौहर' ने बाद में कहा कि यदि उन्हें भारत और इस्लाम में से एक को चुनना पड़े तो वे इस्लाम को चुनेंगे। इन बातों ने अलगाव का ऐसा बीज बोया कि मोहम्मद अली जिन्ना ने पाकिस्तान बनवाकर छोड़ा। हिन्दू प्रतिक्रियावादियों के मन में यह बात घर कर गयी कि यदि पाकिस्तान मुसलमानों के लिए बना है, तो वे हिन्दुस्तान में क्यों रह रहे हैं। पाकिस्तान के मुसलमानों ने हिन्दुओं को मार-मार कर भागाया और जो रह गये, वे निरन्तर सिमटते गये। उनका बलात् धर्म-परिवर्तन होता गया। इसलिए मुसलमानों को मार-मारकर पाकिस्तान भगा दिया जाना चाहिए। नहीं जाते हैं तो अरब सागर में डुबो दिया जाना चाहिए। यदि ऐसा विभाजन के समय नहीं हुआ तो अब किया जाना चाहिए। यह ऐसा संवेगपरक और भावनात्मक मामला है कि प्रतिक्रियावादी लोग इसका इस्तेमाल गाहे-बगाहे सामाजिक समरसता विनष्ट करने के लिए करते हैं। इसके लिए मौका भी मुसलमान लोग गाहे-बगाहे देते रहते हैं, चाहे पाकिस्तान की किसी खेल-कूद की जीत पर आतिशबाजी करके हो, श्रीनगर के लाल चौक पर झण्डा फहराकर हो, परिवार नियोजन का विरोध करने से हो, एक से अधिक शादियों की वकालत हो, या पोलियो की दवा न पीने के कारण हो।

तीसरे इस्लाम में खलीफा की अवधारणा रही है— धरती पर ईश्वर का एक प्रतिनिधि शासक। तुर्की की बादशाहत समाप्त हो जाने के बाद खलीफा का पद जाता रहा। पर तमाम दूसरे लोगों में खलीफा बनने की आकांक्षा समाप्त नहीं हुई। भारत में मौलाना अब्दुल कलाम आजाद ने इसे शान्तिपूर्ण ढंग से प्राप्त करने का प्रयास किया था। बाद में इसकी व्यर्थता समझ गये थे और भारत की आजादी की लड़ाई की मुख्यधारा से जुड़कर बड़ा भला किया था। अपने पद का उपयोग कर अरब के शाह, ईरान के खुमेनी और इराक के सद्दाम ने प्रच्छन्न प्रयास किया था, पर उस सोच को हवा नहीं मिली। विभिन्न कारणों से अमेरिका इराक व ईरान पर हमलावर रहा और लड़ाई क्रमशः इस्लाम और ईसाइयत के बीच की लड़ाई या पूर्व और पश्चिम के बीच की लड़ाई बनती गयी, जिसे हण्टिंगटन 'संस्कृतियों' का संघर्ष कहता है। उसको आगे बढ़ाते हुए अब बन्दूक के बल पर बगदादी खलीफा बनना चाहता है। इससे पूरी दुनिया में आतंकवाद फैलता जा रहा है और मध्यपूर्व में भयंकर लड़ाई चल रही है। भारत में इसका असर यह है कि तमाम मुस्लिम नवयुवक आई.एस.आई.एस. से जुड़ते नजर आ रहे हैं, गो वह उतना प्रभावशाली नहीं है। कश्मीर और बाबरी मस्जिद रामजन्मभूमि की समस्या इसे अतिरिक्त जटिलता प्रदान कर रही है। आतंकवादियों से सिमी का जुड़ाव और अलगाववादी प्रचार तेजी से समरसता नष्ट कर रहा है।

चौथे इस्लाम के विचारक मानकर चलते हैं कि उन्हें अपने धर्म के राज्य में रहना चाहिए। यदि गैर-इस्लामी देश में रहना पड़े, तो तभी तक जब तक कि वह इस्लामी देश न बन जाये। जब तक नहीं बनता तब तक धर्मनिरपेक्ष देशों में रहना बेहतर है किसी अन्य धर्मसापेक्ष देश में रहने से। इसका असर धर्मनिरपेक्षता की भारतीय अवधारणा पर पड़ता है। इसके दो स्वरूप हैं। एक तो यही कि, जैसा ऊपर कहा गया है, वे धर्मनिरपेक्ष देश में एक बेहतर विकल्प के रूप में लेते हैं। इसका लाभ कई राजनैतिक दल उठाते हैं और छद्म धर्मनिरपेक्षता के आवरण में उन्हें तुष्ट कर वोट बैंक में परिवर्तित करते हैं। इसके लिए हमारे एक प्रधान ने भी यहाँ तक कह देते हैं कि राष्ट्रीय संसाधनों पर मुसलमानों का पहला हक है। इससे प्रो. हिन्दू शक्तियाँ खार खाती हैं और अपनी तरह का ध्रुवीकरण रचती हैं। यह मिली-जुली संस्कृति के निर्माण में महती बाधा डालती है। दूसरा स्वरूप पहले से ही प्रसरित है। वे धर्म निरपेक्ष देश में तब तक रहना चाहते हैं जब तक वह मुस्लिम बहुल देश बनकर इस्लाम मत सापेक्ष देश न बन जाये। इसके लिए वे प्रयत्न करते हैं। देश जनतान्त्रिक है तो वे अपनी जनसंख्या इतनी बढ़ा लेना चाहते हैं कि वे बहुमत में आ जायें इसके लिए वे बहुविवाह प्रथा को कायम रखना चाहते हैं और परिवार नियोजन को नहीं अपनाते। दोनों काम धर्म के नाम पर करते हैं। इसलिए चिढ़कर साक्षी महराज और निरंजन ज्योति जैसे गेरुआधारी हिन्दुओं से अधिक-से-अधिक बच्चा पैदा करने की अपील करते हैं। अपील का असर हिन्दुओं पर नहीं पड़ता, उल्टे विरोध होता है, यह दूसरी बात है। पर वह आग में घी तो डाल ही देता है, जिससे समरसता धू-धूकर जल उठती है। परिणाम यह होता है कि जब सामाजिक कुरीतियों को दूर करने के लिए घरेलू कानून में कुछ सुधार होता है तो मुसलमानों को लगता है कि यह सीधे उनके धर्म पर हमला है।

इस्लाम धर्म-परिवर्तन में विश्वास करता है। उसके पाँच अंगों में से जेहाद एक है। उसका स्वरूप पैरवी के द्वारा और हथियार के बल पर धर्म-परिवर्तन कराना दोनों है। भारत में हथियार का उपयोग कब का बन्द हो गया है, पर पैरवी के नाम पर आर्थिक लालच देना और भय का वातावरण बनाना जहाँ हिन्दू अल्पसंख्या में हैं, जारी है। कश्मीर में हिन्दुओं को घाटी से इसी तरह मार-मारकर भगाया गया था, जिनका पुछन्तर कोई नहीं है। अपने ही वतन में शरणार्थी बन जाने का दुनिया में शायद ही कोई और मिसाल है। असम में इसका रूप दूसरा है। बाँग्लादेश से भागकर आये और असम में बसे मुसलमानों की संख्या इतनी अधिक हो गयी है कि स्थानीय निवासी अल्पसंख्यक बन जाने का खतरा झेल रहे है, उनकी संस्कृति विनष्ट होने के कगार पर है। हर सरकार इस समस्या को उठाकर चुनाव जीतती है, पर जीत जाने के बाद कुछ नहीं करती। योजनाएँ और असम पैक्ट के प्राविधान धरे रह जाते हैं। बहिरागतों की संख्या इतनी बढ़ गयी है कि वह कांग्रेस और वामपन्थी दलों के लिए वोट बैंक का काम तो करते ही हैं, इधर अल्पसंख्यक और बहिरागत फ्रण्ट बनाकर राजनैतिक मोल-तोल करते हैं। उनका पूरे भारत में फैल जाना एक दूसरे तरह की समस्या पैदा करती है। खैर आर्थिक लालच के नाम पर इधर धर्म-परिवर्तन

कराने का ढंग ईसाइयों में अधिक है, जिसकी चर्चा हम ऊपर कर आये हैं। इधर एक नयी तरह का जेहाद 'लव जेहाद' चर्चा में है। कहा जाता है कि ऐसा षड्यन्त्र रचा गया है कि हिन्दू लड़कियों को फँसा-फुसलाकर उनका धर्म-परिवर्तन कर विवाह किया जाये। अपनी संख्या बढ़ायी जाये। इसकी सच्चाई अभी तय होनी है। उच्चतम न्यायालय ने इसे अभी संज्ञान में लिया है और केरल की तमाम घटनाओं की जाँच चल रही है। अभी जो तथ्य सामने आये हैं उसमें ऐसा करनेवाले कई लोग आई.एस.आई.एस. से जुड़े पाये गये हैं, जो एक एजेण्डे के तहत नारीमुक्ति के लिए इधर बही हवा का बेजां फायदा उठा रहे हैं। वहीं वे अपनी लड़कियों को हिन्दुओं से मिलने से मना करते हैं। कोई पकड़ में आ जाती है तो उसे काट ही डालते हैं।

टकराव का एक क्षेत्र मुसलमानों की जीवन-पद्धति और हिन्दुओं के जीवन-पद्धति में भेद का है। कहना न होगा कि अंग्रेजों के शासन से आजादी मिलने के बाद भारत के समस्त जन ने अपने को एक संविधान के अधीन कर दिया था और उसमें क्या हिन्दू, क्या मुसलमान, क्या ईसाई और क्या पारसी-यहूदी सबकी सहभागिता थी। संविधान एक 'ग्रैण्ड नार्म' की तरह है, जिससे भारतीयों के समस्त अधिकार और कर्त्तव्य निःसृत होते हैं, सरकारी नीतियों का निदेशन होता है और टकराव होने पर एक स्वतन्त्र न्यायपालिका विवादों का निपटारा करती है। 'ग्रैण्ड नार्म' का मतलब होता है एक आधारभूत 'नार्म' जिससे सभी दूसरे नार्म निकाले जाते हैं। इसकी परिणति इस स्थापना में होती है कि यदि 'अ' है तो उससे 'ब' निकलना चाहिए। उसने सभी पुराने रिक्थ को अपने तक सीमित कर दिया है। इसलिए परिवार, सम्पत्ति, अपराध आदि सम्बन्धी कानून उसके विरुद्ध जाते हैं, तो उस हद तक अवैध हो जाते हैं। दूसरे स्वतन्त्रता, समानता, धर्म मानने का, शिक्षा प्राप्त करने का, न्यायालय का दरवाजा खटखटाने का सकारात्मक अधिकार दिया गया है और राज्य को उसका कस्टोडियन बनाया गया है। उसमें समानता व स्वतन्त्रता का अधिकार अन्योनाश्रित है। समानता का मतलब है कानून के सामने सभी बराबर हैं और उस कानून को सबको बराबर लाभ मिलेगा। इसकी एक परिणति यह है कि देश में सभी स्त्री और पुरुष के अधिकार बराबर हैं। यानी स्त्रियाँ अपने पुरुषों के बराबर तो हैं ही, दूसरी स्त्रियों के भी बराबर हैं और उसमें कौम कोई बाधा नहीं डाल सकती। ऊपर से स्त्रियों सम्बन्धी अधिकार और स्थिति को बेहतर करने के लिए राज्य को विशेष कानून बनाने का अधिकार प्राप्त है। क्योंकि पुरुष सत्ता के चलते एक लम्बे समय से उन्हें दबाकर रखा गया है, उन्हें पुरुषों के बराबर लाने के लिए गाहे-बगाहे कुछ विशेषाधिकार की जरूरत है, जिसे सरकार कानून द्वारा प्रदान कर सकती है। मुसलमानी पारिवारिक कानून और समुदाय उनकी समानता पर रोक लगाता है। एक क्षेत्र पर्दा के प्रचलन का है। इसके चलते एक तरफ सभी मुस्लिम स्त्री-पुरुष आपस में बराबर नहीं हो पाते, तो दूसरी तरफ उनकी स्त्रियाँ अन्य मतों की स्त्रियों के बराबर नहीं हो पातीं शिक्षा में, खेल में, रोजगार में, घरेलू जीवनयापन में, निर्णय लेने में। यह सामाजिक अन्याय है। उसका असर कुछ लौकिक

कानूनों के लाभ के उपभोग पर भी पड़ता है, जैसे बच्चों के अभिभावकत्व के मामले में, गुजारा भत्ता प्राप्त करने के मामले में, अदालत तक जा पाने की क्षमता के मामले में। इस असमानता का विकराल विस्फोट शाहबानू के मामले में हुआ था। भारतीय दण्ड प्रक्रिया की बुनियाद पर उसे गुजारा भत्ता दिया गया था पर मुस्लिम परिवारिक कानून में उसका प्रावधान नहीं है। न्यायालय ने माना कि (1) स्पष्ट कानून बनने के बाद उस हद तक इस्लामी कानून में संशोधन हो गया था– सक्षम संस्था द्वारा स्पष्ट कानून बना देने पर उस हद तक परम्परा आधारित कानून समाप्त हो जाता है, (2) संविधान बनने के बाद यह कानून प्रदत्त अधिकार और पुष्ट हो गया है, जिसने एक तो वर्तमान कानून को चलते रहने की स्वीकृति दी है, दूसरे स्त्रियों को बराबरी का और जरूरत पड़ने पर विशिष्ट अधिकार दिया है। इस पर बड़ा हो-हल्ला मचाया गया प्रतिक्रियावादी तत्त्वों द्वारा और वोट बैंक की राजनीति के चलते सरकार झुक गयी और मुस्लिम स्त्री के इस अधिकार को संशोधित कर दिया कानून बनाकर। दूसरा क्षेत्र वैवाहिक जीवन का है। इस्लाम में विवाह संस्कार (जैसा कि हिन्दू और ईसाइयों में है) नहीं है, समझौता है, जिसे एक प्रस्ताव की तरह स्त्री कबूल करती है, दो गवाहों के सामने और विवाह करानेवाला इसे एक रजिस्टर में दर्ज करता है। कन्सीडरेशन के रूप में मेहर तय किया जाता है, जो विवाह टूटने पर स्त्री को मिलता है। जाहिर है कि इसकी अनिवार्य परिणति उसे भंग करने में स्त्री पुरुष की बराबर की भागिता होगी। पर इस्लामी कानून में पुरुषों को वर्चस्व दिया गया है। उसका भयानक रूप तलाके बिद्दत है, जिसमें पुरुष एक ही बार में 'तलाक, तलाक, तलाक' कह वैवाहिक जीवन से मुक्त हो जाता है। इस तलाक को किसी भी आधार पर दिया जा सकता है–स्त्री के देर से सोकर उठने पर, मायके से पैसा न लाने पर, पुरुष को गरम खाना न देने पर, किसी दूसरी औरत पर दिल आ जाने पर, आदि। इस तलाक के आधार पर उन पर बहुत अत्याचार होता है। ताजिन्दगी वे डर कर जीती हैं। उनकी हैसियत मनुष्य की नहीं, वस्तु की बन जाती है, जिसे पुरुष अपनी मनतरंग के अनुसार अपनाता है, या त्याग देता है। तलाक दिये जाने पर वे तत्काल बेसहारा और नाउम्मीद हो जाती हैं। दूसरी तरफ उन्हें इस तरह का कोई अधिकार नहीं है। तलाक पाने का जो उनका अधिकार है वह खुला है, जो पुरुष की मर्जी पर निर्भर करता है कि वह उसे दे कि न दे। अक्सर वह मेहर के पैसे मारकर खुला देता है। इससे स्त्री का जीवन हमेशा नरक बना रहता है। अत्याचारी और क्रूर पति से निजात पाने का उन्हें कोई रास्ता नहीं मिलता। इधर उच्चतम न्यायालय ने तलाके विद्दत को अवैध घोषित कर दिया है– यानी अगर एक ही बार में 'तलाक तलाक तलाक' कहा गया है, तो वह तलाक नहीं है, वैवाहिक जीवन लेसमात्र भी भंग नहीं हुआ है। तब भी ऐसा तलाक दिया जा रहा है। हद तो यह है कि यह तलाक स्त्री के सामने नहीं दिया जा रहा है, चिट्ठी से, वाट्सअप पर, मैसेज से दिया जा रहा है। इस पर रोक लगाने के लिए सरकार कानून बना रही है और अपराध की श्रेणी में डाल रही है, तो उन्हीं प्रतिक्रियावादी तत्त्वों द्वारा शोर मचाया जा रहा है। कहा जा रहा है

कि आगे वह तलाके अहसन और तलाके हसन को भी समाप्त कर देगी। पर ऐसी कोई बात नहीं है, यह दुष्प्रचार मात्र है। तीसरा क्षेत्र हलाला का है। इसके अनुसार विवाह विच्छेद के बाद स्त्री का नब्बे दिन तक इद्दत में रहना पड़ता है यह तय करने के लिए कि पूर्वपति से कहीं उसे गर्भ तो नहीं है। उसके बाद वह निकाह कर सकती है। यदि वह पूर्व पति से ही विवाह करना चाहे—पति यदि अपनी गलती मान उसे पुनः अपनाना चाहे तो उसे हलाला की प्रक्रिया से गुजरना पड़ता है। यानी पहले उसे पर पुरुष से विवाह करना पड़ता है, उसके साथ स्पष्ट सम्भोग करना पड़ता है, फिर वह तलाक देता है, इद्दत के समय से गुजरना पड़ता है, तब कहीं पूर्व पति से निकाह हो सकता है। वह बड़ी ही मानसिक अत्याचार और शारीरिक कष्ट की प्रक्रिया है। इसका प्राविधान मोहम्मद साहब ने अपने जमाने में किया था, क्योंकि तब तमाम सामी कबीले के लोग स्त्री को वस्तु मानकर जब चाहते थे, तब तलाक दे देते थे, फिर उसका मान मर्दन करने के लिए जबरदस्ती सम्बन्ध बनाते थे। इसे रोकने के लिए नियम रखा कि शारीरिक सम्बन्ध ब्याहता से ही बनाया जा सकता है और छोड़ी गयी स्त्री को पुनः ब्याहता बनाने के लिए स्त्री को हलाला की प्रक्रिया से गुजरना होगा। यह पुरुष के मानमर्दन के लिए था, जिससे कि तलाक सम्बन्धी यादृच्छित व्यवहार पर रोक लगे। जो भी हो आज इसमें मान मर्दन तो स्त्री का ही होता है। यह सामाजिक बुराई है और इस पर रोक लगाना ही चाहिए। इसी तरह अकेली औरत के हज पर जाने की रोक है उसे किसी मर्द के साथ, जो परिवार का हो, जाना जरूरी है। पर मर्द के लिए ऐसी कोई बाध्यता नहीं है। इस कारण स्त्रियों के बराबरी के अधिकार का हनन होता है। इधर प्रधानमन्त्री ने इसे दूर करने का वादा किया है।

ये सारे क्षेत्र सामाजिक कलंक के क्षेत्र हैं। इनमें सुधार के लिए जब सरकार कोई कदम उठाती है तो इस्लाम तुरन्त खतरे में पड़ जाता है, जबकि ऐसा करना सरकार का न केवल कर्त्तव्य है, उसे अधिकार भी प्राप्त है। इसके विरुद्ध कई तरह के तर्क रचे जाते हैं। भारतीय मार्क्सवादी अध्यापक किस्म के विचारक और इतिहासकार विपिन चन्द्रा कहते हैं, "Secular interest of a group of persons are co-extensive with its religious right." जबकि मार्क्सवादियों के मसीहा कार्ल मार्क्स कहते हैं कि धर्म अफीम है। ऐतिहासिक भौतिकवाद को माननेवालों को उससे बचकर रहना चाहिए, क्योंकि वह क्रान्ति और परिवर्तन में बाधा डालता है। दूसरे धर्म और लौकिक सामाजिक जीवन में ऐसे कई स्थल होते हैं, जहाँ दोनों में फाँक होती है। पारिवारिक कानून का मामला लौकिक मामला है। उससे धर्म-आस्था और विश्वास खण्डित नहीं होता, उल्टे मानवता खण्डित होने लगती है। कांग्रेसी नेता मणिशंकर अय्यर भी विपिन चन्द्रा के विचार की ही वकालत करते है और कहते हैं कि उनकी लौकिक जीवन-पद्धति को यदि बदल दिया जायेगा तो वे काहे के मुसलमान रह जायेंगे। इसलिए उनके पारिवारिक कानून अपनी समस्त बुराइयों के साथ अक्षुण्ण रहने चाहिए। यह हास्यास्पद है। यदि मनुस्मृति समेत तमाम स्मृतियों के विधान बदल दिये गये और जो बचे हैं उन्हें आये दिन बलाये ताक पर रखा जाता है तो क्या भारत

के हिन्दू हिन्दू नहीं रह गये हैं? यदि पश्चिम के तमाम देशों में जस्टिनियन के कोड को जो ईसाइत के प्रचलनों पर आधारित था, बदल दिया गया है, तो क्या वे लोग ईसाई नहीं रह गये हैं? क्या उनका एक ईश्वर, एक पुस्तक बाइबिल और एक उपदेशक ईसा मसीह में आस्था और विश्वास बदल गया है? प्रार्थना पद्धतियाँ समाप्त हो गयी हैं? दुःखद यह है कि इस्लाम के कुछ प्रबुद्ध ठीकेदार ओबैसी और आजम खान ऐसा ही मानते हैं और उनको समर्थन प्रतिक्रियावादी मुल्ला लोग देते हैं। किन्तु ये सभी राजनैतिक लोग हैं जो वोट बैंक की राजनीति करते हैं। इसलिए इनकी बात को गम्भीरता से लेने की जरूरत नहीं है। कौम के लिखे-पढ़े प्रगतिशील लोगों की सोच की स्पिरिट में काम किया जाना चाहिए।

इन सबके लिए उत्तम रास्ता है 'समान नागरिक संहिता' का निर्माण। यह निर्माण सरकार का दायित्व है संविधान में वर्णित नीति-निर्देशक तत्त्वों के अनुसार। किन्तु जब भी इसकी चर्चा होती है, प्रतिक्रियावादी लोग शोर मचाने लगते हैं। उन्हें लगता है कि यह 'सामान्य नागरिक संहिता' 'हिन्दू नागरिक संहिता' होगी। वे भूल जाते हैं कि इसका निर्माण संसद् के द्वारा होगा जिसमें जनता के चुने हुए प्रतिनिधि होते हैं। उसमें मुस्लिम मतावलम्बियों की अपनी भूमिका होगी।

वे कहते हैं कि समान नागरिक संहिता शरीआ कानून और शरीआ कोर्ट को समाप्त कर देगी। शरीआ कानून है क्या? पैगम्बर मोहम्मद ने कुरान दिया, जिसमें लोगों के व्यवहार के नियम बनाये। बाद के वर्षों में पता चला कि वे नियम पर्याप्त नहीं हैं। नयी परिस्थितियों के लिए कुछ और नियम चाहिए। उसके लिए मोहम्मद साहब का जीवन और उनके द्वारा खास परिस्थितियों में किया गया व्यवहार काम में लाया गया। इसे सुन्नत कहते हैं। वह हदीस में संकलित है। कुछ और काल बीतने पर जब नयी स्थितियाँ आयीं तो उस पर निर्णय देने के लिए मत के ज्ञानियों की राय को महत्त्व दिया जाने लगा। उदाहरण से काम लिया जाने लगा। इसे इज्मा और कयास कहा जाता है। इन चारों को मिलाकर जो पवित्र कानून बनता है, उसे शरीआ कहा जाता है। इस कानून को जो अदालत लागू करती है और इसके आधार पर जो निर्णय देती है, उसे शरीआ कोर्ट कहते हैं। जाहिर है कि वह कानून आज की स्थितियों के लिए पर्याप्त नहीं है। इस अपर्याप्तता के आधार पर पहले भी कानून में विकास होता रहा है, उस विकास का आज भी दरकार है। वह कानून विधायिकाओं द्वारा बनेगा तो गलत कैसे होगा? उसे लागू करनेवाली शरीआ अदालत आज असंवैधानिक हो गयी है, क्योंकि अब अदालतें संविधान के प्रावधानों के अनुसार गठित होती हैं। जो नहीं होती हैं, वे वैधानिक ढंग से मान्य नहीं होतीं। वे 'एक्स्ट्रा-कान्स्टीट्यूशन एस्टैब्लिशमेण्ट' हैं। उनका न रहना ही ठीक है। वही हाल फतवा का है। किसी विवादास्पद स्थिति के उत्पन्न होने पर क्या किया जाये, इसकी घोषणा कुछ धर्मवेत्ता, कुछ स्थानीय मुल्ला, मौलवी, मुफ्ती, धर्मगुरु करते हैं। वह वैधानिक घोषणा न होकर 'ओपियन' की घोषणा होती है। इसलिए वह कानून से ऊपर उठकर मान्य नहीं हो सकता।

अपने धर्म के अनुसरण का अधिकार सरकार की धर्मनिरपेक्षता से जुड़ा हुआ है। संविधान में धर्म की आध्यात्मिक व्यवहृति और धर्म की लौकिक व्यवहृति में भेद किया

गया है, उसके अन्तर और बाह्य स्वरूप में भेद किया गया है। आध्यात्मिक यानी विश्वास, श्रद्धा, प्रतीति व आस्था के पक्ष में पूरी स्वतन्त्रता दी गयी है। वह अनुयायी का निजी मामला है। उसमें राज्य दखल नहीं दे सकता। उसके बाह्याचार में दखल दे सकता है। जब वह अनैतिक हो, कदाचार, अनाचार, अत्याचार का रूप ग्रहण करे, कानून व व्यवस्था की समस्या पैदा करें, शान्ति भंग करे। जैसे आस्था के नाम पर काली को नरबलि देना, कुछ मन्दिरों में लिंग के आधार पर स्त्रियों को न जाने देना, देवदासी प्रथा, आदि। इसी तरह लौकिक पक्ष में अपने अनुयायियों को अपने धर्म की शिक्षा देना, नये अनुयायी बनाना, प्रचार करना, इसके लिए शिक्षण संस्था खोलना, यात्रा करना, धन जुटाना, धर्मस्थलों की सम्पत्ति की व्यवस्था करना अनुभतव्य है। पर जब वह कानून की सीमा लाँघ, दूसरे कानूनों से टकराये, शान्ति व्यवस्था के लिए समस्या पैदा करे, अनैतिकता को प्रश्रय दे, जो उस धर्म की शिक्षा न लेना चाहें, विशेषकर दूसरे मतावलम्बी उन्हें बाध्य करे तो राज्य को, सरकार को उसमें दखल देने का पूरा अधिकार है।

धर्मनिरपेक्षता के दो रूप हैं। एक तो जन का कि वह दूसरे के मत का आदर करे, धर्म के नाम पर लड़े नहीं। लड़ेगी तो साम्प्रदायिकता होगी। साम्प्रदायिकता धर्मनिरपेक्षता का नकारात्मक पक्ष है। सरकार को उसे रोकने का पूरा अधिकार कानून देता है। यदि सरकार नहीं रोकती है, तो गलत करती है, अपना कर्त्तव्य नहीं निभाती। कर्तव्य निभाने के दौरान यदि वह एकमत के अनुयायियों के साथ पक्षपात करती है, तो वह राजधर्म नहीं निभाती। ऐसा हाशिमपुरा में हुआ था, अहमदाबाद में हुआ था। आज गोरक्षकों के साथ हो रहा है। हिन्दू गाय की पूजा करते हैं, जबकि मुसलमान गाय खाते हैं, ईसाई गाय खाते हैं, कुछ कम्युनिस्ट या अतिप्रगतिशील हो गये हिन्दू और कुछ अछूत जातियों के लोग गाय खाते हैं। हमारा एक नीति निदेशक तत्त्व कहता है कि गोवंश का कानून बनाकर रक्षण किया जाना चाहिए। इस तरह के कुछ कानून बने हैं। इससे टकराहट होती है। यह तय किया जाना बाकी है कि किस हद तक रक्षण किया जाना चाहिए और किस हद तक खानेवालों को अनुमति दिया जाना चाहिए। इधर गोमाता के स्वयंभू पैरोकार कानूनी रूप से सही ढंग से गाय ले जानेवाले मुसलमानों को पीटने लगे हैं, कहीं-कहीं तो मार ही डाला है। गुजरात में शूद्र सम्प्रदाय के लोगों को भी मारा है। ऐसे आदमियों पर सरकार ने अंकुश नहीं लगाया है। बस कुछ कानूनी खानापूर्ति की है। इसलिए उसकी धर्मनिरपेक्षता पर सन्देह होता है। प्रतिकार में कुछ तत्त्वों ने 'बीफ पार्टियाँ' आयोजित की हैं। इसने भड़काने का काम किया है। सामाजिक समरसता को तोड़ा है। मिली-जुली संस्कृति के लिए खतरा पैदा किया है। इसे रोका जाना चाहिए।

एक दूसरा मुद्दा बाबरी मस्जिद रामजन्म भूमि मन्दिर निर्माण का है। इतिहास के एक मोड़ पर मन्दिर तोड़कर मस्जिद बना था। कई मन्दिर तोड़े गये थे और मस्जिद बने थे तो क्या आज चार-पाँच सौ वर्षों के बाद उन्हें तोड़ा जाना चाहिए। क्या गड़े मुर्दे उखाड़ना ही हमारी राजनीति बन गयी है? इसी तरह यदि एक मस्जिद उन्मादियों द्वारा तोड़ ही दी

गयी है और जहाँ मन्दिर बनाने की जिद है, तो क्या सामाजिक सौहार्द स्थापित करने के लिए दूसरे पक्ष को मान नहीं लेना चाहिए? दूसरा पक्ष सोचता है कि यदि यह जिद मान लिया तो न जाने कितने ऐसे मस्जिद तोड़े जायेंगे इसलिए यह उनकी अस्मिता का प्रश्न बन जाता है। यह हिन्दुओं पर है कि वे आश्वस्त करें कि ऐसा नहीं होगा। तभी मिली-जुली संस्कृति की गुंजाइश बनेगी।

खैर, धर्म निरपेक्ष का दूसरा रूप राज्य से सम्बन्धित है। धर्मनिरपेक्ष देश में राज्य का और उसके मूर्त रूप सरकार का अपना कोई धर्मनिरपेक्ष नहीं होता, न ही वह किसी धर्म को वरीयता देता है चाहे राजकाज में हो, नीति निर्धारण में हो, नौकरी देने में, जन को लाभ देने में हो। यदि वह ऐसा करता है, तो गलत करता है। इसीलिए यदि राज्य मुसलमानों को हज करने के लिए सब्सिडी देता है तो गलत करता है। इस गलती को हिन्दुओं को धर्माटन के लिए सब्सिडी की व्यवस्था कर दूर नहीं किया जा सकता। एक गलती की काट दूसरी गलती नहीं हो सकती। यह भी आवाज उठ सकती है कि तब पारसियों, ईसाइयों, यहूदियों और तमाम अन्य मतावलम्बियों को क्यों न दिया जाये। यह तो पण्डोरा का बक्सा ही खोलना होगा।

धर्मनिरपेक्षता के स्वरूप पर चिन्तन और प्रयास भारत में लम्बे समय से हुआ है, जो जन और राज्य दोनों के लिए आज भी प्रासंगिक है। उसके तीन रूप हैं। संयोग से तीनों के उन्नायक मुस्लिम मतावलम्बी हैं। उनमें से एक बादशाह है, दो कवि। बादशाह जलालुद्दीन मोहम्मद अकबर हैं। उसने सभी धर्मों से अच्छी-अच्छी बातें लेकर 'दीने इलाही' मत चलाना चाहा था। वह मत चल नहीं पाया। तमाम लोगों को लगा कि एक बादशाह अब पैगम्बर बनने चला है। जन मानस को लगा कि उस मत में विचार और विवेक तो बहुत है, पर अनुभूति नहीं है, जो धर्म का आधार होती है। इससे यह भी सिद्ध हो गया कि मिली-जुली संस्कृति का निर्माण इच्छापूर्वक किये गये अभियन्त्रण से नहीं हो सकता। उसका विकास धीरे-धीरे सामाजिक सौहार्द के वातावरण में होता है। ऐसे सौहार्दपूर्ण वातावरण का निर्माण कवि कबीर ने करना चाहा था, हिन्दू और मुस्लिम दोनों की कुरीतियों और बाह्याडम्बर पर प्रहार कर। उन्होंने उनके आन्तरिक तत्त्व पर कोई बात नहीं कही थी। किन्तु दोनों को त्यागकर 'अनहद नाद' का एक तीसरा विकल्प रचना चाहा था। वहाँ वे कवि से सन्त बन गये थे। पर वह विकल्प हवाई था, लौकिक तो कत्तई नहीं। वहाँ स्त्री को माया मानकर नीची दृष्टि से देखते हुए अलगाकर रखा गया था। इसलिए उनके निर्गुण को आज भी लोक में रोज गाये जाने के बावजूद चल नहीं पाया। तीसरा विकल्प कवि मलिक मोहम्मद जायसी ने सुझाया था। कहा था कि सभी को अपने-अपने मजहब में पक्का रहना चाहिए। किन्तु मजहब से बाहर कुछ ऐसे क्षेत्र होते हैं, मनुष्य की कुछ ऐसी आवश्यकताएँ होती हैं, जहाँ धर्म का कोई मतलब नहीं होता, वहाँ सभी मनुष्य एक होते हैं। वहाँ मजहब को नहीं डालना चाहिए और सबको एकजुट होकर उनको पाने का पूरा प्रयत्न करना चाहिए। भारतीय संविधान ने मत निरपेक्षता के इसी सिद्धान्त को अपनाया

है। राज्य और सरकार के तीनों अंगों को उसका सम्मान करना चाहिए। जन को उसे एक जीवन शैली की तरह अपनाना चाहिए। तभी मिली-जुली संस्कृति निर्मित हो सकेगी।

सामाजिक समरसता में एक जहर प्रगतिशील विचारकों और प्रतिक्रियावादी उन्मादियों के द्वन्द्व से भी फैल रहा है। पहले का स्टैण्ड लौकिक है, दूसरे का धार्मिक मतान्धता। दाभोलकर विवेकवादी थे और विवेक के आधार पर हिन्दू धर्म के कतिपय बुराइयों और जड़ प्रथाओं पर प्रहार कर रहे थे। उसे कट्टर मतावलम्बी पसन्द नहीं करते थे। पनसारे मार्क्सवादी थे और तमाम कुरीतियों पर अपने ढंग से बात करते थे, उन्हें दूर करने का आह्वान करते थे। कलबुर्गी मार्क्सवादी नहीं लिंगायत थे और बीरशैवों के सिद्धान्त और व्यवहार पर उग्र होकर आपत्ति उठाते थे। इसी तरह गौरी लंकेश राजनीति और दीगर सामाजिक सन्दर्भों में धर्म के आह्वान की मजम्मत करती थीं। इन चारों को धर्मान्धों और उन्मादियों ने मार डाला। उनके विचारों का विरोध करने का ढंग किसी भी तरह से हत्या नहीं हो सकती। पहले तीन की हत्या पर उसके विरोध के लिए मार्क्सवादियों ने 'असहिष्णुता' का नारा दिया, कुछ छिटपुट आन्दोलन हुए। पर उनका कोई स्पष्ट प्रभाव नहीं पड़ा। आम जन ने उनके विरोध को यह कहकर ठुकरा दिया कि मार्क्सवादी लोग वर्ग-संघर्ष की बात करते हैं और हिंसक क्रान्ति की बात करते हैं, तब वे सहिष्णुता के हिमायती कैसे हो सकते हैं। स्थिति तब और बिगड़ गयी जब उस विचारधारा के अनुयायियों ने किन्हीं विश्वविद्यालयों में हिन्दू देवी-देवताओं की अवमानना की और दुर्गा आदि को किन्हीं समुदायों के सांस्कृतिक दलन के प्रतीक के रूप में प्रचारित किया। हद तब हो गयी जब वे अति उत्साह में कश्मीर के अलगाववादी तत्त्वों और सिमी के कार्यकर्त्ताओं के साथ मिलकर 'भारत तेरे टुकड़े होंगे' और 'कश्मीर माँगे आजादी', 'बस्तर माँगे आजादी', 'उत्तर पूर्व माँगे आजादी' जैसे विघटनकारी नारे लगाने लगे, बीफ पार्टियाँ देने लगे। कतिपय राजनैतिक दलों को वहाँ भी वोट बैंक की सम्भावना दिखी और कूद पड़े। यह और बात है कि पूरा आन्दोलन ही टाँय-टाँय फिस हो गया क्योंकि जन समर्थम नहीं मिला। पर मिली-जुली संस्कृति के निर्माण में एक डेण्ट तो दे ही गया।

उसका एक रूप 'पद्मावती' पिक्चर पर उठे विवाद में भी देखने को मिल रहा है। बिना पिक्चर देखे, पता नहीं कहाँ से सूचना प्राप्तकर कुछ स्वघोषित सम्मान रक्षक कहने लगे कि एक ड्रीम सीक्वेन्स में निर्माता-निर्देशक ने पद्मावती या पद्मिनी को, चित्तौड़ की रानी को अलाउद्दीन खिलजी से मिलते दिखाया गया है। पद्मिनी की ख्याति ही इसीलिए है कि उसने अपनी आन की रक्षा के लिए आत्माहुति दे दी कि वह अलाउद्दीन के हाथ न लगे। फिर उसे घूमर नाच करते हुए दिखाया गया है, जो कालबेलियाँ स्त्रियाँ करती हैं। उस जमाने में नाच-गान शूद्र लोग ही करते थे, राजघराने के लोग नहीं। जानकार लोग बताते हैं कि पहले वह स्वप्न शृंखला फिल्माने की बात थी, पर जब शोरगुल मचने लगा तो उसे हटा दिया गया। घोषित नहीं किया गया, क्योंकि बिना प्रयास के ही फिल्म को खूब प्रचार मिल रहा था, लोगों की जिज्ञासा बढ़ रही थी। जिन चार-पाँच लोगों को वह फिल्म सेंसर

बोर्ड से पास होने से पहले दिखायी गयी थी, उनका कहना है कि उसमें कालबेलिया नृत्य के अलावा कुछ भी आपत्तिजनक नहीं है। पर दुष्प्रचार को रोका नहीं गया क्योंकि इससे गुजरात में राजपूतों के वोटों का ध्रुवीकरण हो रहा था, जो सत्ताधारी दल के पक्ष में जाता। उसका विरोध करने के लिए प्रगतिशीलों ने अजीब हथकण्डा अपनाया। इरफान हबीब जैसे अध्यापक किस्म के मध्यकालीन मुसलमानी शासकों के मार्क्सवादी इतिहासकार ने कहा कि न तो कोई पद्मिनी थी, न राजा रतन सेन चित्तौड़गढ़ की वह लड़ाई हुई थी। सब सूफी कवि जायसी की कपोल कल्पना है, रूपक है अपने मत का प्रचार करने का। यह सरासर भारतीय इतिहास को खारिज करना था, विकृत करना था। इसके आधार पर तो आगे कहा जायेगा कि राणा प्रताप नहीं थे, वे श्याम नारायण पाण्डेय की कपोल कल्पना है, औरंगजेब नहीं था, बंगाली नाटककार डी. एल. लाल की कपोल कल्पना है, बहादुरशाह जफर नहीं था, डम्पलियर की कपोल कल्पना है, राजा हर्ष नहीं हुए थे, वे बाणभट्ट की कल्पना है, अकबर नहीं हुआ था वह शमी जमा की कल्पना है। वाह रे प्रगतिशीलता और मार्क्सवादी सोच और ज्ञान का दिवालियापन। फिर पद्मावती का जौहर आज की कानूनी स्थिति के मानदण्ड से नहीं आँका जा सकता। एक तो वह कानून बहुत बाद में बना है, वारेन हेस्टिंग के जमाने में। उसे पीछे की स्थिति आँकने के लिए प्रयोग नहीं किया जा सकता। दूसरे वह कानून सम्पत्ति हड़पने के लिए बलात् जलायी जा रही विधवाओं के सुरक्षा के लिए बनाया गया था। पद्मावती स्वेच्छा से अपने सम्मान की रक्षा के लिए जल मरी थी, जब कोई रक्षा का और विकल्प नहीं रह गया था। यह बहुत बड़ा बलिदान है, जो एक जाति में शौर्य भरता है। जायसी स्त्री की प्रशंसा करता है, कबीर ने उसे जहाँ छोड़ा था, वहाँ से ऊँचा उठाता है। वह अधिक प्रगतिशील कवि है।

समरसता के निर्माण में आज इलेक्ट्रानिक मीडिया बहुत खलल डाल रहा है। अपनी टी.आर.पी. बढ़ाने के लिए छोटी-छोटी बातों को बढ़ा-चढ़ाकर रात दिन प्रचार का ऐसा हाइप बना रहा है कि उस जहर से जो न प्रभावित होनेवाले लोग हैं, वे भी हो जा रहे हैं। एक छोटी-सी बात को लेकर चौबीस घण्टे मीडिया ट्रायल आयोजित किया जाता है। तमाम जानकार लोग कहते हैं कि अधिकांश मीडिया घराने किसी-न-किसी राजनैतिक दल को बिके हुए हैं और उनके भले के लिए वे यह भद्र काम करते हैं। मीडिया को अपने को बेचने का पूरा अधिकार है, आखिर धन कमाने के लिए ही तो वे स्थापित हुए हैं, जिनका समर्थन करते हैं, उसका पूरा अधिकार है। पर क्या यह समरसता की कीमत पर होना चाहिए। मीडिया को इसे स्वयं उत्तर देना चाहिए।

जाहिर है कि जो मिली-जुली संस्कृति का प्रवाह अपनी ऊँच-नीच के साथ लोगों में अचेतन व स्वाभाविक ढंग से बनता आ रहा था, वह इधर कुछ उन्मादियों, पूर्वग्रहयुक्त विचारकों, वोट बैंक की राजनीति करनेवाले राजनीतिज्ञों द्वारा निरन्तर विनष्ट किया जा रहा है। जन को चाहिए कि वह इसके प्रति सचेत हो, प्रगतिशील चेतना से लैस हो अपनी सक्रिय भूमिका निभाये। यह काम सरकार द्वारा बाहर से नहीं होगा—वह तो इस खलल को भुनाने में लगी है। स्वयं जन को अपने भीतर से करना होगा।

विकास का गुजरात मॉडल?

(1)

आजकल विकास के गुजरात मॉडल की चर्चा है भारत के आर्थिक विकास के लिए। लोगों का वोट बटोरने में इसका खूब और खुला उपयोग हो रहा है हर चुनाव में। तब सवाल उठता है कि यह मॉडल है क्या? इसका उत्तर इस बात में निहित है कि इस मॉडल को विकास के जिस नेहरूवियन मॉडल के विरुद्ध बताया जा रहा है, वह क्या है, उस मॉडल को पं. जवाहरलाल नेहरू ने विकसित किया था और लागू किया था भारत के विकास के लिए देश को अंग्रेजों की गुलामी से आजादी मिलने के बाद। उसके दो भाग ये एक देश का योजनाबद्ध ढंग से विकास, दूसरा मिश्रित अर्थव्यवस्था का ढाँचा।

उनकी चर्चा करने से पहले यह नोट करना जरूरी है कि जब देश आजाद हुआ था तो उसके सामने आर्थिक विकास के दो रूप थे और दोनों ही पश्चिम के थे। एक था खुली अर्थव्यवस्था का मॉडल, दूसरा नियन्त्रित अर्थव्यवस्था का मॉडल। दोनों में अलगाव का आधार था राज्य को किस हद तक अर्थव्यवस्था को बनाने, लागू करने और उसमें दखल देने की छूट मिलनी चाहिए। खुली अर्थव्यवस्था उदारवादी जनतान्त्रिक देशों में काम कर रही थी, जो लम्बे अर्से से स्वतन्त्र थे, क्रमशः आगे बढ़े हुए थे और अपने तन्त्र का शनैः शनैः विकास किया था। वह बाजारोन्मुखी थी, प्रतिस्पर्द्धा को लेकर चलती थी, निजी हाथों में रहती थी, राज्य का काम उसके लिए वातावरण बनाना, विशेषकर राजनैतिक वातावरण बनाना और सुरक्षा प्रदान करना होता था। उसमें जोर उच्च लाभ की सम्भावना, मितव्ययता और कार्यकुशलता पर होता था। नियन्त्रित या नियोजित अर्थव्यवस्था सोवियत रूस में विकसित हुई थी, जहाँ क्रान्ति के बाद सामन्तवाद-पूँजीवाद को ध्वस्त कर एक नयी अर्थव्यवस्था बनायी गयी थी, देश के आर्थिक पुनर्निमाण के लिए। उसमें सरकार के नियन्त्रण में, उसकी इच्छा के अनुसार समस्त जन को लाभ पहुँचाने के लिए सीमित संसाधनों का कुशलतापूर्वक व्यवस्थित उपयोग कर नया ढाँचा खड़ा किया गया था, वांछित और दिशायुक्त विकास प्राप्त करने के लिए। पश्चिम के विचारकों का कहना था कि यह व्यवस्था उस परिस्थिति में विकसित हुई थी, जिसमें उदारता और जनतन्त्र का अभाव था, सब-कुछ सरकार के हवाले था, तानाशाही आयत थी, और इरादा लाभ कमाना नहीं, अपने

देश का आर्थिक विकास था कि जिससे लोगों का महत्तम् भरण-पोषण हो सके। इसमें सब-कुछ राज्य को ही करना था, प्रतियोगिता के लिए कोई स्थान नहीं था, सारा धन सरकार का था, उसके माध्यम से समस्त जन का था, पूँजीवादी-वर्ग धनी लोग वहाँ नहीं थे।

पण्डित जवाहरलाल नेहरू इस सोवियत रूस के इस योजनाबद्ध विकास से बहुत प्रभावित थे। उन्हें लगता था कि यदि इसका देशी मॉडल तैयार कर दिया जाये तो अंग्रेजों की गुलामी से मुक्त हुए देश का बड़ा भला होगा आर्थिक विकास के क्षेत्र में। इसके लिए वे लम्बे समय से प्रयत्नशील भी थे। 1928 में वे जब वहाँ का भ्रमण कर लौटे थे तो कई लेख लिखा था, पत्र-पत्रिकाओं में उसकी प्रशंसा करते हुए। बताया था कि 1917 में क्रान्ति के बाद सोवियत रूस ने योजनाबद्ध तरीके से अपने देश का विकास करने के लिए जो ढाँचा चुना था, वह इतना कारगर हुआ था कि जब 1929-33 के बीच पूरा यूरोप आर्थिक मन्दी का शिकार हो अपनी आर्थिक व्यवस्था में लड़खड़ा गया था, तब सोवियत रूस अपने को बचाकर रखने में कैसे सफल रहा था। उससे प्रभावित होकर अमेरिकी अर्थशास्त्री जे. एम.कीन्स ने स्थापना रखी थी कि हर देश की अर्थव्यवस्था के लिए संसाधनों के प्रबन्धन में राज्यों को अहम् भूमिका निभानी चाहिए क्योंकि यह राज्य है जो माँग और पूर्ति के सिद्धान्त के अनुसार आर्थिक संसाधनों को जुटाने और व्यय की नीतियों के बीच सन्तुलन बनाकर रख सकता है। यानी भविष्य में राज्य नियन्त्रित अर्थव्यवस्था और उसकी संरचना की जरूरत है।

पण्डित जवाहरलाल नेहरू के दिमाग में ये बातें तो थीं ही, उनके सामने ब्रिटिश उपनिवेश का रिक्थ भी था, जिसमें गरीबी, बेरोजगारी, अशिक्षा, बीमारी का प्राधान्य था। कृषि भूमि पर जमींदारों का कब्जा था और एक सामन्ती श्रेणीबद्धता काम कर रही थी, जो अंग्रेजों का बनाया था। इसका कारण ब्रिटेन का भारत के साथ सर्वोपरि और अधीनता (Superior-subordinate) वाला सम्बन्ध था। अंग्रेजों ने न सिर्फ कच्चे माल, लगान, सम्पत्ति-पलायन आदि के माध्यम से भारतीय अर्थव्यवस्था की मूल संरचना को नष्ट कर दिया था, दोहरी व्यापार नीति और भेद-भावपूर्ण उद्योग नीति बनाकर औद्योगिक और वाणिज्यकीय पूँजीवाद के विकास के रास्ते में रोड़े अटका दिया था। परिणामस्वरूप जब भारत उनकी गुलामी से आजाद हुआ तो उसे एक ऐसी अर्थव्यवस्था विरासत में मिली जिसमें एक तरफ गरीब किसान और दूसरी तरफ व्यापारी वर्ग हमारी अर्थव्यवस्था को कोई सबल आधार प्रदान करने में सक्षम नहीं थे। नेहरू ने उस समय की भारतीय आर्थिक अर्थव्यवस्था, नवोदित पर निर्बल औद्योगिक संरचना तथा पूँजीपति वर्ग के साथ संसाधनहीन व गरीब भारत को विकास और बदलाव के रास्ते पर ले जाने के लिए एक प्रभावी विकास की रणनीति की तलाश में नियोजित विकास और मिली-जुली अर्थव्यवस्था का मॉडल बनाया और अपनाया। इसके लिए वे प्रयास थोड़ा पहले से ही कर रहे थे। 1937 में जब सुभाष चन्द्र बोस भारतीय राष्ट्रीय कांग्रेस दल के अध्यक्ष बने थे तो जवाहरलाल नेहरू के नेतृत्व में उन्होंने एक समिति गठित किया था, जिसका काम भावी स्वतन्त्र भारत

के आर्थिक विकास के लिए योजना बनाना था। 1942 में जमशेद जी टाटा की अध्यक्षता में एक उद्योगपतियों की ओर से औद्योगिक विकास की योजना प्रस्तावित की गयी थी, जिसे 'बाम्बे प्लान' कहते हैं। उसमें कहा गया था कि स्वतन्त्र भारत में राज्य को औद्योगिक विकास के लिए आधारभूत संरचना उपलब्ध कराना चाहिए। यह प्लान पण्डित नेहरू के 1937 वाले प्लान से इस मामले में भिन्न था कि कांग्रेस प्लान में केन्द्रीकृत योजनाबद्ध विकास पर जोर था, जिसमें राज्य निजी और सार्वजनिक उत्पादन और उपभोग के विकास की प्राथमिकताओं को लागू करने के लिए वांछित हस्तक्षेप कर सकता था, जबकि बाम्बे प्लान के अनुसार राज्य और बाजार दोनों विकास की प्रक्रिया में सिर्फ भागीदार होंगे। उत्पादन निजी हाथों में रहेगा, वितरण में सरकार सहयोग कर सकती है। यह भी ध्यातव्य है कि विकास का एक मॉडल श्रीमन् नारायण ने सुझाया था, जो गुजरात में गाँधी के कट्टर समर्थक माने जाते थे, आर्थिक नीतियों के परिप्रेक्ष्य में। गाँधी भारी उद्योगों की जगह कुटीर उद्योग और सहकारिता के आधार पर चल सकनेवाले छोटे उद्योगों को महत्त्व देते थे, जिसमें वृहद जन की भागीदारी और भलाई निहित लगती थी। उन्हीं दिनों एक मॉडल पूर्व मार्क्सवादी नेता मानवेन्द्रनाथ राय ने भी प्रस्तुत किया था जो मार्क्सवादी दर्शन और उससे जुड़े कुछ व्यावहारिक अनुभव पर आधारित था रूस के मॉडल की हूबहू वकालत से भरा, जिसमें राज्य का पूर्ण नियन्त्रण हो यान्त्रिक ढंग से नहीं, मानवता के आधार पर। उसे 'पीपुल्स प्लान' कहते हैं जिसमें सब-कुछ राज्य के अधीन कर निजी भागीदारी को वर्जित कर दिया गया था। पण्डित जवाहरलाल नेहरू के नेतृत्व में जो नीति बनी उनमें इन सभी बातों को ध्यान में रखा गया था। उसका पहला दस्तावेज 1948 का 'औद्योगिक नीति प्रस्ताव है।' उसी में 'मिश्रित अर्थव्यवस्था' की बात पहली बार की गयी थी। उसमें उद्योगों को चार श्रेणियों में रखा गया था और वे किनके अधीन होंगे, तय कर दिया गया था। पहली श्रेणी में राष्ट्रीय प्रतिरक्षा, नाभिकीय ऊर्जा आदि को रखा गया था। उस पर राज्य को एकाधिकार दिया गया था। दूसरी श्रेणी में आधारभूत संरचना को रखा गया था, जिसके विकास के लिए राज्य को अहम् भूमिका दी गयी थी। तीसरी श्रेणी में ऐसे आधारभूत उद्योग रखे गये थे जो राज्य की दृष्टि में राज्य-नियोजित और विनियमित होंगे। चौथी श्रेणी में बाकी बचे उद्योग थे, जिन्हें पूर्णतः निजी हाथों में सौंपा गया था। कुटीर और सहकारी उद्योगों की बात अलग से नहीं की गयी थी। पर प्रकारान्तर से स्पष्ट था कि वे होंगे निजी हाथों में ही स्थानीय स्तर पर और उन्हें बढ़ावा देने के लिए सरकार सहयोग करेगी। पहली श्रेणी के उद्योग पूर्णतः सरकार के हाथ में होंगे, दूसरी और तीसरी श्रेणी के मिले-जुले—सरकार और निजी हाथों में संयुक्त रूप से। तीनों में भारी उद्योग और हल्के उद्योग में फर्क दिया जायेगा और उसके लिए तद्रूप नीति बनायी जायेगी। कुल मिलाकर यह मिश्रित अर्थव्यवस्था की शुरुआत थी, जिसमें सरकारी यानी सार्वजनिक और निजी क्षेत्रों की पारस्परिक भागीदारी होती थी। आज भारत में नियोजन का मुख्य ढाँचा इसी पर आधारित

है, जिसमें दोनों का सह-अस्तित्व है, दोनों एक-दूसरे के पूरक हैं।

हम नियोजन यानी 'प्लानिंग' पर आते हैं। पाते हैं कि विकास की उपलब्धियों को सामाजिक न्याय से जोड़ने के लिए इसकी अभिरचना की गयी थी। उसके लिए प्रधानमन्त्री की 1950 में 'योजना आयोग' की स्थापना की गयी थी, जो पाँच वर्षों के लिए विकास की नीति पहले ही बनाकर रखने के लिए था, जिस पर आगे काम होगा। यह 1951 से 2012 तक नियमित रूप से काम करता रहा। इसमें 11 पंचवर्षीय योजनाएँ और तीन एक पंचवर्षीय योजनाएँ अस्तित्व में आयीं। 2014 में जब भारतीय जनता पार्टी केन्द्र में पूर्ण बहुमत से सत्ता में आयी तो उसने पहले से चली आ रही बारहवीं पंचवर्षीय योजना को समाप्त कर दिया। साथ ही 'योजना आयोग' को समाप्त कर 'नीति आयोग' की स्थापना की, जिसकी उपस्थिति आज कहीं भी लक्षित नहीं होती। हालाँकि उम्मीद की गयी थी कि वह वर्ष के अनुसार योजना बनाने का काम करेगा। दरअसल उसे इतना कमजोर और निष्क्रिय करके रखा गया है कि वह है भी, उसका कोई काम भी है, पता नहीं चलता।

जो भी हो, 1952 में ही एक 'राष्ट्रीय विकास परिषद्' की स्थापना की गयी। कारण यह बताया गया कि भारत के एक संघीय देश होने के कारण समस्त प्रान्तों और क्षेत्रों के सन्तुलित विकास के लिए उनकी भी राय ली जानी चाहिए। इसलिए सभी प्रान्तों के मुख्यमन्त्रियों और केन्द्रशासित क्षेत्रों के प्रतिनिधियों को इसमें रखा गया जो देश की पंचवर्षीय योजना बनाने में अपनी जरूरत और राय प्रदान करते हैं। योजना आयोग द्वारा बनाया गया नियोजित विकास प्रारूप राष्ट्रीय विकास परिषद् द्वारा स्वीकृत होने के बाद संसदीय स्वीकृति के लिए जाता है और वहाँ से स्वीकृत होने के बाद क्रियान्वित किया जाता है। इस दिशा में प्रत्येक वर्ष का बजट नियोजित विकास के प्रारूप के लिए काम करता है।

इस नियोजित विकास के छह उद्देश्य बताये गये हैं : (1) आर्थिक संवृद्धि, यानी प्रति व्यक्ति सकल घरेलू उत्पाद में वृद्धि, (2) आत्म-निर्भरता, यानी खाद्यान्नों, मशीनों तथा अन्य उपकरणों की दृष्टि से घरेलू उत्पादित वस्तुओं पर निर्भर होना। आत्मनिर्भरता का तात्पर्य है (क) सिर्फ ऐसी विदेशी सहायता स्वीकार की जानी चाहिए, जिससे देश में उत्पादन और बचत में वृद्धि कर आर्थिक क्षमता का विकास किया जा सके, (ख) किसी विशेष प्रकार की विदेशी सहायता न स्वीकार करना, तथा (ग) आत्मनिर्भरता के उद्देश्य की उपलब्धि दीर्घकालीन परिप्रेक्ष्य में ही सम्भव है। (3) पूर्ण रोजगार—इसका तात्पर्य शून्य बेरोजगारी नहीं हो सकता, क्योंकि एक तरफ जनसंख्या निरन्तर बढ़ती रहती है, दूसरी तरफ उसकी अनुपात में कमाई के अवसर नहीं बढ़ते। यही कारण है कि नवीं पंचवर्षीय योजना के समय से आजतक सम्पूर्ण जनसंख्या के श्रम का त्वरित उपयोग नहीं हो पा रहा है और देश आज अनियन्त्रित बेरोजगारी के कगार पर खड़ा हो गया है। (4) सामाजिक न्याय तथा आर्थिक असमानताओं में कमी। (5) गरीबी उन्मूलन—इसके लिए समावेशी संवृद्धि (Inclusive Growth) पर बल दिया गया है। दूसरे 'मनरेगा' की योजना लागू की गयी है।

(6) आधुनिकीकरण, यानी भौतिक और मानवीय संसाधनों में प्रौद्योगिकी की नवीन तकनीकों का प्रयोग। इससे उत्पादन के ढाँचे में बदलाव, उत्पादकता में विविधता, तकनीक का नवीनीकरण और आधुनिक अर्थव्यवस्था की ओर बदलाव सम्भव करना है।

(2)

इस नेहरूवियन मॉडल के तीन चरण हम आज देखते हैं। पहला चरण है 1951 से 1966 तक का, जिसे नेहरू ने महालनवीस के सहयोग से चलाया था। उसमें औद्योगिकीकरण, पूँजीगत तथा आधारभूत उद्योगों का विकास, आत्मनिर्भरता और आयात प्रतिस्थापन पर जोर था। पहली तीन पंचवर्षीय योजनाएँ इसको समर्पित थीं। पहली पंचवर्षीय योजना में बड़े बाँधों का निर्माण, नहरों का निर्माण, लोहा, इस्पात, तेल संशोधन, भारी इंजीनियरिंग, भारी रसायन, मशीनरी और औजार से जुड़े उद्योग को बढ़ाया गया था। दूसरी और तीसरी पंचवर्षीय योजना में आयात प्रतिस्थापन पर जोर दिया गया था, आत्मनिर्भरता लाने के साथ-साथ विश्व बाजार में प्रतियोगी बनने के लिए। नये रोजगार के अवसर बनाये गये थे और कृषि क्षेत्र की बेरोजगारी दूर करने के लक्ष्य को ध्यान में रखा गया था। इसमें राज्य की भूमिका बड़ी थी, न केवल सार्वजनिक क्षेत्र के निवेश के मामले में, कोटा, परमिट, लाइसेन्स, तटकर, आयात-निर्यात शुल्क, उत्पादन कर, साख आदि के माध्यम से निजी क्षेत्र पर नियन्त्रण बनाकर रखा गया था। इसी ने सरकारी दफ्तरों में भ्रष्टाचार को बढ़ावा दिया, नये भ्रष्टाचार को जन्म दिया। इसे लाइसेन्स-परमिट राज्य कहा गया। खैर, इसका उपयोग आधारभूत संरचना बनाने के लिए किया गया।

गौर करने की बात है कि इससे राष्ट्रीय आय का 3.5% प्रतिवर्ष औसतन बढ़ी, जबकि उद्योगों में यह विकास 6.6% था। कृषि में बढ़ोतरी 2% का हुआ। उस पर सूखा, अकाल, चीन व पाकिस्तान के साथ युद्ध का असर रहा। यहाँ तक कि अमेरिका से पी. एल. 480 के तहत खाद्यान्न मँगाना पड़ा। हाँ, 1964-65 में सकल घरेलू उत्पाद का 3% घरेलू बचत और 6% निवेश तक पहुँच गया। सफलता इस बात में मिली कि जो आधुनिकीकरण और औद्योगिक विकास आरम्भ हुआ था, उससे भारत एक औद्योगिक शक्ति के रूप में विश्व पटल पर उभरा और 1965 और 1971 के युद्ध में अपने ही बूते पर बड़ी सफलता प्राप्त की। इसी दौरान आई.आई.टी., आई.आई.एम., इसरो, बार्क आदि की स्थापना हुई, जिसके परिणामस्वरूप भारत दुनिया का नं. 2 सबसे स्किल्ड मैन पावर का देश बन गया। पर प्राथमिक शिक्षा व स्वास्थ्य में फिसड्डी रहा। और आज भी दुनिया के देशों के बीच 122 से 125 के बीच झूल रहा है। जमींदारी उन्मूलन के बावजूद भूमिहीनों में भूमि का वितरण सुचारू रूप से नहीं हो पाया। बेनामी सम्पत्ति पर रोक नहीं लग पायी। कृषि विकास, खाद्यान्न की समस्या, बेरोजगारी, गरीबी की समस्याओं का समाधान नहीं हो पाया।

दूसरा दौर उत्तर नेहरू-महालनवीसवादी नियोजन का है स्वरूप और ख्वाब में। यह भी नेहरू युग की ही तरह बार-बार और समय-समय पर उसी जोर पर परिवर्तित होता

रहा। चौथी से लेकर सातवीं पंचवर्षीय योजना तक कृषि में निवेश बढ़ाया गया और सब्सिडी की व्यवस्था की गयी। रियायती दर पर कृषि के लिए कर्ज और खाद्यान्नों पर समर्थन मूल्य की भी व्यवस्था की गयी। इसके माध्यम से 'हरित क्रान्ति' लाने का प्रयास हुआ। विदेशी पूँजी पर कुछ प्रतिबन्ध लगा, निजी क्षेत्र का नियमित विस्तार किया गया, छोटे उद्योगों को संरक्षण दिया गया, गरीबी उन्मूलन पर बल दिया गया। वित्त पर नियन्त्रण बनाया गया। फारने एक्सचेंज रेगुलेशन ऐक्ट बना, एम.आर.पी.टी., ओ.जी.एल. बना, लघु उद्योगों के लिए कई बोर्ड बने, 'फूड फार वर्क', अखण्ड ग्रामीण विकास योजना, कमाण्ड एरिया विकास प्रोग्रैम, ट्राइसम, आँगनबाड़ी, जन वितरण प्रणाली, गरीबों को स्वरोजगार के लिए ब्याजहीन कर्ज आदि कदम उठाये गये। पहले चौदह, फिर छह बैंकों का राष्ट्रीयकरण किया गया। राजाओं का प्रिवी पर्स बन्द कर दिया गया। उनसे मिले अतिरिक्त धन का उपयोग इन योजनाओं को चलाने के लिए किया गया। इन तमाम बातों के परिणामस्वरूप राज्य की भागीदारी के चलते, वित्तीय घाटा बढ़ता गया, बजट का सन्तुलन बिगड़ता गया। उपभोक्ता वस्तुओं के प्रति झुकाव के कारण विदेशी उत्पादों का आयात बढ़ता गया। वे देश भी अपना माल नये बाजार की तलाश और घरेलू बाजार की मन्दी के कारण भारत में ठेलने लगे। स्मगलिंग बढ़ी। एक तरफ लाइसेंस कोटा का भ्रष्टाचार, दूसरी तरफ सरकारी धन की अकूत लूट अधिकारी और नेता, प्रशासन और शासन द्वारा इतना बढ़ा कि प्रधानमन्त्री राजीव गाँधी को स्वीकार करना पड़ा कि दिल्ली से जब एक रुपया चलता है तो गाँव और कस्बों तक उसका पन्द्रह पैसा ही पहुँचता है। यही नहीं 1991 में विदेशी विनिमय भण्डार मात्र दो मिलियन डॉलर रह गया। जो विदेशी कर्ज 1950 से लेकर 1981 तक मात्र बीस मिलियन डॉलर था, वह बढ़कर 1991 में चौरासी बिलियन डॉलर हो गया। अर्थव्यवस्था घोर संकट में पड़ गयी, देश की साख पूरी तरह से गिर गयी। उससे कुछ उबरने के लिए देश का सोना गिरवी रखने के लिए अमेरिका भेजा गया। अन्तरराष्ट्रीय मुद्राकोष के दबाव में 'संरचनात्मक समायोजन प्रोग्राम' के रूप में एक नयी विकास रणनीति कहें आर्थिक सुधार नीति के रूप में स्वीकार करना पड़ा। यह तीसरा चरण बना।

इस तीसरे चरण की पृष्ठभूमि में माना गया कि नियोजित अर्थव्यवस्था और मिली-जुली अर्थव्यवस्था के कारण यह दुर्गति हुई है। सरकार का काम शासन करना है, व्यापार करना नहीं। सरकार की जो पूँजी व्यापार और उद्योग में लगी है, उसे धीरे-धीरे निकालकर इन्फ्रास्ट्रक्चर, व्यवस्था, शिक्षा, स्वास्थ्य आदि में लगायी जानी चाहिए। उत्पादन, व्यापार, उद्योग आदि निजी हाथों में दे दिया जाना चाहिए। उसके लिए कोटा-परमिट-लाइसेंस राज समाप्त किया जाना चाहिए। दरअसल रूसी साम्यवादी सरकार के पतन के भारतीय अर्थ पर दो परिणाम हुए थे। एक तो यह कि इसे नियन्त्रित अर्थव्यवस्था की सैद्धान्तिक हार के रूप में देखा गया। दूसरे अब अमेरिका का कोई प्रतिद्वन्द्वी नहीं रह गया। अपने एकच्छत्र आर्थिक साम्राज्य के लिए उसने तमाम देशों पर खुलेपन के लिए दबाव डाला। एक तो डंकल जैसे आर्थिक समझौतों के माध्यम से, दूसरे अन्तरराष्ट्रीय मुद्रा कोष और

विश्व व्यापार संगठन के माध्यम से खुली अर्थव्यवस्था के लिए, जिससे बहुराष्ट्रीय कम्पनियों के माध्यम से देसी उद्योगपतियों, पूँजीपतियों से समझौता कर देश की अर्थव्यवस्था में घुसा जाये। इसे रोकने का कोई साधन भारत के पास नहीं रह गया था। कारपोरेट का और उनके गठजोड़ से देशी पूँजीपतियों का, विशेषतः नये धनाढ्यों का प्रभाव इतना बढ़ गया था कि सरकार को मिश्रित अर्थव्यवस्था से पीछे हटना पड़ा और उन्हें क्रमशः खुली छूट देनी पड़ी। इससे उदारीकरण, स्वदेशीकरण की जगह भूमण्डलीकरण, संरक्षण से प्रतियोगिता तथा सार्वजनिक क्षेत्र से निजी क्षेत्र की ओर मुड़ना पड़ा। लोक कल्याणकारी राज्य का स्वरूप त्यागकर पूँजीवादी राज्य की ओर मुड़ना पड़ा। ऐसे में पंचवर्षीय योजनाओं का भी कोई महत्त्व नहीं रह गया। उन्हें धीरे-धीरे महत्त्वहीन किया गया और 2014 में पूरी तरह से समाप्त कर दिया गया।

इस नीति को बनाया तो पी.वी. नरसिम्हाराव की सरकार ने, पर आरम्भ राजीव गाँधी के ही समय से हो गया था, जब वे प्रौद्योगिकी, सूचना प्रौद्योगिकी, पश्चिमी अर्थ में 'जीवन स्तर' आदि की वकालत करने लगे थे, तद्रूप नीति बनाने लगे थे। संरचनात्मक संयोजन प्रोग्राम की शुरुआत 1993 में हुई। परिणामस्वरूप भारत 1995 में विश्व व्यापार संघ का सदस्य बन गया। उसके दबाव में विदेशी पूँजी का आयात और सरकारी/जनसंस्थानों की सम्पत्तियों को निजी लोगों या कम्पनियों को बेचा जाने लगा। उसके लिए बाकायदे मन्त्रालय गठित किये गये। आठवीं पंचवर्षीय योजना ने इस पर बाकायदे मुहर लगायी। उसमें सार्वजनिक निवेश की जगह निजी निवेश को निर्यात की जगह आयात को रखा गया। नवीं पंचवर्षीय योजना में भौतिक और मानवीय आधारभूत संरचना के क्षेत्र में सार्वजनिक निवेश की वकालत की गयी। दसवीं पंचवर्षीय योजना में समावेशी संवृद्धि पर बल दिया गया। कहा गया कि नरेगा, अनुसूचित जनजाति एवं अन्य परम्परागत वन्य निवासी अधिनियम वन अधिकार नियम आदि की मदद से लोगों की स्थिति सुधरेगी। सूचना का अधिकार, प्राथमिक शिक्षा का अधिकार, पंचायती राज्य व्यवस्था आदि के माध्यम से लोगों का कल्याण होगा।

प्रतिरक्षा, उससे जुड़े कच्चे माल, कुछ जीवन प्रदायिनी ओषधियों को छोड़कर सभी चीजों को निजी क्षेत्र के हवाले कर दिया गया। प्रत्यक्ष विदेशी निवेश तथा विदेशी संस्थाओं द्वारा निवेश के लिए एकल खिड़की खोल दी गयी। नेता लोग उन्हें आकर्षित करने के बहाने कई-कई विदेशी यात्राएँ करने लगे।

विश्व व्यापार व्यवस्था से भारतीय व्यापार व्यवस्था को जोर देने से उसके उत्थान-पतन से प्रभावित होने की पूरी गुंजाइश बन गयी, जिससे कि कलंक उनके माथे पर डाला जाये, लाभ अपने खाते में। व्यापार को तटकर मुक्त कर दिया गया। लाइसेंस को अति आवश्यक खाद्य पदार्थों तक सीमित कर दिया गया। सार्वजनिक निवेश को लगभग शून्य कर दिया गया। बैंकों का शेयर बेचा गया। सी.आर.आर., एस.एल.आर., बैंक रेट कम किये गये, जो एकतरह से मुद्रा का 'डिवैल्यूएशन' था। बैंक और बीमा क्षेत्र में निजी कम्पनियों, विशेषकर विदेशी कम्पनियों को बढ़ावा दिया गया।

इन नीतियों की सफलता और उसके परिणामस्वरूप भारतीय जन के विकास का ढिंढोरा चाहे जितना पीटा गया हो, वास्तविकता यह है कि इस दौर में एक तरफ गरीबी बढ़ती गयी है, तो दूसरी तरफ अमीर और गरीब के बीच की खाईं। इस उदारवाद, निजीकरण और वैश्वीकरण के वास्तविक लाभार्थी बड़े धनी लोग, व्यापारिक घराने और बहुराष्ट्रीय कम्पनियाँ रही हैं, जिन्हें पूँजी लगाने का मौका दिया गया है, सस्ते कर्ज दिये गये हैं, उनकी कर्जमाफी हुई है, कर्ज लेकर भाग जाने का पूरा मौका दिया गया है। आयकर, आयात कर, उत्पादन शुल्क आदि में छूट अलग है, हेरा-फेरी अलग है। यह सब आम आदमी से वसूले गये राजस्व की कीमत पर है। दैनिक मजदूरी, ठेके पर काम को बढ़ावा दिया गया है, जिससे कि इनकी भलाई के लिए खर्च न करना पड़े और अति सस्ते दर पर काम करा लिया जाये। किसानों की सब्सिडी काटकर इन धनी लोगों को दिया जा रहा है। आम जन को उनकी फैक्ट्रियों और उद्योगों में काम करने के लिए बेकार रखकर मजदूर बनाया जा रहा है। कृषि की उपेक्षा की जा रही है। उसे घाटे का सौदा बनाया जा रहा है, किसानों को अपने ही खेत पर मजदूर बनाने के लिए बहुराष्ट्रीय कम्पनियों को जमीन सौंपी जाने के बाद शिक्षित मजदूरों को विदेश पलायित किया जा रहा है। उन्हें सामाजिक जिम्मेदारियों से काटकर मशीन बनाया जा रहा है। विकास के नाम पर वनवासियों तक को विस्थापित किया जा रहा है, उनका जल, जमीन और जंगल छीना जा रहा है, खनिज निकालने के लिए, विदेशी कम्पनियों को प्रवेश कराकर। उसके लिए दलाली खायी जा रही है। प्रतिरोध में नक्सलवादी हिंसा बढ़ता जा रहा है। नदियों और बाँधों का पानी उद्योगों की ओर मोड़ दिया गया है, किसानों को सिंचाई करने से रोककर। साथ ही देशी बीज पर नियन्त्रण लगाकर एकाधिकारवादियों के नकली बीज का प्रचार बढ़ाया जा रहा है, जो यहाँ की कृषि के अनुकूल नहीं पड़ रहा है। ऊपर से सरकारी कर्जवसूली का दबाव बनाकर किसानों को खुदकुशी करने का पूरा मौका दिया जा रहा है। स्पेशल इकोनॉमिक जोन बनाने के लिए किसानों की जमीन औने-पौने मुआवजे पर छीन ली जा रही है, उसका भी भुगतान ठीक से नहीं किया जा रहा है। जिनको किया गया है वे बिना श्रम के रंगीन जीवन जीने की ललक में गुण्डे व दबंग बनते जा रहे हैं, अपराध बढ़ता जा रहा है। जीवन में अश्लीलता बढ़ती जा रही है। इन तमाम बातों से भ्रष्टाचार और घोटाले बढ़ रहे हैं। कालाबाजारी, कर चोरी, सट्टेबाजी, घूसखोरी बढ़ती जा रही है। उसका पैसा या तो कालाबाजार में लगाया जा रहा है, सिनेमा उद्योग में लगाया जा रहा है, या स्विस तथा पनामा बैंक में रखा जा रहा है। उनके विरुद्ध अन्ना हजारे या रामदेव आन्दोलन करते मरते रहें, किसी को फर्क नहीं पड़ता। हाँ, उससे केजरीवाल जैसे जनप्रिय नेता जरूर पैदा हो जाते हैं, जो काम नहीं करते, उल्टे हो रहे काम में अड़ँगा डालते हैं, अड़ँगा डालने का मौका खोजते हैं।

(3)

इस सन्दर्भ में विकास के गुजरात मॉडल की चर्चा इसके विकल्प के रूप में 1914 के संसदीय चुनाव के समय में सुनने को मिला और उसका ढिंढोरा न केवल राज्यों के

चुनाव में, बल्कि कभी भी कहीं भी पीट दिया जा रहा है या तो लोगों को आकर्षित करने के लिए या किन्हीं अप्रिय बातों पर पर्दा डालने के लिए। कहा जा रहा है कि उसे लेकर देश जेट की गति से आगे बढ़ रहा है, विश्व की एक बड़ी हस्ती बनता जा रहा है। तब जिज्ञासा होती है कि विकास का यह गुजरात मॉडल है क्या? बहुत खोजने पर भी मुझे गुजरात सरकार से एक भी ऐसा दस्तावेज नहीं मिला, जिसमें इसकी स्थापना, व्याख्या, उद्देश्य आदि की चर्चा हो। इस भारतीय संघ राज्य में क्या कोई प्रान्त अपने विकास का कोई निजी मॉडल बना भी सकता है? जहाँ विकास समावेशी ढंग से होना है, जिससे कि क्षेत्रीय असन्तुलन न पैदा हो, या केन्द्र ऐसे मॉडल को चलाने की अनुमति दे सकता है? वास्तविकता यह है कि ऐसा कोई मॉडल है ही नहीं, सिर्फ प्रचार का हवाई जमा खर्च है

जो मॉडल है वह उपरोक्त तीसरे चरण के विकास की जो नयी रणनीति है, उसी का कार्यान्वयन है। गुजरात आरम्भ से ही उद्योग के मामले में अगड़ा राज्य रहा है। वहाँ धनी व्यापारी लोग सदियों से बसे हुए हैं। वहाँ कुटीर उद्योग, विशेषकर कपड़े और दुग्ध उत्पादन में हमेशा ही आगे रहा है। कपड़े के कुटीर उद्योग का अनुभव गाँधी को ऐसा था कि उन्होंने चर्खा को आजादी की लड़ाई का हथियार बनाया, एक विचार दर्शन बनाया। हैवी इन्जीनियरिंग और औद्योगिकीकरण के विरोध के लिए जब 1909 में 'हिन्द स्वराज' पुस्तिका लिखी। इन कुटीर उद्योगों को सहकारिता आन्दोलन से बड़ी मजबूती मिली है। लोग तम्बाकू, कपास, गन्ना जैसे नकदी प्रदान करनेवाली फसलें उगाते हैं तो खाद्यान्न उत्पादन में लगभग आत्मनिर्भर हैं। वहाँ का सामान्यजन ईमानदार, मेहनती, उद्यमी और व्यापार में जोखिम उठानेवाला है। इसलिए जब निजीकरण, उदारीकरण, वैश्वीकरण की हवा चली तो उसका लाभ वहाँ के लोगों ने अधिकाधिक प्राप्त किया। सड़कें और अन्य संचार व्यवस्थाएँ वहाँ पहले से ही ठीक थीं, सरकार शुरू से ही उसके प्रति अपेक्षित ध्यान देती रही है और उसके लिए मिलनेवाले सरकारी पैसे को उस तरह से नहीं लूटती रही है, जिसतरह से हिन्दी भाषी इलाके में क्षेत्रीय दलों की सरकारों के अगुआ लूटते रहे हैं समाजवाद के नाम पर। वहाँ बेईमानी का भी एक सलीका है। चिमनभाई पटेल के मुख्यमन्त्रित्व काल में सस्ते घर बनाकर लोगों को उपलब्ध कराने की मुहिम चली। उसके लिए जमीन सरकार मुहैया कराती थी, काम निजी बिल्डर करते थे। जमीन प्रदान करने के लिए शासन व प्रशासन 'सुविधा शुल्क' लेता था। यदि काम नहीं हो पाता था तो इस तरह दिया धन डूब नहीं जाता था, आगे के लिए 'सुविधा शुल्क' बन जाता था। यहाँ तो घूस देने के बाद भी काम हो जायेगा, इसकी गारण्टी नहीं थी और काम न होने पर पैसा डूब ही जाता था। इसके लिए गोलियाँ तक चलती थीं और नीरा यादव, यादव सिंह जैसे अधिकारी पैदा होते थे। खैर, वहाँ कुटीर उद्योग पहले से लगे हुए थे। नये उद्योग लगाने में सरकार पूरी तरह मदद करती थी, कम-से-कम अड़ँगे तो नहीं ही डालती थी, जैसा कि कई अन्य प्रान्तों में होता था, जिससे कि सम्बन्धित लोग और बलादोहन कर सकें। इसलिए उद्योगपति गुजरात की ओर रुख करते थे तमाम दूसरे स्थानों को छोड़कर। उद्योग के कारण

वहाँ काम करने के लिए दूसरे प्रान्तों से जो लोग पहुँचते थे, उनके साथ स्थानीय लोगों का सौहार्द बना रहता था—शिवसेना की तरह 'सन ऑफ स्वाइल' की बात नहीं उठती थी, नस्ली मार-पीट नहीं होती थी। यह स्थिति आज भी है। इस मामले में वहाँ के राजनैतिक दल अड़ँगेबाजीवाली राजनीति नहीं करते हैं। नैनो उद्योग इसका ताजा उदाहरण है जो बंगाल से हटकर गुजरात चला गया। वहाँ कानून और व्यवस्था अपेक्षाकृत बेहतर रहा। व्यापारी लोग अपने वादों को पूरी तरह से निभाते हैं। स्थानीय लोग मजदूरी करने की जगह, नौकरी करने की जगह अपना छोटा उद्योग चलाना अधिक सम्मानजनक मानते हैं। इसलिए यदि उन्हें थोड़ी पूँजी और हुनर प्रदान कर दिया जाये, तो वे स्वयमेव आगे बढ़ जाते हैं।

गुजरात मॉडल में ये ही बातें हैं। इसी के आधार पर मौजूदा सरकार केन्द्र में सत्ता में आयी तो पहले योजना आयोग को समाप्त कर दिया, फिर मिश्रित व्यवस्था के रहे-सहे अवशेष को। सुरक्षा, संचार आदि सभी को एक झटके में खुल्लम-खुल्ला निजी हाथों में सौंप दिया। कल्याणकारी योजनाओं का जो कुछ भी बचा था, उसे भी पूरी तरह से निजी हाथों में डाल दिया, जिससे कि वह धनी लोगों के कमाई का साधन बन सके। उसकी प्रक्रिया तो तभी शुरू हो गयी थी जब कपिल सिब्बल मानव संसाधन मन्त्री बने थे। शिक्षकों की भर्ती पर बहाने-बहाने रोक लगायी गयी, विश्वविद्यालयों और कॉलेजों से कह दिया कि वे अपने वित्तीय संसाधन स्वयं जुटायें। इसके कई परिणाम निकले। अध्यापक ठीके पर रखे जाने लगे, बहुत कम पैसा देकर, छात्रों के पाठ्यक्रम स्ववित्तपोषी बना दिये गये, यानी फीस-खर्चा बढ़ा दिया गया। प्राइवेट विद्यालयों, विश्वविद्यालयों की भरमार हो गयी। उसमें विदेशी शिक्षण संस्थान भी कूद पड़ी। शिक्षा उद्योग बन गया। कैपिटेशन फीस लेकर प्रवेश दिया जाने लगा। उम्मीद थी कि नयी सरकार आने पर यह सब रुकेगा, पर उल्टे यह और द्रुत गति से बढ़ता गया। परम्परागत विश्वविद्यालयों से कह दिया गया है कि वे मूल्यबोध की शिक्षा देने की जगह 'ह्यूमैन स्किल' को विकसित करनेवाली शिक्षा दें। यूनिवर्सिटी ग्राण्ट कमीशन को इस पर निगरानी रखने को कह दिया गया है। कह दिया गया है कि हर जगह एक ही शिक्षा दी जानी है, किसी विश्वविद्यालय को अपनी निजी पहचान बनाकर नहीं रखने देना है। मुस्लिम विश्वविद्यालय अलीगढ़ रख सकता है तो खून-खराबे के भय के आधार पर। शिक्षा का नाम मानव संसाधन कर दिया गया है। उसके लिए एक ही कानून से एक साथ सत्रह विश्वविद्यालय एक साथ स्थापित कर दिये जा रहे हैं। इसको न्यायोचित ठहराने के लिए कह दिया जा रहा है कि नयी सरकारी नौकरियाँ हैं नहीं, जो हैं भी वे कम्प्यूटर आदि के कारण कम होती जा रही हैं। इसलिए आदमी अपना धन्धा स्वयं चलाये। वह परम्परागत धन्धा चलाना नहीं चाहता, इसलिए नया धन्धा सीखे। पकौड़ी तलना तो सीख ही सकता है। यह और बात है कि देश का यदि पूरा शिक्षित बेरोजगार पकौड़ी तलेगा तो इतनी पकौड़ी कौन खरीदेगा, कौन खायेगा, उसके लिए उसके जेब में पैसा कहाँ से आयेगा? आयेगा, सरकारी कार्ड से आयेगा। लेकिन वह तो बड़े उद्योगपतियों को दिया जायेगा, जो देश को समृद्ध करेंगे। ये गरीब स्किल्ड लोग तो सिर्फ अपना पेट भरेंगे। हाँ, जब उनके

खाते में काले धन का पन्द्रह लाख आ जायेगा, तब बात दूसरी होगी। यही बात स्वास्थ्य सेवा का है। सरकारी अस्पतालों की स्थिति बेहतर करने की जगह, उसे निजी हाथों में सौंप दिया गया है। सरकारी कर्मचारी को जो इलाज सरकारी अस्पतालों में मुफ्त मिलती थी, वह इन निजी अस्पतालों में हवाई रेट पर मिलती है, उसका चुकता सरकार करती है, प्राइवेट लोग घर-द्वार-खेत बेचकर कराते हैं। बिल नहीं चुका पाते तो बूढ़े और बच्चे को बन्धक बना लिया जाता है। आये दिन मार-पीट होती है। इसका आरम्भ तब हुआ था जब एन.डी.ए. की पहली सरकार बनी थी। अब कई तरह की स्वास्थ्य योजनाएँ और बीमा योजनाएँ आरम्भ की जा रही हैं, स्वास्थ्य सेवा को एक उद्योग बना देने के लिए।

औद्योगिक विकास के लिए जब बड़े पूँजीपतियों के पास पैसे की कमी पड़ी, कर्ज माफ करते-करते नानफेरनार्मिंग एसेट को बट्टे खाते में डालते-डालते जब उनका भट्टा बैठ रहा था, तब गुजरात मॉडल को दिव्य दृष्टि प्राप्त हुई और देश में दबी हुई, बिखरी हुई नोटों पर ध्यान गया। नोटबन्दी कर उन्हें बैंकों में पहुँचाया गया और कई बहानों से उन्हें पुनः निकालने पर पाबन्दी लगायी गयी, जिससे कि वह उद्योगपतियों की पूँजी बनकर रह जाय। पूँजीपति भी ऐसे कि जैसे चोकसी और गौरव मोदी, जो सितम्बर-अक्टूबर से 2017 में उन्हें निकालें और विदेश भाग जायें। इस बैकिंग पूँजी को और मजबूत करने के लिए अब सभी बैंकों को स्टेट बैंक ऑफ इण्डिया में मिला दिया जा रहा है। हल्ला है कि कोई बैंक डूब गया तो उसमें पैसा रखनेवालों को सरकार कुछ न देगी। हल्ला यह भी है कि शिक्षा व स्वास्थ्य के बजट से पैसे काटकर सड़क बनाने में लगाया जा रहा है ऑटोमोबाइल और पेट्रोलियम लॉबी के दबाव में, जिनके कारों का विज्ञापन हर टी.वी. चैनेल पर हर 5 मिनट के बाद दिखाया जाता है, अपनी गाढ़ी कमाई से उन्हें खरीदने के लिए आकर्षित करने के वास्ते। उसके लिए किसानों की जमीन औने-पौने रेट पर अधिगृहीत कर उन्हें दरिद्र और मजदूर बनाया जा रहा है। इससे चाँदी लोहा और सीमेण्ट बनानेवाले उद्योगपतियों की हो रही है, खनन माफियों की हो रही है, वे पहाड़ खोदे या नदी। नदी खोदने का एक फायदा यह है कि सूखी नदी से जो जमीन मिलेगी, वह नजूल की होगी। उन्हें बिल्डर लॉबी को बेचकर सरकार विकास के लिए धन कमायेगी। इन्हीं सब को विकास का गुजरात मॉडल कहा जा रहा है। यह नरसिम्हाराव के जमाने में बनी नवीन विकास की रणनीति से कहाँ भिन्न है? यह तो उसी को विस्तार और पराकाष्ठा तक पहुँचाने का ढंग हैं। प्रतिरक्षा सम्बन्धी उत्पादन समेत सभी उत्पादनों में शत-प्रतिशत विदेशी पूँजी निवेश के दरवाजे खोल दिये गये हैं। रफायल को ठीक-ठाक रखने के लिए अंबानी की रातो-रात बनी कंपनी को पहले ही ठीका दे दिया जा रहा है। रेलवे और विमानन सेवा को निजी हाथों में सौंपने की योजना बन रही है। पहले इनके किराये को बाजार आधारित बनाया गया है, खाली जमीनों को व्यावसायिक इस्तेमाल पर बेचा जा रहा है, खान-पान को पहले ही बेच दिया गया है। कुछ दिन बाद संचालन को भी बेच दिया जायेगा। इसी तरह कई बचे हुए उद्योगों को बेचने का रास्ता निकाला जा रहा है।

इन तमाम बातों की परिणति का निष्कर्ष हम विरोधाभास-ही-विरोधाभास में पाते हैं। एक तरफ देश उच्च विकास का कीर्तिमान् स्थापित कर रहा है। जैसा कि मनमोहन सिंह और नरेन्द्र मोदी दोनों कह रहे हैं। दूसरी तरफ देश की 80% जनता गरीबी, बेरोजगारी, पिछड़ापन और भुखमरी का शिकार है। एक तरफ सूचना प्रौद्योगिकी, स्पेस तकनीक आनुवांशिक विज्ञान तकनीक, प्रबन्धन तकनीक, नाभिकीय ऊर्जा आदि के क्षेत्र में दुनिया के सर्वाधिक विकसित दस देशों में शुमार है तो दूसरी तरफ शिक्षा और स्वास्थ्य के क्षेत्र में आम लोगों को आधारभूत सुविधाएँ भी उपलब्ध नहीं हैं। एक तरफ जाने कितने खरब रुपये काले धन के रूप में विदेशी बैंकों में भरे पड़े हैं तो दूसरी तरफ देश विदेशी ऋण तले इतना दबा हुआ है कि हर बच्चा पैदा होते ही लगभग लाख रुपये का ऋण विरासत में पाता है। एक तरफ वह सुपर नॉलेज पॉवर के रूप में दुनिया में उभर रहा है तो दूसरी तरफ दुनिया के सबसे ज्यादा निरक्षर इसी देश में हैं। एक तरफ जवान लोग बेरोजगारी के शिकार हैं, तो दूसरी तरफ दुनिया के सबसे ज्यादे बाल-श्रमिक इसी देश में हैं। जो प्रान्त जितना ही विकसित हैं, वे इतना ही भ्रूण हत्या, कन्या हत्या, अपेक्षित लिंगानुपात के शिकार हैं।

कहा जा सकता है कि यदि विकास का कोई नया मॉडल विकसित किया जाता है तो उसे कल्याणकारी राज्य और कॉरपोरेट व्यवस्था में साम्य स्थापित करना होगा। भौतिक पूँजी के साथ-साथ सामाजिक पूँजी का भी विकास करना होगा। उससे उच्च विकास दर को समावेशित विकास में परिणत किया जा सकता है। सबसे बड़ी जरूरत तो यह है कि पर्यावरण सन्तुलन को ध्यान में रखकर ही विकास की भावी योजनाएँ बननी चाहिए। जैसा कि गाँधी ने कहा था, विकास का तभी कोई मतलब है जब उसका लाभ हाशिये के अन्तिम आदमी को भी कुछ मिले।

अन्त में एक सैद्धान्तिक बात। दो शब्द हैं : प्रगति और विकास। प्रगति सबके लिए होती है, इसलिए थोड़ा अमूर्त होती है। उसमें इतिहास के एक स्थान से चलकर दूसरे स्थान तक जाया जाता है। उसका आधार मूल्यबोध होता है। उसके दार्शनिक हीगेल और कार्ल मार्क्स हैं। विकास उसी जगह केन्द्रीभूत होकर चारो तरफ फैलता है। उसकी कोई दिशा नहीं होती, क्योंकि वह भौतिक भोग के लिए होता है, तत्कालीन आवश्यकता उसका संचालन करती है। इसलिए वह व्यक्ति-केन्द्रित भी होता है। उसके दार्शनिक हर्बर्ट स्पेंसर है। गुजरात मॉडल– यदि वह है तो- इसी दूसरे की वकालत करता है, पहले को नेहरू के खाते में डालकर। पाठक स्वयं सोंचे कि क्या दोनों में तालमेल बैठ सकता है?

सामाजिक अभियन्त्रण

(1)

'सामाजिक अभियन्त्रण' शब्द का प्रयोग अमेरिका के विधिवेत्ता रोस्को पाउण्ड ने किया था। 1928 में समाजशास्त्रीय अध्ययनों से प्रभावित होकर व्यक्ति, परिवार, समुदाय, समाज और राज्य के हितों की टकराहट रोककर उनमें सामंजस्य स्थापित करने के लिए। उसके लिए उसने तमाम हितों की पहचान की थी, उनकी कोटि और शृंखला निर्धारित की थी, आगे वे और बन सकें, उसके लिए रास्ता सुझाया था और उनमें समरसता स्थापित हो सके, उसके लिए मानदण्ड और चौखठा तैयार किया था। किन्तु सामान्य भारतीय उस 'सामाजिक अभियन्त्रण' से वाकिफ नहीं हैं। वह उस अभियन्त्रण से वाकिफ है, जिसे बहुजन समाज पार्टी की नेता कु. मायावती ने चुनाव जीतने के लिए बनाया था। उसके लिए उन्होंने दलितों और ब्राह्मणों में गठजोड़ बनाया था, 'तिलक, तराजू और तलवार इनको मारो जूते चार' के नारे को बदलकर 'हाथी नहीं, गणेश हैं, ब्रह्मा, विष्णु, महेश हैं' का नया नारा दिया था और 'बहुजन' की जगह 'सर्वजन' की राजनीति की झूठी घोषणा की थी, जिसके आधार पर उन्होंने उत्तर प्रदेश में सत्ता हस्तगत कर लिया था। उसकी देखा-देखी तब सभी दलों ने क्या राष्ट्रीय, क्या क्षेत्रीय, अपना-अपना सामाजिक अभियन्त्रण तैयार किया था और यह शब्द चल पड़ा।

भले ही यह शब्द तब चल पड़ा हो, उसके अर्थ का अस्तित्व देश के आजाद होने के साथ ही परिलक्षित हो गया था। 1952 के संसदीय और प्रान्तीय विधान सभाओं के चुनावों में एक प्रवृत्ति यह देखने को मिली थी कि कुछ हिन्दूवादी शक्तियों ने विशेषकर रामराज परिषद् के समर्थकों ने तमाम प्रगतिशील प्रत्याशियों के विरुद्ध मतदाताओं को गाय की पूँछ पकड़ाकर नारा लगाया था कि वे धर्मविरोधी शक्तियों को अपना मत नहीं देंगे। हालाँकि इसका चुनाव पर कोई असर नहीं पड़ा था क्योंकि स्वतन्त्रता की लड़ाई में अपने-अपने ढंग से भाग लेनेवाले तमाम बड़े और प्रतिष्ठित नेता उसमें भाग ले रहे थे, जिनके प्रति लोगों के मन में अकूत सम्मान था, फिर भी यह हरकत एक खतरे का दस्तक तो दे ही गया था। उन दिनों देश के नेता भले ही पं. जवाहरलाल नेहरू हों, प्रान्तों के नेता सरदार वल्लभभाई पटेल के समर्थक थे, जिनका हाल ही में देहावसान हो गया था, पर

प्रभाव अब भी बाकी था। वे नेता थे, जिन्होंने लगभग सर्वसम्मति से 1945 में कांग्रेस की राष्ट्र कार्यकारिणी में तय किया था कि देश के भावी प्रधानमन्त्री वल्लभभाई पटेल बनें। सिर्फ तीन लोगों ने कोई राय नहीं दी थी। यानी नेहरू के खुले समर्थन में कोई नहीं आया था। वे सभी दक्षिणपन्थी सोचवाले नेता थे, जबकि नेहरू प्रगतिशील या वामपन्थी विचारध ारा के नेता माने जाते थे। इन लोगों ने नेहरू की धर्मनिरपेक्षता की नीति से अप्रत्यक्ष दूरी बनाकर रखी थी और पटेल के सोमनाथ मन्दिर के निर्माण में पूरा सहयोग किया था। उत्तर प्रदेश के मुख्यमन्त्री पं. गोविन्द वल्लभ पन्त ने नेहरू से अनुरोध किया था कि वे फैजाबाद में कांग्रेस के प्रत्याशी बाबा राघवदास के समर्थन में चुनाव प्रचार करें जो समाजवादी नेता आचार्य नरेन्द्र देव के विरुद्ध चुनाव लड़ रहे थे। अपने भाषणों में बाबा राघवदास आचार्य नरेन्द्र देव के समाजवादी होने के कारण धर्मविरोधी होने का प्रचार कर रहे थे। नेहरू को यह अच्छा नहीं लगा और उन्होंने आचार्य नरेन्द्र देव के विरुद्ध चुनाव प्रचार करने से यह कहकर इन्कार कर दिया कि राघवदास और नरेन्द्र देव में तुलना नहीं हो सकती और विरोधी दल के नेता होने के बावजूद वे राघवदास की तुलना में अच्छे हैं। चुनाव के बाद जो मन्थन हुआ उसमें दबी जुबान से ही सही, निर्णय पाया गया कि देश में आगे चुनाव जीतने के लिए जातियों के नाम पर समर्थन जुटाना जरूरी है। भले ही जाति-व्यवस्था बड़ी खराब बात रही हो, और उसे तोड़ने का प्रयत्न काफी पहले आरम्भ हो गया हो, पर वह जल्दी जानेवाली नहीं है और जब तक है तब तक उसका आसरा लेना होगा। ये नेता धर्म के नाम पर नेहरू पर दबाव नहीं डाल सकते थे, क्योंकि धर्मनिरपेक्षता के प्रति उनकी निष्ठा अटूट थी, उसका विरोध कोई खुल्लमखुल्ला नहीं कर सकता था – उनकी ऊँचाई का कोई नेता दल में नहीं था और देश का युवावर्ग उसे एक उच्च मूल्य मानता था, जिसे भारतीय संविधान ने स्वीकार कर लिया था। हाँ, उन दिनों एक डा. श्यामाप्रसाद मुखर्जी थे, जिनके पास कोई दल नहीं था, और संघ से निकले कुछ लोग थे एक धर्म सापेक्ष दल बनाने में मशगूल, जिनके पास कोई ढंग का नेता नहीं था। इन दोनों के गठजोड़ से भारतीय जनसंघ बना। इस तरह से चार शक्तियाँ भारतीय राजनीति में उतर आयीं। एक कांग्रेस, दूसरा समाजवादी, तीसरा साम्यवादी और चौथा दक्षिणपन्थी। इसमें साम्यवादी प्रकारान्तर से कांग्रेस के समर्थक रहे। समाजवादी और हिन्दूवादी के विरोधी रहे बिना किसी के आपसी सहमति या गठजोड़ के। इससे भावी राजनीति में कांग्रेस दल के लिए खतरा महसूस किया गया और उपरोक्त दबाव के दो परिणाम निकले। एक तो नेहरू ने अप्रत्यक्ष रूप से ही सही, स्वीकार कर लिया कि आगे की कांग्रेस चुनावी राजनीति ब्राह्मणों, दलितों और मुसलमानों के गठजोड़ से चलेगी। दूसरे नेहरू ने स्थापना रखी कि धर्मनिरपेक्षता एक नकारात्मक अवधारणा नहीं है, जिसमें सब धर्मों का विरोध किया जाता है, बल्कि यह एक सकारात्मक अवधारणा है, जो सभी धर्मों को एक-सा सम्मान और संरक्षण देता है।

इन दोनों ही बातों का भारत की भावी राजनीति पर बड़ा गहरा असर पड़ा। तत्काल यह कि भीमराव अम्बेडकर ने जब केन्द्रीय मन्त्रिमण्डल से इस्तीफा दिया तो अन्य कारणों

में एक यह भी गिनाया कि वे जाति की और धर्म की राजनीति का बड़ा विरोध करते हैं तथा नेहरू के दोनों ही स्टैण्ड उनके विचारों और सोच के प्रतिकूल हैं। उनको लेकर चलना उनके लिए कठिन है। अम्बेडकर का विरोध दरअसल मुसलमानों के साथ गठजोड़ का था, क्योंकि इसे वे दलित हित साधना में रूकावट की तरह देखते थे। उनकी छवि मुस्लिम विरोधी की तभी बन गयी थी, जब वे 'जात-पाँत तोड़ो' आन्दोलन से जुड़े थे। तब कहा गया था कि उनकी उपस्थिति के कारण लाखों दलित इस्लाम (और ईसाइयत) में दीक्षित नहीं हो पाये। दूसरे इस्लाम से जुड़े तमाम नेता (अब्दुल कलाम आजाद को छोड़कर) अपने को अभी भी शासक वर्ग का मानते थे, संविधान सभा में दबी जुबान से ही सही, संसद व विधान सभाओं में प्रतिनिधियों का 'वेटेज' माँग चुके थे, जिसका अम्बेडकर ने जोरदार विरोध किया था। प्रति-उत्तर में उन्होंने अनुसूचित जातियों और जनजातियों को नौकरी व शिक्षा में दिये जा रहे आरक्षण का जोरदार विरोध किया था। मुसलमानों द्वारा अम्बेडकर का विरोध इसलिए भी था कि उन्होंने हाल ही में प्रकाशित पुस्तक 'पाकिस्तान' में लिखा था, "The Koran, in the matters of slavery is the enemy of mankind... while the prescriptions by Prophet regarding the just and human treatment of slaves contained in the Koran are praiseworthy, there is nothing whatever in Islam that lends support to the abolition of this curse... The colonial powers had abolished slavery, but while it existed, much of its support was derived from Islam."

अम्बेडकर के चले जाने से कांग्रेस में दलित नेता की रिक्ति आ गयी। उसको भरने के लिए संजीवी, जगजीवन राम और भोला पासवान पर दृष्टि केन्द्रित की गयी। भोला पासवान समाजवादी थे और लोहिया, जयप्रकाश के साथ बने रहे। जगजीवन राम को बड़ा नेता बनाने के लिए धीरे-धीरे मन्त्रिमण्डल में कद बढ़ाया जाने लगा। संजीवी को कांग्रेस अध्यक्ष बना दिया गया।

इसकी देखा-देखी अपनी सामाजिक अभियन्त्रणा के लिए समाजवादियों ने पिछड़ों पर ध्यान केन्द्रित किया। परिणामस्वरूप कर्पूरी ठाकुर और रवि राय जैसे नेता तेजी से उभरे। भारतीय जनसंघ की छवि उसी दौर में ब्राह्मण-बनिया-क्षत्रिय की बनी। इस तरह का खुला जातिवाद कम्युनिस्ट पार्टी में तो नहीं आया पर जैसा कि डॉक्टर जगोरिया कहते हैं, केरल में कम्युनिस्टों ने हिन्दुओं का, विशेषकर ब्राह्मणों और नायरों का हित साधन किया, कांग्रेसियों ने ईसाइयों का, विशेषकर डामिनिक लोगों का यानी गछुआरों का। इसी तरह बंगाल में मूल स्थानीय निवासी कांग्रेस के साथ रहे, पर पूर्वी पाकिस्तान से भागकर आनेवाले लोग क्या हिन्दू, क्या मुसलमान, कम्युनिस्ट पार्टी से जुड़ते गये। इन अभियन्त्रणों में यह भी गौर करने की बात है कि एक विभाजन ग्रामीण और नगर के लोगों में भी था। कांग्रेस पार्टी का दबदबा दोनों में था। सोशलिस्ट और कम्युनिस्ट लोग ग्रामवासियों को विशेष रूप से साथ लेकर चलते थे, जो कृषक थे। नगरों में कम्युनिस्ट लोग फैक्ट्री मजदूरों

में अपनी पैठ बनाते थे। बाकी लोगो में – यानी गाँवों के अनुत्पादक वर्गः ब्राह्मण व क्षत्रिय लोग और शहरों में इनके साथ-साथ वणिक लोगों में –भारतीय जनसंघ पैठ बनाने में लगी थी। एक तीसरा विभाजन शिक्षित और अशिक्षित का था। कांग्रेस के साथ दोनों थे। समाजवादियों के साथ अशिक्षित लोग अधिक थे। कम्युनिस्टों के साथ शिक्षित थे। काफी अशिक्षित भारतीय जनसंघ के साथ झुकाव रखते थे। यहाँ यह भी गौर करने की बात है कि यह विभाजन इतना स्पष्ट नहीं है, जितना दिखने में लग रहा है। असल में सारा अभियन्त्रण इसी के तोड़-जोड़ बनाने में था, जो विभिन्न क्षेत्रों में विभिन्न रूप लेता था। स्थानीय नेताओं द्वारा उसका उलट-पलट रचा जाता रहता था।

यानी सामाजिक अभियन्त्रण 'वोट बैंक' की राजनीति थी। इसका खुला प्रचार तब आरम्भ हुआ जब चौधरी चरण सिंह अपने चन्द अनुयायियों के साथ कांग्रेस से दल बदल कर समाजवादियों के सहयोग से उत्तर प्रदेश के मुख्यमन्त्री बन गये। भारतीय राजनीति में इसके दो परिणाम हुए। एक तो 'आया राम गया राम' की पैठ बनी, दूसरे पिछड़े वर्ग के लोगों का राजनैतिक महत्त्व बढ़ा। इन जातियों से चुन-चुनकर लोग अपनी जाति की संख्या और चुनाव जीत सकने की क्षमता के आधार पर चुनाव लड़ाये जाने लगे। जातिवाद और बाहुबल का नंगा प्रयोग आरम्भ हुआ। राजनीति से गुण्डों और अपराधियों को वैधता मिलने लगी। इन समीकरणों से विभिन्न प्रान्तों में विभिन्न नेताओं द्वारा सत्ता हथियाया गया। इसकी पराकाष्ठा तब आयी जब राजा विश्वनाथ प्रसाद सिंह भारत के प्रधानमन्त्री बने। उनकी सत्ता को कमजोर करने के लिए जब देवी लाल ने दिल्ली में सम्मेलन के नाम पर किसानों को रेलना चाहा तो राजा साहब ने वर्षों से ठण्डे बस्ते में पड़े 'मण्डल कमीशन' की रिपोर्ट को रातोंरात लागू कर दिया, बिना संसद में बहस कराये ही। यह कमीशन पिछड़ी जातियों के सामाजिक, आर्थिक, राजनैतिक स्थिति का अध्ययन कर उसे बेहतर बनाने के लिए सुझाव देने के वास्ते गठित किया गया था इन्दिरागाँधी के शासनकाल में। उसकी रिपोर्ट में तमाम ऐसी बातें थीं, जिनको सार्वजनिक करने और लागू करने से सामाजिक सौहार्द और समरसता में दरार पड़ने की सम्भावना थी, इसलिए दबाकर रखा गया था। पर राजा साहब को तो सत्ता में रहना था, इसलिए लागू कर दिया, जिससे शिक्षा और नौकरी में पिछड़ी जातियों को कुछ उसी तरह का आरक्षण लाभ मिले, जो अनुसूचित जातियों व जनजातियों को पहले से ही प्रदत्त था। कहाँ तो चर्चा चल रही थी कि जिनको यह प्रदत्त है, वह संक्रमणकालीन प्रावधान के रूप में बनाया गया था, उसे वापस लिया जाये और कहाँ यह नया आरक्षण आ गया। इससे राजा विश्वनाथ प्रसाद सिंह को कोई लाभ नहीं मिला। एक नया नेतृत्व हमारे देश में पैदा हुआ, जो घोर जातिवादी था। विडम्बना यह थी कि यह अपने को समाजवादी, लोहिया और जयप्रकाश का अनुयायी कहता था – उभरा ही था जयप्रकाश और लोहिया के आन्दोलन से, जो जाति को तोड़ने की बात करते थे, पर इसने उसे बनाये रखकर, बल्कि और मजबूत कर सत्ता सुख हासिल किया। इसके नेता प्रान्तीय स्तर के रहे। एक बात सभी में उभयनिष्ठ थी कि पिछड़ों को मुसलमानों के साथ

जोड़कर सत्ता हथियाये। मुसलमान भी उनके साथ आये क्योंकि आपातकाल के दौरान संजय गाँधी ने उन पर कुछ जबरदस्त कड़ाई की थी और वे एक नया साँठ-गाँठ चाहते थे। नेता चूँकि जातिवादी थे, इसलिए वे पिछड़ों में भी अपनी ही जाति को तवज्जह देते थे, अन्य पिछड़ी जातियों की कीमत पर। इनमें बड़ी संख्या अहीरों की थी, जिसके नेता मुलायम सिंह यादव और लालू यादव बने। यू.पी. में जाट भी थे। उनके नेता चौ. चरण सिंह के पुत्र चौ. अजीत सिंह बने। बिहार में कुर्मी थे। उनके नेता नीतीश कुमार बने। ये आपस में कभी सहयोग करते रहे, कभी विरोध। एक बात सब में शामिल थी कि सभी परिवारवाद के हिमायती थे। कहते थे कि अपने बूते पर दल बनाया है, चलाया है, तो उसका लाभ हमारे पुत्रों को क्यों न मिले। इसे सीखा उन्होंने कांग्रेस से। इसने एक नये तरह के सामाजिक अभियन्त्रण को जन्म दिया। विभिन्न जातियों के अपने-अपने नेता उभरे, प्रान्तीय स्तर पर नहीं तो, जिले या क्षेत्र के स्तर पर, जिनका इस्तेमाल कभी अपने में मिलाकर वोट प्राप्त करने के लिए होता था, तो कभी वोटकटवा बनाकर। यह गठबन्धन स्थायी नहीं होता था। नेता के तात्कालिक लाभ पर निर्भर करता था। स्थायी 'अभियन्त्रण' मुसलमानों के साथ रहा; लालू यादव ने इसे 'M.Y' (माई) कहा। मुसलमानों को मिलाने का कारण मतदान के दौरान उनकी झुण्ड मानसिकता थी, जिसे मुल्ला लोग नियन्त्रित करते थे। इन मुल्लाओं को पटाना उन्हें आसान लगा, चाहे पैसा देकर हो, पद देकर हो, सुविधा देकर हो, या उनकी राय पर उनकी कौम का भला कर हो। उन्हें लग रहा था कि लम्बे समय तक कांग्रेस का साथ देने और उस कांग्रेस का लम्बे समय तक सत्ता में रहने के बावजूद उनका उतना भला नहीं हो पाया, जितने की वे आस लगा बैठे थे। ऊपर से आपातकाल के दौरान संजय गाँधी ने उन पर जबरदस्ती की थी, उनके द्वारा किये गये अवैध कब्जों को छुड़ाकर और परिवार नियोजन में बलात् ढकेलकर। कांग्रेस का सकारात्मक योग धर्मनिरपेक्षता था और उसे प्रदान करने के लिए ये क्षेत्रीय दल तैयार थे। इसलिए वे आसानी से इनके साथ हो गये। उनमें थोड़ी सेंध दलित राजनीतिज्ञों ने भी लगाया। कहा कि भारत के तमाम मुसलमानों के पुरखे दलित ही थे, जो ब्राह्मणवादी व्यवस्था के दलन से आक्रान्त होकर मुसलमान बने थे। इसलिए वे आपन जन हैं। इसका कुछ असर कांग्रेस से और कुछ क्षेत्रीय दलों से खार खाये या असन्तुष्ट लोगों को आकर्षित करने में जरूर हुआ और ब.स.पा. को कुछ आरम्भिक सफलता भी मिली। पर अब हालात वह नहीं रही। अपने परिवार को वर्चस्व प्रदान करने के लिए मायावती और राम विलास पासवान ने उनके नेताओं को दर किनार कर दिया है। बाँदावाले नसीमुद्दीन सिद्दीकी ने अब कांग्रेस का हाथ थाम लिया है। दक्षिण की दलितवादी राजनीति में उनका सहयोग कम ही देखने को मिला। इन मुसलमानों के वोट पर वामपन्थी दलों की भी भरपूर निगाह रही। और इस हद तक रही कि अपने धर्मनिरपेक्षता को वे एक छद्म तक खींचकर ले गये और 'प्रो.-मुस्लिम' बन गये। उन्हें वास्तव में उनका कितना मत मिला, यह दीगर बात है। इसी तरह यद्यपि कि उन्होंने राजनीति में जातिवाद की वकालत नहीं की, पर चुनाव जीतने में

उसकी काफी भूमिका रही। राम सजीवन बाँदा से सांसद चुने जाते रहे, क्योंकि वे कुर्मी बाहुल्य इलाके से लड़ते थे, जो उनकी बिरादरी थी। इसी तरह रूदल और देवनारायण यादव विधायक का चुनाव क्रमशः चन्दौली में अपने कुर्मी मतदाताओं और बबेरू में यादव मतदाताओं के बूते पर जीतते रहे। जब यह 'इक्वेशन' टूटा तो हार गये।

दक्षिण की सामाजिक अभियन्त्रणवाली राजनीति उत्तर से थोड़ी भिन्न थी। महाराष्ट्र में शिव सेना का उभार एक क्षेत्रीय दल के रूप में हुआ। उनका मुद्दा हिन्दुओं के हित साधन से जुड़ा था। इसके लिए आर.एस.एस. को ब्राह्मणों की, चितपावन ब्राह्मणों के वर्चस्ववाली पार्टी के रूप में सम्बोधित किया गया। कहा गया कि वह पेशवाओं के राज का ख्वाब लेकर चलती है। जबकि वास्तविक राजा शिवा जी और उनके वंशज थे, जो मरहठे थे। मराठे पिछड़े समुदाय के लोग माने जाते हैं, जाति व्यवस्था की शृंखला में, कुर्मियों, गुजरात के पटेलों के समकक्ष। उनको नेतृत्व देने के लिए यह पार्टी अस्तित्व में आयी। क्षेत्रीयता के नाम पर एका बनाने के लिए इसने भूमिपुत्रों के हित साधन की बात की और बाहरी मजदूरों, विशेषकर बिहारियों पर हमला किया। दल कुछ उदार हुआ तो उससे 'मन से' निकला जो उसी उग्रता को लेकर चलता है। भीमराव अम्बेडकर महाराष्ट्र के थे। उनको लेकर वहाँ दलित राजनीति चली, पर उस तरह का ध्रुवीकरण नहीं हो पाया, जो उत्तर भारत में हुआ। कई दलित पार्टियाँ बनीं, पर राजनीति में बहुत प्रभावी नहीं रहीं। कांग्रेस ने सभी जातियों में अपने नेता तैयार किये और लम्बे समय तक सत्ता में रही। वह टूटी तो अधिकांश मराठे, विशेषकर कृषक वर्ग के शरद पवार के साथ रहे, दलित और सवर्ण कांग्रेस के। उन पर अब भारतीय जनता पार्टी का प्रभाव है। आन्ध्र प्रदेश और तेलंगाना में कामा और रेड्डी लोगों को राजनैतिक द्वन्द्व जग-जाहिर है। यदि एक समुदाय एक दल विशेष का समर्थन करता है, तो दूसरा अपने आप उसके विरोधी दल का। प्रान्त का विभाजन निजाम के इलाकों में रहनेवाले तेलंगों और उसके बाहर रहनेवाले आन्ध्रों के हित रक्षण के आधार पर कम, क्षेत्रीय नेताओं के व्यक्तित्व टकराव और महत्त्वाकांक्षा के लिए अधिक के आधार पर हुआ। तीनों ही प्रान्तों में जनजातियों की संख्या काफी है और वे वामपन्थियों का समर्थन लम्बे समय से करते रहे हैं। इसी तरह कर्नाटक में लिंगायत और वीरशैव एक साथ नहीं रह पाते। उनको अपनी-अपनी ओर खींचने के लिए राष्ट्रीय दल लगे रहते हैं। देवगौड़ा की क्षेत्रीय पार्टी उन्हीं के बल पर थोड़ा महत्त्वपूर्ण हुई थी, पर वह आधार अब खिसक गया है। भारतीय जनता पार्टी और कांग्रेस अब पूरा जोर लगाये हैं किसी प्रकार दोनों समुदायों में से कुछ मत अपनी ओर आकर्षित करने में। केरल के मुख्यमन्त्री थानू पिल्लै नायरो और नम्बुदरियों के सहयोग से सत्ता में आये। बाद में वह आधार खिसककर कम्युनिस्टों के पास चला गया। कांग्रेस के पास ईसाई और मछुआरे रहे। वहाँ के मुसलमानों की अपनी राजनीति है। मुस्लिम लीग वहाँ अभी भी सक्रिय हैं। अपने हित साधन के लिए वह अक्सर कांग्रेस से हाथ मिला लेती है।

तमिलनाडु की राजनीति इन सबों से अलहिदा है। वहाँ दो ही जातियाँ हैं— ब्राह्मण और शूद्र। ब्राह्मण हमेशा ही कांग्रेस के साथ रहे और उन्हें खेतिहर वर्ग का समर्थन मिलता रहा। शूद्र विरोध में रहे। अपने को मूल तमिल कहते हैं। इनको एकजुट करने के लिए रामास्वामी नायकर ने काफी पहले द्रविड़वाद का नारा दिया था, आर्यवाद के विरुद्ध। कहा था कि उत्तर के आर्य लोग द्रविड़ों पर अधिकार किये हुए है। आर्य ब्राह्मण हैं जो जाति-व्यवस्था लेकर चलते हैं, द्रविड़ उनके लिए शूद्र हैं। इनका हित तभी सध सकता है, जब द्रविड़लोग को भारतवर्ष से अलग हो जाये। क्योंकि उत्तर के आर्यों ने सांस्कृतिक और धार्मिक प्रभुत्व पहले ही बना लिया है, अब राजनैतिक प्रभुत्व बनाने में लगे हैं, इसलिए हिन्दी, हिन्दू, हिन्दुस्तान का तब तक विरोध किया जाना चाहिए, जब तक कि वह तमिलनाडु से उखड़ नहीं जाता। इसके लिए आमजन को भावुक और संवेग में काम करनेवाला बनाकर रखा। उनके अनुयायी अन्ना दुरै ने इसी को बढ़ावा दिया और भारत का विरोध कर क्षेत्रीयता को उकसावा दिया । जब वे मरे तो उनकी अन्त्येष्टि के समय पचासों लोग जल मरे। यह प्रथा आज भी जारी है। उनके उत्तराधिकारी फिल्म जगत् से आये लोग बने, जिनके प्रति वहाँ का आमजन 'हीरो वर्शिप' वाला भाव रखता है। करुणानिधि, जी.. रामाचन्द्रन, जयललिता, और अब रजनीकान्त, कमल हसन। इन लोगों ने इसी भावनात्मक राजनीति को जारी रखा है। यह जयललिता की अपनी छवि और कार्यनीति थी कि ब्राह्मण होकर भी दलितों का नेतृत्व करती रहीं। कृषकों की राजनीति कामराज नाडार ने किया था और उसे कांग्रेस से जोड़ा था। वह आज भी है। पंजाब और हरियाणा में भी सिक्खों, जाटों, ब्राह्मणों, जूड़ा और दीगर हिन्दुओं के अपने विभाजन हैं, जिन्हें लेकर राजनैतिक दल अपना-अपना गठजोड़ बनाते रहते हैं। क्षेत्रीय अकाली दल सिक्खों से जुड़ा हुआ है, कांग्रेस और भाजपा ब्राह्मण, बनिया और शूद्रों से । कश्मीर में हिन्दू पहले कांग्रेस के साथ थे, अब बी.जे.पी. के साथ हैं। मुसलमान पहले पीपुल्स कांग्रेस के साथ थे, अब मुफ्ती की पार्टी के साथ बँटकर। पूर्वोत्तर का मामला काफी जटिल है। वहाँ विभाजन जातियों में नहीं, जनजातियों में है और समीकरण बदलते रहते हैं। वह अलग से लम्बा अध्ययन माँगता है। उसे यहाँ छोड़ते हैं।

(2)

कहा जाता है कि जातिवादी राजनीति को भा.ज.पा ने तोड़ा है। उसके तोड़ने का हथियार हिन्दुत्व, सांस्कृतिक राष्ट्रवाद और विकास रहा है। इन तीनों के बारे में थोड़ा विस्तार से मैं अन्यत्र लिख आया हूँ। यहाँ यह कहना है कि यह राजनीति उभरी है दो बातों का विरोध कर। एक विरोध कम्युनिस्टों की छद्म धर्मनिरपेक्षता की है, जो इसकी आड़ में मुस्लिमों और कांग्रेस का समर्थन करते हैं, नेहरू को उसका मसीहा बनाकर। वे कांग्रेसियों की ही तरह मुस्लिमों को दहशत में रखते हैं कि यदि हमारा साथ छोड़ा तो मारे जाओगे। उसके लिए हिन्दुओं की उपेक्षा करते हैं, भरसक चिढ़ाते हैं और उनके आधार पर सिर ऊँचा नहीं करने देते। जरूरत है हिन्दुओं को सिर ऊँचाकर चलने की। आधुनिकता का

मतलब यह नहीं होता कि अपनी जड़ों से ही उखड़ जाया जाये और आधुनिकता का मतलब सिर्फ वही नहीं है, जो कम्युनिस्ट लोग समझाते हैं, वह भी है जों तमाम उदारवादी लोग समझते हैं। एक तीसरी स्थिति यह भी हो सकती है कि अपनी जड़ों को मजबूत कर भारतीय परिप्रेक्ष्य में उस मूल्यबोध को विकसित किया जाये। उसका तर्ज विवेकानन्द, दयानन्द, महात्मा गाँधी आदि का चिन्तन बन सकता है। यह आधुनिकता वास्तव में विकास से आयेगी, जिसका स्वरूप फिलहाल निश्चित नहीं। उसकी प्राथमिकताएँ समय-समय पर तय की जायेंगी, क्योंकि वह निरन्तर विकसित होता रहता है। उसका मॉडल और एजेण्डा हमारे पास है। यह दूसरी बात है। आज कहा जा रहा है कि लोगों ने इसे चौतरफा स्वीकार कर लिया है, इसी कारण यह दल सत्ता में आया है, जो इस बात का प्रमाण है कि इसने जातिवाद को समाप्त कर दिया है।

क्या वाकई? क्या प्रत्याशी तय करते वक्त सामान्य प्रत्याशियों की जाति, उस इलाके में रहनेवाले जाति विशेष के लोगों का बाहुल्य, उसके धनबल और बाहुबल का प्रभाव नहीं देखा जाता? कांग्रेस और क्षेत्रीय दलों का आधार खिसकाने के लिए क्या स्थानीय स्तर पर जाति आधारित गठजोड़ नहीं बनाया जाता?

इस नये सामाजिक अभियन्त्रण में भी यह सब किया जाता है। उसके लिए कांग्रेस और अन्य दलों के प्रतीकों पर कब्जा करने की मुहिम चली है। जैसे सरदार वल्लभ भाई पटेल को पिछड़ी जातियों के नेता के रूप में राष्ट्रीय नेता की छवि को अपचयित किया जा रहा है। कहा जा रहा है कि नेहरू और नेहरू परिवार ने उनकी निरन्तर उपेक्षा की है, वे नेहरू से बेहतर नेता थे, यदि वे प्रधानमन्त्री होते तो देश का स्वरूप दूसरा होता, सोमनाथ के बाद अयोध्या का मन्दिर भी बन गया होता, उसी के लिए कलेक्टर नैयर ने बाबरी मस्जिद में रातोरात मूर्तियाँ रखवा दिया था, मथुरा-काशी की छवि अपने आप बदल गयी होती, कश्मीर की समस्या न होती। योजनाओं की चकाचौंध में चलनेवाली मिली-जुली अर्थव्यवस्था की जगह खुली अर्थव्यवस्था होती तो देश तीर की गति से आगे बढ़ा होता। अन्तरराष्ट्रीय राजनीति में हम गुटनिरपेक्षता न होकर नाटो के सदस्य बनते। उससे चीन और पाकिस्तान को हम पर हमला करने की जुर्रत न होती। इसलिए जरूरत है पटेल को पुनः प्रतिष्ठित करने की। यह काम भा.ज.पा. कर रही है, उसे वोट दें। उसका कुछ असर है भी। उसे और मजबूती देने के लिए पिछड़े वर्ग से आये नेताओं को अतिरिक्त महत्त्व दिया जा रहा है। स्वयं प्रधानमन्त्री उसी वर्ग से हैं— यह बार-बार दुहराया जा रहा है। उसके लिए आडवाणी-जोशी युग के नेताओं को धकियाकर किनारे कर दिया गया है। विश्व हिन्दू परिषद्, युवाजन सभा, विद्यार्थी परिषद् आदि से आये नेताओं को आगे किया जा रहा है।

पिछड़ों को अपने हक में करने के लिए एक और चाल चली गयी थी। वह थी लोहिया और जयप्रकाश को अपने खेमें में डालने की। एक तो दोनों ने ही भारतीय जनसंघ की तरह कांग्रेस का विरोध किया था, दूसरे लोहिया और दीनदयाल में कुछ वैचारिक साम्य था। दोनों कभी पाकिस्तान के साथ फेडेरेशन बनाना चाहते थे, जो लोहिया की मंशा थी।

भारतीय जनसंघ के कुछ नेता पार्टीशन को मिटा देने की बात करते रहे हैं। उसी तरह के नेता आज नाथूराम गोडसे को महिमामण्डित कर रहे हैं, उनका मन्दिर बनवा रहे हैं। (चापलूसी की हद तो तब है जब जीवित प्रधानमन्त्री का मन्दिर कौशाम्बी जिले में वैसा ही बन रहा है, जैसा मायाबती ने अपना बनवाया था कांशीराम और अम्बेडकर के साथ, दलित अस्मिता उभारने के नाम पर।) देश के स्वतन्त्र हो जाने के बाद गाँधी चाहते थे कि कांग्रेस पार्टी का विसर्जन कर दिया जाय, क्योंकि उसका उद्देश्य अब पूरा हो गया था। उसके लिए समाजवादियों से सहयोग माँगा था। उनको लगता था कि यदि कांग्रेस बनी रही तो यह नेहरू के वंशवाद की ओर चली जायेगी। इसीलिए जयप्रकाश राजनीति से दूर हो भूटान में चले गये और जब लौटे तो इन्दिरा राज्य का समापन कर दिया। लोहिया एक मजबूत विरोधी दल बनाने की ओर बढ़े। वही काम करने के लिए भारतीय जनसंघ का भी स्थापना हुई थी। इसीलिए जयप्रकाश के आन्दोलन में जनसंघियों ने समाजवादियों का साथ दिया था। अब भा.ज.पा. कांग्रेसमुक्त भारत का अभियान चला रही है, तो समाजवादियों को चाहिए कि वे भा.ज.पा का साथ दें। इससे एक नये प्रकार का सामाजिक अभियन्त्रण सामने आयेगा। समाजवादी दल भले ही उसका साथ न दें, उनका वोट-बैंक साथ दे रहा है, और देश शनैः शनैः कांग्रेसमुक्त हो रहा है।

दलितों को अपने साथ करने और कर लेने के बाद डा. भीमराव अम्बेडकर की छवि नये सिरे से भाजपा द्वारा गढ़ी जा रही है। एक जमाना था जब डॉ. अम्बेडकर को सबसे बड़ा और बड़ा ही हृदयहीन आलोचक माना जाता था हिन्दूवादी दलों द्वारा। यदि जिन्ना पाकिस्तान चाहते थे तो अम्बेडकर अछूतिस्तान। दोनों ही अपनी-अपनी कौमों के लिए चुनाव में 'वेटेज' चाहते थे, विशेषाधिकार चाहते थे। पर आज अम्बेडकर के चित्र भाजपा के दफ्तरों में बड़े सम्मान से लगाये जाते हैं। लालकृष्ण आडवाणी जब स्वतन्त्रता की पचासवीं वर्षगाँठ पर झाँकीवाले रथ पर आरुढ़ थे तो भा.ज.पा. के नेताओं के अलावा बस दो ही चित्र लगे थे— एक सुभाषचन्द्र बोस का, दूसरा भीमराव अम्बेडकर का। शिवसेना के लोग भी दलित बहुल सभाओं में अम्बेडकर का चित्र लगाते हैं। कहा जाता है कि पहले सवर्ण हिन्दुओं ने उनको तवज्जह इसलिए बहुत कम दिया, क्योंकि वे दलितों के प्रति अपने व्यवहार के परिणामस्वरूप इतने अपराधबोधग्रस्त थे, इतने शर्मिन्दा थे कि वे अम्बेडकर से आँख नहीं मिला पाते थे। पर अब अस्पृश्यता के उन्मूलन के बाद, उनके प्रति सवर्णों के बदलते जा रहे रुख के बाद, उनके नये मध्यवर्ग के उभार के बाद (जो अब सवर्णों जैसा ही व्यवहार करता है, सामाजिक जीवन में) उनके विचारों की उच्चता को स्वीकार किया जाने लगा है। हिन्दुत्व की, उसके वर्ण-व्यवस्था की कड़ी आलोचना करनेवाले और हिन्दुओं के शासन की तुलना में अंग्रेजों के शासन को वरीयता देनेवाले, उनका गुणगान करनेवाले अम्बेडकर ने इतना तो किया ही कि अछूतों को ईसाई और मुसलमान बनने से रोक दिया। भले ही बौद्धमत की ओर मोड़ दिया, पर बनाकर रखा हिन्दू ही न। जितनी कड़ी आलोचना वे इस्लाम की करते थे, उतनी कड़ी आलोचना हिन्दूवादी नेता नहीं कर

पाते थे। उन्होंने दलितों का खुला आह्वान किया था कि वे न तो पाकिस्तान का समर्थन करें, न ही निजाम हैदराबाद का। कहा था, "हिन्दुओं ने दलितों पर चाहे जितना अत्याचार किया हो, वह उनके अपने कर्म से विमुख नहीं करता। इसलिए उन्हें हैदराबाद के नवाब का समर्थन नहीं करना है, जो इस वक्त देश का, भारत का सबसे बड़ा शत्रु है।" उनका 'पाकिस्तान पर विचार' नामक पुस्तक एक स्मरणीय पुस्तक है, जिसमें पाकिस्तान ही नहीं, इस्लाम की, कुरान की बुराइयों का विशद खुलासा किया गया है। उसमें उन्होंने दिखाया है कि धार्मिक सिद्धान्तों के मूल्यांकन के लिए सर्वव्यापी और वस्तुगत मानदण्ड हैं। उनके आधार पर धर्मों का बहुसांस्कृतिक सापेक्षता की जगह मनुष्य के जीवन पर पड़नेवाले उनके वस्तुगत प्रभाव के मद्देनजर मूल्यांकन किया जाना चाहिए। इस भावनात्मक विश्वास को त्याग दिया जाना चाहिए कि सभी धर्म मूलतः एक ही तरह से अच्छे और शुभ होते हैं तथा उनमें फर्क नहीं किया जाना चाहिए। इससे बढ़कर कोई दूसरी भूल नहीं हो सकती। धर्म एक संस्था है, जो प्रभाव बनाता है और सभी प्रभाव डालनेवाली सामाजिक संस्थाओं की तरह वह या तो लोगो का भला कर सकती है या नुकसान। इसे वस्तुगत रूप से परखा जाना चाहिए।

दूसरी बात वे यह कहते हैं कि इस्लाम विचारों की एकरूपता को इतनी कड़ाई से रखता है कि वह गलाघोंटू बन जाती है, सहिष्णुता की माद्दा लोगों में हमेशा के लिए समाप्त कर देती है। वह एक ऐसी कट्टरता को जन्म देता है जो इस्लामी जगत् के बाहर कहीं अन्यत्र नहीं पाया जाता। स्वतन्त्र विचार के विरुद्ध एक ऐसी क्रूर हिंसा फैलायी जाती है कि मानव मन तार्किक ढंग से सोचना बन्द कर देता है और इस्लाम की शिक्षाओं से इतर हर आचरण गलत आचरण माना जाने लगता है। वहाँ लोगों को धर्मग्रन्थ सिर्फ रटाया जाता है, उसका अर्थ नहीं समझाया जाता। वह अर्थ मुल्ला-मौलवियों तक सीमित रहता है, जिसके सहारे वे लोगों पर वर्चस्व बनाकर रखते हैं और मनमानी काम करवाते हैं। फतवा उसी का एक रूप है। इसीलिए वे कभी सुधार के लिए तैयार नहीं होते। कठमुल्ले हर सुधार को इस भाव में तब्दील कर देते हैं कि मुसलमानों को हमेशा हिन्दुओं के साथ लड़ते रहना चाहिए। लड़ाई में वही विजयी होता है, जो मजबूत होता है। इस मजबूती के रास्तें में आनेवाले हर भाव, विचार, व्यवहार को निर्ममतापूर्वक दबा दिया जाना चाहिए।

हिन्दुओं के साथ मुसलमानों की इस लड़ाई के चलते हिन्दुओं को भी कट्टर बनना पड़ता है। उधारवादी आन्दोलनों को रोक देना पड़ता है। आर्यसमाज, हिन्दू महासभा आदि के अभियान उसके ताजा उदाहरण हैं। अम्बेडकर कहते हैं कि इससे कांग्रेस की ऊर्जा भी समाप्त होती रहती है। क्योंकि वह उनके मान मनौवल में लगी रहती है, जिसके कारण अंग्रेजों के विरुद्ध लड़ाई उतने प्रभावशाली ढंग से नहीं हो पाती। एक ही समय में कोई आदमी या संस्था कई मोर्चों पर बहुत प्रभावशाली ढंग से नहीं लड़ सकती। इसीलिए अछूतोद्धार का काम पिछड़ता जा रहा है। अम्बेडकर ने 1940 में साम्प्रदायिक झगड़ों से उबियाकर कहा था कि भारत का विभाजन कर जनसंख्या का आदान-प्रदान कर लिया जाना चाहिए, ताकि आगे लोगों की बेहतरी के लिए तेजी

से काम हो सके। कारण यह था कि उन्होंने हिन्दू-मुस्लिम दंगों में हिन्दुओं की तरफ से दलितों की ही लड़ते-मरते पाया था। आज भी यही स्थिति है। मुसलमान दलितों से अन्य हिन्दुओं की तुलना में अधिक घृणा करते हैं, क्योंकि अधिकांश दलित सुअर खाते हैं, मरे जानवरों का माँस खाते हैं, उनके यहाँ यौन-सम्बन्ध बड़े उदार होते हैं। फिर मुसलमान जिन्हें लड़ाई में जीत कर गुलाम बनाते थे, उन्हें भंगी बनाकर दलित की श्रेणी में ढकेल देते थे।

पाँचवीं बात अम्बेडकर यह कहते हैं कि लोगों में यह गलत धारणा फैलायी गयी है कि मुसलमानों में जाति-व्यवस्था नहीं होती। होती है और उसका सम्बन्ध रोटी और बेटी दोनों से है। एक विभाजन अशरफ और अजलफ के नाम पर है। अशरफ लोग अमूमन विदेशी मूल के और हिन्दुओं से ऊँची जाति के धर्म परिवर्तित लोग हैं। छोटी जाति के धर्म परिवर्तित लोग अजलफ हैं, जिनके दो वर्ग हैं। इनमें अरजल सबसे निम्न हैं, जिनके साथ अछूतों जैसा ही व्यवहार किया जाता है। उन्हें मस्जिदों में घुसने नहीं दिया जाता, सार्वजनिक कब्रिस्तानों में लाश दफनाने नहीं दिया जाता ।

छठीं बात वे नागरिक समान संहिता को लेकर करते हैं। कहते हैं कि इस्लाम में स्त्रियों की स्थिति बहुत दयनीय है। वहाँ स्त्री को विवाह विच्छेद करने का अधिकार नहीं है। अधिक-से-अधिक वह खुला माँग सकती है, जिसे देना पुरुष की मर्जी पर होता है और बदले में मेहर जब्त कर लेता है, पुरुष को तुरन्त तलाक देने का अधिकार है। वह एक साँस में तलाक, तलाक, तलाक कहकर मुक्त हो सकता है। अपने तलाकशुदा मर्द से पुनः विवाह करने के लिए स्त्री को हलाला जैसे अमानवीय प्रक्रिया से गुजरना पड़ता है। गुजारा भत्ता और बच्चों के अभिभावकत्व के सन्दर्भ में उसे कोई अधिकार नहीं दिया जाता। पुरुष चाहे तो एक साथ चार पत्नियाँ रख सकता है, पर स्त्री नहीं। पर्दा-व्यवस्था इतनी कठोर है कि स्त्री 'सेक्सलेस पुतला' बनकर बाहर निकलती है। घर में भी उसे काफी प्रताड़ना झेलना पड़ता है। ये सब बुराइयाँ तभी दूर हो सकती हैं, जब समान नागरिक संहिता बने। जब इसकी बात चली थी तो उन्होंने इसका ऐसा विरोध किया था कि जैसे वह समान हिन्दू संहिता हो, जो उन पर जबरदस्ती लादा जा रहा हो। जबकि उसको बनाने में उनके चुने हुए प्रतिनिधि संसद में भाग लेंगे।

निचोड़ में अम्बेडकर अपनी बात इस तरह से रखते हैं, "The Hindus have their own social evils. But there is one relieving feature about them- namely that some of them are actively agitating for their removal. The Muslims, on the other hand, do not realize that they are ereils and consequently they do not agitate for their removal."

अम्बेडकर के विचारों को विस्तारित करते हुए एक दलितवादी संघी विचारक वी. टी. राजशेखर तर्क रखते हैं कि यह कहना बिल्कुल गलत है कि इस्लाम एक समतामूलक समाज का निर्माण करता है। यह भावना तब पैदा हुई जब कैथरिन मेयो ने एक सैनिटरी इन्सपेक्टर की तरह हिन्दुओं की पड़ताल करते हुए एक पुस्तक लिखी 'मदर इण्डिया'

जिसमें कहा था कि हिन्दुओं का संसार बुराइयों का संसार है, क्योंकि उसमें अनन्त सामाजिक बुराइयाँ व्याप्त हैं। उनसे मुसलमान मुक्त हैं और हिन्दुओं की तुलना में अधिक प्रगतिशील हैं। दरअसल वे सभी बुराइयाँ किसी-न-किसी रूप में मुसलमानों में भी व्याप्त हैं। बाल विवाह, बहुविवाह, कन्या हत्या, तलाक, हलाला, भरण-पोषण न दिया जाना, पर्दा सिस्टम आदि के मामले में वे हिन्दुओं से भी गये गुजरे हैं। इधर इनको दूर कर मुस्लिम स्त्रियों को भा.ज.पा. की तरफ खींचने की एक नयी मुहिम चली है। उसके सामाजिक अभियन्त्रण की यह अद्यतन उपलब्धि है।

अपने उपरोक्त विचारों के कारण अम्बेडकर अब भाजपा के बहुत निकट पड़ते हैं। उनको केन्द्र में रखकर भा.ज.पा अपना सामाजिक अभियन्त्रण गढ़ रही है और काफी सफल भी है। उसे और पुष्ट करने के लिए वह दिखा रही है कि भारतीय इतिहास में सवर्णों की तुलना में शूद्रों ने, उनके दोनों धड़ों ने मुसलमानों और इस्लाम का अधिक कारगर विरोध किया है। राजपूतों ने तो डोला देकर अपनी रियासत बचा ली थी, पर दलितों ने सब होम कर दिया था। उनके एक इतिहासकार के. यस. लाल ने अपनी कई पुस्तकों, विशेषकर 'ग्रोथ ऑफ शेड्यूल ट्राइब्स ऐण्ड कास्ट्स इन मेडवल इण्डिया' में दिखाया है कि किस तरह अनुसूचित जातियों और जनजातियों के लोग मुस्लिम विस्तारवादियों से लड़ते रहे और सामाजिक प्रतिष्ठा प्राप्त करते रहे। यह कहना गलत है कि हिन्दू धर्म में निम्न स्थान मिलने के कारण परेशान होकर शूद्रों ने इस्लाम धर्म अपनाया। सच्ची बात यह है कि जब वे लड़ाई में हार जाते थे, तब तलवार के बल पर उन्हें मुसलमान बनाया जाता था। यह काम जितने शिद्दत से अलाउद्दीन खिलजी ने किया था, औरंगजेब ने किया था, उतनी ही शिद्दत से टीपू सुल्तान ने कुर्ग और मालावार-मैसूर में। रेड्डियों के ऐसे अनेक शिलालेख हैं, जिनमें कहा गया है कि ब्रह्मा का चरण होने के कारण समाज के सबसे निचले पायदान पर होने के कारण यह उनका धर्म है कि हिन्दू समाज को धारण करने का आधार प्रदान करें। इसलिए चौथे वर्ण में पैदा होना गर्व की बात है। रेड्डी वंश का अन्ना-वेमा ने मुसलमानों को हराकर वर्ण-व्यवस्था की रक्षा की। सिंहया-नायक ने उन्हें हराकर ब्राह्मणों का अग्रहार पुनः दिये जाने की व्यवस्था की। उसका पुत्र कपया-नायक उन्हें हराकर आन्ध्र प्रदेश से बाहर किया। इसी तरह जाटों ने गो-ब्राह्मण की रक्षा के लिए औरंगजेब से टक्कर लिया और दिल्ली से नूरजहाँ का वह झूला लूट लिया जिस पर बैठकर वह हिन्दुओं की प्रताड़ना के लिए आज्ञा जारी करती थी। सरदार जस्सा सिंह कलवार था, जिसने मुसलमानों का पंजाब में हराया और अकाल तख्त की रक्षा की। गुरुगोविन्द सिंह जाट थे, जिन्होनें सिक्ख पन्थ को सैनिक पन्थ में बदल दिया मुसलमानों से रक्षा के लिए। राजा रणजीत सिंह सुखचरियामिस्ल के थे जो चर्मकारों की मिस्ल थी। उन्होंने न केवल स्वतन्त्र राज्य बनाया, मुसलमानों और अंग्रेजों से हिन्दुओं की रक्षा की। स्वयं शिवाजी शूद्र थे, जिन्होंने मुस्लिम शासकों को नाको चने चबवा कर हिन्दुआनी की स्थापना की। पेशवा के सभी सेनापति शूद्र थे और उनमें दो गायकवाड़ व सिन्धिया अन्त्यज। पर उनके शौर्य को कौन

नहीं स्वींकार करता। इसी तरह रानी दुर्गावती ने अपने गोण्ड राज्य के लिए जान दे दिया। आसफ खान ने उसे हराकर गोण्डों को दलित बना दिया। निचोड़ में के. एस. लाल लिखते हैं, "Thus the Gonds, a civilized people as per medieval standards become a low tribe under Muslim rule and have remained so since then... The reduction of Gonds to colonized natives was completed under Aurangzeb. The Deogarh royal family embrased Islam in order to retain their lands. Hindu and Muslim cultivators were encouraged to settle in them." के. एस. लाल यह भी लिखते हैं, "If it were true that the backward classes were so terribly oppressed by Brahmins, we would expect them to take somekind of revenge by making comman cause with the Muslim persecutors of the Brahmins. But exactly opposite is the case. Jats helped the Brahmin and Kshatriya rulers of Sindh against Arab invaders. Jats, Khokhars, Khatiks, Bagri and Mahars joined khashtriya Rajas of Punjab against Mahmood of Gazni and other subsequent invaders. Throughout the medieval period, the lower cast fought shoulder to shoulder with upper caste and against the foreign invaders and tyranical rulers. यह अब भाजपा को नये सामाजिक अभियन्त्रण के लिए पूरा मसाला देता है।

आदिवासियों को अपने में मिलाने का उनका तरीका बड़ा नायाब है। लम्बे समय से आर.एस.एस. के लोग जनजातियों के इलाके में अपना आदमी भेजते रहे हैं उन्हें अपने मतों, विश्वासों, पूजापद्धतियों में प्रशिक्षित करने के लिए। उन्होंने वहाँ पुरोहितों का एक ऐसा संस्तर विकसित किया है जो एक तरफ अपने समुदाय की अस्मिता बनाने में योग देता है तो दूसरी तरफ हिन्दुत्व की मुख्यधारा से जोड़ता है। ये 'नये ब्राह्मण' आदिवासियों का वोट भाजपा की तरफ आकर्षित करने में मददगार होते हैं। इसका कोई काट दूसरे दलों के पास नहीं है। ये ही लोग जनजातियों के बीच ईसाई हो गये लोगों को घरवापसी के लिए उत्प्रेरित करते हैं। जाहिर है कि जो लोग ईसाइयत या अन्य मत को त्याग कर अपने पुराने मत या हिन्दू धर्म में समाहित होंगे वे भाजपा के वोट बैंक में शामिल हो जायेंगे।

(3)

अपने कम सांसदों के बावजूद कांग्रेस ही एक ऐसी पार्टी है, जो भा.ज.पा. से प्रभावी मुकाबला करने के लिए खड़ी है। इसलिए उसके सामाजिक अभियन्त्रण पर दृष्टि डालना आवश्यक है। उसने एक नयी शुरुआत कर भी दी है। वह कितनी कारगर सिद्ध होगी वह दूसरी बात है। उसने साफ्ट हिन्दुत्व, मुसलमान, दलित और पिछड़े, विशेषकर अति पिछडों से नया सम्बन्ध बनाना आंरम्भ कर दिया है। गौर करने की बात है कि किसी जमाने में शूद्र, पिछड़े और ब्राह्मण आज दलित, अन्य पिछड़े लोग और हिन्दुत्व में रूपान्तरित हो गये हैं। हिन्दुत्व को लेकर बी.जे.पी. चली है और बहुत सफल हुई है। उसके आधार पर

कांग्रेस को उसकी धर्मनिरपेक्षता को एक छद्म बताते हुए मुस्लिम समर्थक और हिन्दू विरोधी सिद्ध कर दिया है। इससे उबरने के लिए बिना मुसलमानों से नाता तोड़े अब यह दल 'साफ्ट हिन्दुइज़्म' को लेकर चल रहा है, और गुजरात के चुनाव में उसका प्रभाव देखा है। राहुल गाँधी की छवि मन्दिर जानेवाले जनेऊधारी हिन्दू की वहाँ बनायी गयी है और वह आगे भी रहेगी। ऐसा नहीं है कि यह कांग्रेस के लिए एकदम से नयी बात है। सोमनाथ का मन्दिर बनवाना और बाबरी मस्जिद में मूर्ति रखवाना स्वतन्त्रता मिलने के साथ ही हो गया था। उसका तत्कालीन चुनाव पर क्या असर पड़ा था, वह सन्दिग्ध है। दुबारा संजय गाँधी ने यह कार्ड खेला था, पर आपात्काल के अत्याचार और उसके परिणामस्वरूप विरोधी दलों की एकता ने उसे बेअसर कर दिया था। तीसरी बार राजीव गाँधी ने रामजन्म भूमि का ताला खोलवाकर इसका उपयोग किया था। पर लाभ नहीं मिला। सारा क्रेडिट बी.जे.पी. ले गयी। नरसिम्हा राव ने बाबरी मस्जिद ध्वंस में मौन सहमति जताकर हिन्दुओं को जीतना चाहा था। पर वह नाकाम रहा। यानी इतिहास बताता है कि कांग्रेस को सफलता अपनी धर्म-निरपेक्षता छवि के कारण मिलती है। आगे देखिये यह 'साफ्ट हिन्दुइज़्म' कितना भला करता है?

इससे अधिक प्रभावशाली अन्य तीन लगते हैं। हम पहले मुस्लिम को लेते हैं। अपनी हिन्दुत्व योजना के अन्तर्गत भारतीय जनता पार्टी ने एक काल्पनिक शत्रु बनाया है मुसलमान। उसके ऊपर हर तरह से हमला कर हिन्दू मतों का ध्रुवीकरण किया है और उस प्रक्रिया में जाति की सीमाओं को तोड़कर मत प्राप्त किया है। इसी आचरण ने मौका दिया है कांग्रेस पार्टी को मुसलमानों के करीब जाने का और बताने का कि क्षेत्रीय दल अपनी जातिवादी-क्षेत्रवादी सीमा के कारण उनका बहुत भला नहीं कर सकते। दिक्कत यह है कि भारतीय जनता पार्टी ने उनमें भी अपना प्रभाव बढ़ाना आरम्भ कर दिया है। सुन्नी विरोधी होने के कारण शीआ लोग उसके काफी करीब आ गये हैं। इसमें भाजपा का थोड़ा उनके प्रति उदारवादी होना भी काम आया है। शीआ लोग सत्ता के थोड़ा निकट रहकर कुछ अपने लिये लाभ भी हस्तगत करना चाहते हैं। स्त्रियों की मुक्ति का एजेण्डा चला उसने सुन्नियों में भी कुछ पैठ बना ली है। शिक्षित शहरी मुसलमान की सोच कट्टरपन्थी नहीं है और उसका राजनैतिक व्यवहार काफी उदार है। उसका भी लाभ बी.जे.पी. को मिलेगा। इसका मुकाबिला कांग्रेस पार्टी कैसे करेगी यह आगे देखना होगा। अभी जो उसने तीन तलाकवाले बिल को राज्यसभा में लटका दिया है और हलाला वगैरह पर अपना स्पष्ट रुख नहीं दिखाया है, इससे कुछ कट्टरपन्थियों का सहयोग चाहे जितना मिल जाय, लगता नहीं कि वह प्रभावशाली होगा।

उससे अधिक प्रभावशाली है दलितों और अन्य पिछड़ों से अपने को जोड़ना। दलितों के सन्दर्भ में कांग्रेस का अध्ययन यह है कि उसकी परम्परागत राजनीति दो सिद्धान्तों पर टिकी है जिनमें फर्क दो ध्रुवों का है। एक तरफ दलित आन्दोलन चले हैं दलित चेतना को जाग्रत कर संवैधानिक पहचान प्राप्त करने के लिए। दूसरी तरफ दलितों

लोगों को उभार हाशिये के उभार की तरह लिया गया है। परिणामस्वरूप उनका उपयोग सत्ता प्राप्त करने के लिए किया गया है बिना सत्ता में कोई सारभूत हिस्सा दिये शिक्षा और नौकरियों में आरक्षण देना उसका अन्तिम उद्देश्य और लोगों को दिखायी पड़नेवाला लक्ष्य रहा है। आज का दलित उभार इसको चैलेंज कर रहा है। उसे न्याय की चाह में बदल रहा है। उनका नया नेतृत्व हिंसा, गत्यात्मकता, नैतिकता और इतिहास को सहारा बना रहा है। दूसरे आज दलितों के दो संस्तर बन गये है। एक ग्रामीण क्षेत्र में रहनेवालो का है, जो पिछड़ा है, जिसे आरक्षण को कोई खास लाभ नहीं मिला है, जो अभी भी मायावती, रामदास अठवले, रामविलास पासवान को अपना नेता मानता है और जातिवादी ढंग से मतदान करता है। (पर भाजपा की चुनाव क्षेत्र और मतदान केन्द्र की राजनीति ने उन्हें खिसकाकर अपने पक्ष में काफी हद तक कर लिया है। परिणामस्वरूप दलितवादी पार्टियाँ उत्तर प्रदेश और बिहार में गच्चा खा गयी हैं।) दूसरा संस्तर शहरी है, जो आरक्षण का लाभ उठाकर एक नया प्रभावशाली मध्यम वर्ग बनता जा रहा है, आरक्षण को वह क्रीमीलेयर के लिए भी बनाकर रखना चाहता है जिससे कि उसकी सन्ततियों की नौकरी सुरक्षित रहे, और उसको न्यायोचित ठहराने के लिए तर्क दे रहा है कि यदि वह आगे है तो उसका समाज आगे है। ऐसा कभी नहीं होता कि पूरा-का-पूरा समाज ही आगे हो जाता है। हमेशा उसके चुने हुए लोग ही आगे होते है। ब्राह्मण, क्षत्रिय, वैश्य और कायस्थों में भी ऐसा ही है— सभी एक ही स्तर पर अगड़े नहीं हैं। यह संस्तरण मतदान जाति के हल्ला पर नहीं, अपने विवेक के आधार पर करता है। उन्हीं के बीच, से दलितों का नया नेतृत्व उभर रहा है। कांग्रेस पार्टी उसी को पकड़ना चाह रही है। उनके आन्दोलन को सत्ता में हिस्सेदारी के रूप में पहचान कर अपने अभियन्त्रण में शामिल करना चाह रही है।

पिछड़ों की राजनीति को विश्लेषित करना थोड़ा कठिन काम है। वह उतना ठोस और स्थिर सामाजिक संस्तरण नहीं है जितना मुस्लिम और दलित। उसमें आन्तरिक विभाजन सबसे अधिक है, गतिशीलता बड़ी तेज है जो लोगों को मिलाती भी है, अलगाती भी है। ग्रामीण इलाके में इसका भाव बहुत अधिक है और क्षेत्र तथा समृद्धि का विभाजन बहुत गहरा है। कांग्रेस उनके नेताओं को, पटेलों को, मराठों को, जाटों को, भूमिहारों को, कुर्मी और कोइरियों को, अहिरों और गूजरों को उनके नेताओं को पकड़कर अपना अभियन्त्रण रचना चाहती है।

इन चारों का समवेत रूप अभी हाल ही में हुए गुजरात के विधान सभा चुनाव में देखने को मिला है। इसका आरम्भ हैदराबाद विश्वविद्यालय में रोहित वेमुला की आत्महत्या से हुई थी। शोर मचाया गया कि उसने आत्महत्या विश्वविद्यालय के अधिकारियों के प्रताड़नास्वरूप किया, जिन पर वहाँ के सांसद ने मानव संसाधन मन्त्रालय से दबाव डलवाया था। इसे दलित उत्पीड़न का मामला बताकर पहले सी.पी.एम. फिर कांग्रेस कूद पड़ी। सम्भवतः दोनों में सहमति थी। ध्यातव्य है कि सी.पी.एम. में कांग्रेस के साथ सम्बन्ध पर दो मत है। एकमत पूर्व महासचिव कारात का है, जो कांग्रेस से गठजोड़, वह भी नेतृत्व

के स्तर पर नहीं चाहते। दूसरा मत वर्तमान महासचिव सीताराम येचुरी का है, जो गठजोड़ चाहते हैं। विडम्बना यह है कि दल में उनका गुट अल्पमत में है, फिर भी व्यावहारिक राजनीति में उन्हीं की चल पाती है। उन्हीं की शह पर राहुल गाँधी हैदराबाद गये। पर मामला बन नहीं पाया। बेमुला ने अपने 'स्युसाइड नोट' में लिखा था कि वह आत्महत्या दल के उच्चवर्णवादी मानसिकता से त्रस्त होकर कर रहा है, जो उसे छोटी जाति के होने के कारण ऊपर नहीं उठने दे रहा है। बाद में यह भी पता चला कि वह दलित नहीं था। उसकी माँ जरूर दलित थी जिसने पिछड़े वर्ग के व्यक्ति से विवाह किया था। हमारे यहाँ आदमी की जाति उसके पिता से तय होती है, माँ से नहीं। अनुलोम, प्रतिलोम विवाहों के चलते ही हमारे यहाँ नयी-नयी वर्णसंकर जातियों की भरमार है। यह भेद खुला तो दोनों दलों ने अपना कदम खींच लिया। पर इसका विस्फोट जवाहरलाल नेहरू विश्वविद्यालय दिल्ली में हुआ। कन्हैया कुमार जो वहाँ के छात्र संघ के अध्यक्ष थे स्टुडेण्ट फेडेरेशन से जुड़े हुए थे अलगाववादी नेता मोहम्मद खालिद, दलित नेता जिग्नेश मेवानी, अन्य पिछड़े वर्ग के नेता अल्पेश ठाकर के साथ मिल कर बड़ा हो हल्ला मचाया। ये सभी नेता जातिवादी धर्मवादी और वामपन्थी हैं। उनमें माओवाद से जुड़े छात्रों की अपनी भूमिका थी। सभी ने मिलकर नारा लगाया कि हम आजादी लेकर रहेंगे और भारत तेरे टुकड़े-टुकड़े होंगे। फिर वामपन्थी दल और कांग्रेस के नेता उनके समर्थन और बचाव में दौड़ पड़े। उन्हें लगा कि उनके पाँवों तले से जो राजनैतिक जमीन छिन गयी है, वह इन अनैतिक कृत्यों से हासिल हो जायेगी। कांग्रेसियों ने कन्हैया कुमार को अलग-थलग कर दिया और उसके सहारे वामपन्थियों को। बाकी को लेकर गुजरात पहुँच गये और हार्दिक पटेल के साथ जोड़कर चुनाव में उपयोग किया। हार्दिक पटेल गुजरात में हुए पटेलों के आरक्षण सम्बन्धी आन्दोलन का अगुआ था। पटेल लम्बे समय से भाजपा से जुड़े रहे हैं। कांग्रेस को लगा कि हार्दिक के सहारे पटेलों के वोट में सेंध लगायी जा सकती है। उसे कुछ सफलता भी मिली। विधायिका में कांग्रेस की स्थिति पहले से बेहतर हो गयी है।

इससे उत्साहित होकर कांग्रेस जातिवादी राजनीति को खूब हवा दे रही है। और ये आन्दोलन उग्र होते जा रहे हैं। अधुनातन उदाहरण भीमाकोरेगाँव की घटी घटना और मुम्बई में देखा गया उसका प्रभाव है। पुणे के पास एक गांव 'परने' है, जहाँ शिवाजी के पुत्र राजाराम की अन्त्येष्टि की गयी थी। राजाराम को औरंगजेब ने बड़ा ही तकलीफ देकर अपने मेहतरों से मरवा दिया था। उनके शव को परिजनों को नहीं दिया गया। कुछ लोग कहते हैं कि अन्त्येष्टि एक गायकवाड़ ने किया था जो अन्त्यज होते हैं। दूसरे कहते हैं कि अन्त्येष्टि एक मराठा ने किया था और गायकवाड़ को उस जगह का रखवाला बना दिया गया था। संयोग से दोनों के वंशज अभी भी वहीं रहते हैं। राजनैतिक महत्त्वाकांक्षा रखनेवाले एक सेवानिवृत्त न्यायाधीश ने मराठा दलित अस्मिता को याद करने के लिए जिग्नेश मेवानी को न जाने अपने किस तर्क के साथ मुहम्मद खालिद के साथ बुला लिया 29 दिसम्बर, 2017 को। मौका मिलते ही दोनों उग्रवादी और भारत विरोधी भाषण देने

लगे। इस पर उपर्युक्त मराठा परिवार के नेतृत्व में मराठों ने उन्हें दौड़ा लिया। संयोग से ये मराठे भारतीय जनता पार्टी से जुड़े थे और मामला रातोरात दलित बनाम मराठा के साथ-साथ कांग्रेस बनाम भाजपा बन गया। वहाँ से तीस-पैंतीस किलोमीटर की दूरी पर भीमाकोरेगाँव है। वहीं पर पेशवा वाजीराव द्वितीय से अन्तिम लड़ाई में अंग्रेजों ने उनकी अट्ठाईस हजार की फौज को हरा दिया था। उसी के परिणामस्वरूप बाजीराव बिठुर भेज दिये गये। अंग्रेज मराठा इलाके में सर्वशक्तिमान् हो गये। इसकी याद में उन्होंने एक विजय स्तम्भ बनवा रखा है, अपनी जीत को दर्ज कराने के लिए। संयोग से अंग्रेजों की सेना में बहुतायत से महार लोग थे जो अन्त्यज माने जाते हैं। बाजीराव की सेना में मराठे थे, जो आज पिछड़े पर तब लड़ाकू लोग माने जाते थे। दलित अस्मिता की तलाश में भीमराव अम्बेडकर 1927 में एक दिन वहाँ पहुंचे और अंग्रेजों की इस विजय को दलित शौर्य दिवस बना दिया। तबसे हर वर्ष पहली जनवरी को दलित लोग वहाँ जुटते हैं और अपने को मराठों का विजेता बताते हैं। इस वर्ष कुछ ज्यादे ही जुटे करीब पाँच लाख। पहले 5-7 हजार आते थे। कारण सोशल मीडिया में मरने की घटना का बहुप्रचार था और प्रकाश अम्बेडकर की तत्परता। वे रामदास अठवले के कारण दलित राजनीति में महाराष्ट्र में हाशिये पर चले गये हैं। यह उनके लिए अच्छा मौका था। परिणामस्वरूप अच्छी मारपीट हुई। तीन तारीख को बम्बई बन्द रखा गया और हिंसा हुई। इस पूरे घटनाक्रम के पाँच परिणाम निकलते हैं। एक तो यह कि वही घटना यदि एक कौम के शौर्यगाथा बनकर एकता स्थापित करने का आधार बनती है, तो दूसरे को, हारे हुए को वह चिढ़ानेवाली लगती है और उन्हें भी संगठित होने का आधार देती है। इनका हिंसक रूप हमेशा ही देश के लिए नुकसानदेह होता है। दूसरे यह कि दलित लोग आज आर्थिक मुद्दों को छोड़कर जाति के मुद्दे पर, बिना राजनीति से सीधे जोड़े, हिंसक होते जा रहे हैं। उनका कहना है कि यह हिंसा उन्होंने भाजपा से अभी हाल ही में सीखा है, जो कभी गोरक्षा के नाम पर तो कभी पद्मावती के नाम पर कभी दलितों के साथ तो कभी मुसलमानों के साथ मार-पीट करते हैं और सरकार चुप रहकर उनको बढ़ावा देती है। ऐसे में न्याय की आशा नहीं की जा सकती। हिंसा का बदला स्वयं ही हिंसा से लेना होगा। कानून अपना काम करता जरूर है, पर अपने आप नहीं, उसे सरकार कराती है और मौजूदा सरकार की उसमें कोई रुचि नहीं। तीसरे दलितों के छोटे-छोटे और स्थानीय ग्रूप जो यह प्रतिरोध जता रहे हैं वह ब्राह्मणवादी सामाजिक व्यवस्था और सामाजिक समानता के हितैषियों के बीच लड़ाई का अखाड़ा बनता जा रहा है। उसे तीव्र करने में तमाम एन.जी.ओ., सांस्कृतिक संगठन, सामाजिक सहकारी बौद्ध धर्म से जुड़े संगठन, स्वसंचालित संगठन, बुद्धिजीवियों का मंच, सामाजिक कार्यकर्त्ता, छात्रों के संगठन जो अम्बेडकर के विचारों का प्रचार-प्रसार करते हैं, अपनी-अपनी अलग और संयुक्त दोनों तरह से भूमिका निभाते हैं। ये सभी मिलकर एक वैकल्पिक सामाजिक-सांस्कृतिक प्रतीक रच रहे हैं। चौथे जो दल दलित और पिछड़ों को मिलाकर सामाजिक अभियन्त्रण रचना चाह रहे हैं, उनके लिए इस तरह की विकसित

प्रवृत्तियाँ खतरनाक और असफलता में ढकेलनेवाली हैं। यह विभाजन कांग्रेस और भाजपा दोनों के लिए खतरनाक है। धीरे-धीरे लग रहा है कि कांग्रेस किन्हीं प्रदेशों में दलितों को तो किन्हीं प्रदेशों में पिछड़ों को लेकर चलेगी। यही काम भाजपा करेगी। पर भाजपा को दलितों का समर्थन कुछ कम होता जायेगा। पाँचवें प्रताप भानु मेहता एक बहुत ही मार्के की बात कहते हैं, "Just imagine for a moment what it would mean to incorporate Dalit histories into the mainstream of history writing, not merely as a token gesture to be managed under the rubric of social reform. It would bring down so many edifices of Indian history writing : The whiggishness of liberal narratives, the pieties of nationalism, and the simplification of Marxism. It will require a rethinking of comman symbol and their meaning. What was at stake in Bhimahk oregaon agitation was not just a Dalit right to their own histories, as it were, but a Dalit challenge to other histories."

जनजातीय विमर्श का आधार और स्वरूप

(1)

'जनजातीय विमर्श' को इधर हिन्दी में 'आदिवासी विमर्श' कहा जा रहा है। मुझे लगता है कि यह गलत प्रयोग है। 'आदिवासी' कहने में इस बात की गन्ध आती है कि जिनकी चर्चा हो रही है, वे ही भारत के मूल प्राथमिक निवासी हैं और बाकी सभी लोग बाहरी। ऐसा भ्रम 'उपनिवेशवाद' का दर्शन रचनेवाले 'प्राच्यविदों' ने फैलाया था अंग्रेजों की सत्ता को न्यायोचित ठहराने के लिए। इसमें वे इस बात को घसीटकर लाये कि आर्य हमलावर के रूप में बाहर से भारत में आये। वे गोरे थे और तमाम काले लोगों को हराकर उन पर शासन कायम किया। इसलिए उन्हें अंग्रेजों को विदेशी कह उनका विरोध करने का नैतिक अधिकार नहीं है। बाद में उन्होंने काले लोगों को भी बाहर से आना सिद्ध किया। जैसे भारतवर्ष हमेशा ही एक खाली और जंगली इलाका रहा हो, जिसमें जिसने जब चाहा और जिस तरह से चाहा, आकर बस गये। इस तर्क में तीन कमजोरियाँ विशेष थीं। उन्हीं के अध्ययनों ने बताया था कि भारत-भूमि कम-से-कम चार अलग-अलग चट्टानों से युक्त होकर बनी है, जो दूर-दूर से खिसककर आन मिले थे और संयुक्त होकर आस्ट्रेलिया से भी दक्षिण-पश्चिम से चलकर वर्तमान स्थल पर आ एशिया से युक्त होकर उत्तर की तरफ धराभाग को दबाते बढ़ रहा है। निश्चय ही इन चट्टानी इलाकों में मनुष्य रहे होंगे– भला वे भूमियाँ इतनी अभागी कैसे हो सकती हैं कि उन पर जीवन ही न हो। उन्हीं के शोधों ने स्पष्ट किया कि उत्तर पाषाण काल, पाषाण काल, पूर्व धातु काल, उत्तर धातु काल आदि समयों के औजार और कहीं-कहीं मानव-पंजर के अवशेष मिले हैं। यह दूसरा तर्क कमजोरी को दिखानेवाला था। दरअसल उनकी स्थापना कि समस्त मानव जातियों का माइग्रेशन मध्येशिया से हुआ है, उस बाइबिलिक मिथ की परिणति है कि दुनिया के पैराडाइज में एक आदम मनुष्य के रूप में आये, उन्हीं के सीने की हड्डी से ईश्वर ने हौवा को बनाया। इसी एक जोड़ी स्त्री-पुरुष की सन्तति पूरी दुनिया के लोग हैं, चाहे नीग्रो हों, आर्य हों या मंगोल। मानव सम्बन्धी विकासवादी सिद्धान्त इसे स्वीकार नहीं करता। बताता है कि ये तीन तरह के लोग तीन तरह के होमोसैपियन से दुनिया के तमाम इलाके में स्वतन्त्र रूप से विकसित हुए, अपनी भाषा बनायी, अपनी संस्कृति रची। उनका माइग्रेशन और मिश्रण भी होता रहा पर यह नहीं कि वे एक ही जगह और एक ही वंश में पैदा हुए। इन्हीं

समस्याओं को ध्यान में रखकर भारत के संविधान निर्माताओं ने 'जनजाति' (Tribe) शब्द का प्रयोग किया। ट्राइब का मतलब होता है, "a social group usually of same race in a traditional society consisting of families or communities with same culture, language, religion, etc. and usually a particular leader — an individual or a small group of individuals."

वास्तव में 'आदिवासी' शब्द अंग्रेजी के शब्द 'primitive' के अनुवाद के रूप में प्रचलन में आया। 'प्रिमिटिव' से सांस्कृतिक विकास के स्तर पर आदिम अवस्था या चरण में पड़े रहने का भान होता है। संज्ञा के रूप में इसका प्रयोग एक ऐसे सरल समाज के रूप में होता है, जिसमें अभी उद्योग का आगमन नहीं हुआ होता है। भावना व अनुभूति के क्षेत्र में इसका मतलब उस तीव्रता से होता है, जो विवेक पर आधारित नहीं होती या फिर मानव-जीवन के सबसे आरम्भिक अवधि की नियोक्ता होती है। विकास के चरण के रूप में यह पुरातन या आरम्भिक चरण का द्योतक होता है जिसके पहले कोई और चरण नहीं होता। आज चूँकि 'आदिवासी' कहने पर यह सांस्कृतिक भान निवासी के भान के आगे दब जाता है, इसलिए 'जनजाति' कहना ही समीचीन होगा।

(2)

जनजातियों में कौन लोग हैं, इसका उत्तर दो तरह से ढूँढ़ना होगा। एक तो यह कि वे किस नस्ल और भाषा-समुदाय के हैं और दूसरे यह कि वे जनजाति कैसे बने? इसके पहले यह भी नोट करना आवश्यक है कि भारतवर्ष का परम्परागत अर्थ रहा है हिमालय से निकली सिन्धु और ब्रह्मपुत्र नदियों से घिरा दक्षिण की तरफ का पूरा भूभाग जो आज के श्रीलंका तक चला जाता है। जैसा कि हमने ऊपर नोट किया है यह चार तरह के भूगर्भी चट्टानों से बना है। इसी तरह इसके चार भौगोलिक भाग हैं—उत्तर में हिमालय पर्वत व उसका निचला भाग, फिर सिन्धु, गंगा व ब्रह्मपुत्र का मैदान, विन्ध्य का पहाड़ी और मैदानी इलाका तथा दक्षिण का लम्बा त्रिकोणात्मक इलाका। इसी में तीनों ही रंग के लोग बसते रहे हैं। नस्ल सम्बन्धी नृतत्व के सिद्धान्तों को लेकर 1901 की जनगणना के दौरान सर हर्बर्ट रिशले ने इन लोगों को सात उपसमूहों में बाँटकर देखा। नाम दिया मंगोलाइड, इण्डो-आर्यन, द्रविड़ियन, मंगोलो-द्रविड़ियन, आर्यो-द्रविड़ियन, साइथो-द्रविड़ियन और तुर्को-इरानियन। जल्दी ही इस विभाजन की त्रुटियाँ गोचर हो गयीं और 1931 की जनगणना में डॉ. जे. एन. ह्यटन ने नस्ल-भाषा-संस्कृति को एक साथ आधार बनाकर इन्हें नये सिरे से बाँटाः नीग्रोआइड, प्रोटो-आस्ट्रेलिआइड, अर्ली-मेडिटिरैनियन, एडवांस-मेडिटिरैनियन (जिन्हें द्रविड़ियन भी कहा), सिविलाइज्ड मेडिटिरैनियन (जिन्हें उन्नत द्रविड़ियन भी कहा) अल्पाइन (जिन्हें वैदिक आर्य भी कहा और नार्डिक भी कहा) तथा मंगोलाइड। राम प्रसाद चन्दा ने इन विभाजनों का विरोध किया क्योंकि इन विदेशी विद्वानों ने भारत भूमि को इन जातियों के आने से पहले जन से शून्य माना। चन्दा का कहना था कि उन्हीं के शोधों

से जाहिर हुआ है कि भारत भूमि पर मनुष्य आदिकाल से ही रहे हैं और उनके प्रमाण के अवशेष प्रथम हिमकाल, द्वितीय हिमकाल और तृतीय हिमकाल के दौर में ही मिले हैं, जो पूर्व पाषाण युग से पहले की स्थितियाँ हैं। यह और बात है कि उनमें उत्तर, पूर्व और पश्चिम से आकर लोग मिलते गये, जिससे नस्लों का मिश्रण होता गया और एक निश्चित तथा सुदृढ़ 'कम्पोजिट कल्चर' बनता गया।

इन दोनों तरह के विचारों के आधार पर डॉ. वी.एस. गुहा ने अपनी पुस्तक एन आउटलाइन ऑफ दी रेसियिल एन्थोलोजी आफ इण्डिया' में भारत के वाशिन्दों को छह मुख्य नस्लों और नौ उपप्रकारों में बाँटा, जो इस प्रकार हैं–

(1) **नीग्रो**- ये मुख्य भूमि पर न मिलकर अण्डमान द्वीप समूह में मिलते हैं। कुछ कर्नाटक के भीतरी इलाकों में भी मिलते हैं। किन्तु उन्हें तत्कालीन शासकों ने अफ्रीका से काम करने के लिए बुलाया और बसाया। उनका आगमन 16 वीं-17 वीं शताब्दी में है।

(2) **प्रोटो-आस्ट्रोलाइड** – ये पूरे देश में किसी-न-किसी रूप में निचले वर्ण और वनवासियों के रूप में फैले हैं।

(3) **मंगोलाइड**– इनके दो उप प्रकार हैं। एक लम्बे सिरवाला है, दूसरा चौड़े सिरवाला। वे असम, उत्तरी बंगाल और त्रिपुरा में मिलते हैं। दोनों को संयुक्त रूप से पैलियो-मंगोलाइड कहा जाता है। तिब्बतो-मंगोलाइड सिक्किम और भूटान में बसते हैं। उत्तराखण्ड, हिमाचल व लद्दाख में बसते हैं।

4) **मेडिटिरैनियन**– इनके तीन ग्रूप हैं। पैलियो मेडिटिरैनियम, जो कन्नड़, तमिल और मलयाली ट्रैक में मिलते हैं। सच्चे मेडिटिरैनियन, जो पंजाब और ऊपरी गंगा की पेटी कहें पश्चिमी उत्तर प्रदेश व हरियाणा में मिलते हैं तथाकथित ओरिएण्टल टाइप पंजाब, सिन्ध, राजपूताना और पश्चिमी उत्तर प्रदेश में मिलते हैं।

(5) **पश्चिमी ब्रैसीसेफल**– इनके भी तीन उप-समूह हैं। इनमें अल्पिनाइड लोग गुजरात, मलाबार को छोड़कर पूरे पश्चिमी घाट में मिलते हैं। दिनारिक लोग बंगाल उड़ीसा व काठियावाड़ में मिलते हैं। कुर्ग और तमिल इलाकों में भी रहते हैं। अर्मेनाइड लोग पूर्वी उत्तर प्रदेश, बिहार, चित्राल, गिलगिट, पश्चिमी नेपाल और पारसी समुदाय में पाये जाते हैं।

(6) नार्डिक– ये ही वास्तविक आर्य लोग हैं। यह विभाजन भी तमाम विद्वानों को स्वीकार नहीं है, विशेषकर यह कहना कि आर्य लोग नार्डिक हैं और बाहर से आये हैं। वे इसके उलट यह हैं कि आर्य लोग यहीं के हैं और यहीं से उत्तर गये हैं। भाषा-वैज्ञानिक अध्ययन में ऐसे अनेक भाषा-टापू मिलते हैं, जो इस बात को प्रमाणित करते हैं।

एक दूसरे तरह का अध्ययन भाषा के आधार पर ग्रियर्सन ने भारत के निबासियों को चार वर्गों में बॉटा।

(1) आस्ट्रिक (कोल व मुण्डा) (2) तिब्बतो-चीनी, या चीनी-तिब्बतन, (3) द्रविडियन और (4) आर्यन। सुनीति कुमार चटर्जी ने इस अध्ययन को आगे बढ़ाया और आज भी उसी को प्रामाणिक माना जाता है, यहाँ-वहाँ संशोधनों के साथ।

कहना न होगा कि यह अभी तक तय नहीं हो पाया है कि किसी नस्ल के विकसित या दमित हो गयी विशेषताओं के कारण कोई पूर्व निर्धारित मानसिक, संवेगात्मक दृष्टिकोण बन जाता है। यानी कोई तयशुदा नस्ली चरित्र बन जाता है। तो भी इतना निश्चित है कि एक संगठित जीवन पद्धति में सामाजिक जीवन और आर्थिक कलाम में मानव मन और संवेग को जो विशेष प्रशिक्षण मिलता है, उससे एक व्यवस्थित जीवन, कहे सभ्यता का एक ऐसा चौकठा निर्मित हो जाता है, जिसकी अभिव्यक्ति उस समुदाय के लोगों की भाषा में होती है। भाषा सीखे जाने की वस्तु है। जातियों के मिश्रण में भाषा का मिश्रण अक्सर होता है। जैसे मुण्डा लोग भिन्न नस्ल के होकर भी कोलों की भाषा का प्रयोग करते हैं, जिसमें स्वयं उनकी भी भाषा के कुछ अवशिष्टत होते हैं जिसे कोल लोग प्रयोग नहीं करते।

जनजातियों के अध्ययन में नस्ल और भाषा दोनों को ही ध्यान में रखा जाना चाहिए। इसके आधार पर विद्वानों ने पाया है कि जनजाति के लोग यूँ तो चारों नस्लों – नीग्रो, प्रोटो-आस्ट्रेलियाइट द्रविड़, मंगोहर और आर्यों–से हैं पर अधिकांश प्रोटो-आस्ट्रेलियाइट ही हैं। उनके बाद मंगोलाइड हैं। भाषा के आधार पर भी यही बात है। सबसे अधिक आस्ट्रिक और उनके बाद चीनी-तिब्बतन है। प्रोटो-आस्ट्रेलियाइट और आस्ट्रिक बोलनेवाले भारत की मध्य-भूमि और मंगोलाइड तिब्बतो-चीनी बोलनेवाले असम, नागालैण्ड, अरुणाचल प्रदेश, मेघालय, मणिपुर, मिजोरम, त्रिपुरा, सिक्किम वगैरह में हैं।

(3)

ये जनजातियाँ कैसे बनीं?

भारतीय वाङ्मय के अतः साक्ष्यों के अध्ययन से जाहिर होता है कि आर्यों का युद्ध तीन तरह के लोगों से हुआ– दस्यु, दास व निषाद से। लोगों में सामान्य धारणा है कि विड़री बस्तियों में रहकर विद्यार्जन, पशुपालन और खेती करनेवाले आर्यों पर घुमन्तू, दस्यु लोग आक्रमण करते रहते थे। परिणामस्वरूप दोनों में लड़ाई होती रहती थी। इन दस्युओं के दो रूप थे। एक दल स्वयं चारावाहा था जो उत्तर से चारागाहों की तलाश में आता था। दूसरा दल पशुओं के साथ नहीं, वैसे ही रोजी-रोटी की तलाश में आता था। विद्वानों का कहना है कि दस्यु लोग आर्यों के ही अनुरूप, पर काले लोग थे, जो सांस्कृतिक रूप से पिछड़े थे, जिन्हें पामीर के उस पार 'दहई' कहा जाता था, जिसमें 'दाह' का मतलब 'देश' होता था। (हिन्दी में जो 'डीह' कहा जाता है, उसका बोध उसी से है।) पर भारत में इसका मतलब 'यहाँ से बाहर का' होता था। हमलावर होने के परिणामस्वरूप उन्हें डाकू माना जाता था। हारने के बाद ये दस्यु लोग बिखर कर जंगलों और पहाड़ों में चले जाते थे और वहीं रहकर जीवनयापन करते थे, मुख्य धारा के लोगों के जीवन से भिन्न रूप में। उनमें जो पकड़ जाते थे या स्वेच्छा से आर्यों के साथ रहने लगते थे, उनकी स्थिति दास की तरह रहनेवाली की तरह की होती थी।

'दास' वहीं भारत में रह रहे काले लोगों को कहा गया जिनका संघर्ष सिन्ध और गंगा के मैदानों में रह रहे आर्यों से होता था, जब आर्य लोग अपने इलाके का विस्तार

करते थे। इस संघर्ष में दास लोग अक्सर हार जाते थे। जो अधीनता स्वीकार कर लेते थे, वे आर्यों में एक जाति के रूप में समाहित हो जाते थे, पर पूरी तरह से उनकी संस्कृति स्वीकार नहीं करते थे। अपना कुछ बचाये रहते थे। इसलिए उन्हें 'अनाचरिया' कहा जाता था। काल-क्रम में उन्हीं से शूद्रों की तमाम उपजातियाँ बनीं। प्रकारान्तर से वे अपनी जीवन-पद्धति और संस्कृति के कुछ तत्त्वों को आर्यों की जीवन-पद्धति और संस्कृति में भी पैठा देते थे। वह अधिक न हो पाये, इसलिए आर्य लोग उनसे दूरी बनाकर रखते थे। जो अधीनता नहीं स्वीकार करते थे वे जंगलों पहाड़ों में, दूरस्थ जगहों में भाग जाते थे और अपना स्वतन्त्र जीवनयापन करते थे। इससे उनका सांस्कृतिक विकास अवरुद्ध होता गया। वे अपने जीवन के तत्कालीन मूलाधारों को हमेशा के लिए पकड़े रहे और पिछड़ते चले गये।

सिन्धु और गंगा के मैदानों से खदेड़े जानेवाले ये प्रोटो-आस्ट्रेलियाइड आस्ट्रिक भाषा बोलनेवाले लोग विन्ध्याचल से दक्षिण और अरावली से पूरब जाकर बसे। इनके दो समूह थे— शबर और पुलिन्द। शबर में कोल और भील दो उपसमूह थे। इनमें कोल लोगों का विस्तार निकोबार द्वीप समूह तक मिलता है। भील लोगों का विस्तार दक्षिण में सबरालु, उत्तर में ग्वालियर, पूर्व में उड़ीसा की पहाड़ियों तक में मिलता है।

पुलिन्द लोग वे तमाम गोंड जातियाँ हैं जो गोंडवाना में जाकर बसे या बसते चले गये। इनमें झारखण्ड के साओतालों से लेकर आन्ध्र के दक्षिणी-पूर्वी कोने के कोंडों और वारंगल के आदिवासियों तक आते हैं, जिनके कोई छोटे-बड़े चालीस के करीब उपसमूह हैं।

निषादों को कुछ लोग इन्हीं का समुच्च मानते हैं और कुछ लोग भिन्न मानते हैं। उत्तर भारत में निषाद का मतलब जल पर आधारित जीवन व्यतीत करनेवाले वंश के लोग होता हैं चाहे जलचरों को पकड़ना हो, या जल पर यातायात संचालित करना हो। यही बात समुद्र के किनारे बसनेवाले निषादों का भी है। सांस्कृतिक रूप से ये लोग एक तरफ कोल और भील लोगों से भिन्न हैं, तो दूसरी तरफ गोंड लोगों से भी। उत्तर भारत में तो वे आर्यों के बीच रहते-रहते इतने आर्यरूपी हो गये हैं कि शूद्र जाति के अंश लगते हैं। हो सकता है कि ये आरम्भ में शबर-पुलिन्द ही हों, जो जल पर जीवन आधारित कर लेने के कारण सांस्कृतिक रूप से काफी भिन्न हो गये हों।

धीरे-धीरे निषाद शब्द का प्रयोग सभी अनार्य जातियों के लिए होने लगा, मंगोलाइडों को छोड़कर, जो आर्यों के अधीन नहीं थे, जंगल में रहते थे और एक अपनी विशिष्ट जीवनपद्धति को लेकर चलते थे, जिसमें जोर सामूहिकता और बराबरी पर था, व्यक्तिगत सम्पत्ति की जगह बल 'टेरिटरी' पर दिया जाता था। उन्हें चतुर्वर्ण से अलग कर पंचम वर्ण के रूप में देखा जाता था और लगभग कोई सम्पर्क नहीं रखा जाता था। वेबर उन्हें बस्तियों में रहनेवाला (एकाकी रहनेवाला नहीं), आदिम मनुष्य मानता है, जो कृष्ण त्वचा, कुवाच (असम्मानजनक शब्दों का प्रयोग करनेवाला), मृध्रावाच (गाली-गलौज और अश्लील भाषा बोलनेवाला), दैत्याकार, बलबूतावाला बर्बर होता है। बाद में इन्हें नाग और नागवंशी

कहा जाने लगा, क्योंकि उनके यहाँ किसी-न-किसी रूप में पत्थर पूजन, लिंग पूजन होता था, और एक महादेवता की कल्पना की जाती थी, जिससे सर्प लिपटे होते थे। इस सर्प और महादेवता के वाहन पशु की भी पूजा की जाती थी।

यहाँ यह नोट कर लेना जरूरी है कि दक्षिण में निषाध (जिन्हें 'नैषध' भी कहा जाता है, 'निषाद' से भिन्न हैं। सतपथ ब्राह्मण में एक दक्षिणात्य काले राजा 'नाध' के नाम से उल्लेख मिलता है। निषाध या नैषध लोग उन्हीं से जुड़े हैं। 'निषाद' शब्द का प्रयोग तमाम अनार्य जातियों को (वंश व संस्कृति दोनों के आधार पर) आर्य जातियों से अलगाने के लिए होता था, जबकि 'निषाध' का प्रयोग एक राज्य सम्बन्धी जाति विशेष के लिए होता था, जो हो सकता है कि आर्य जाति का ही एक अंश हो। ऐसे ही एक राजा महाभारत के नल हैं। इनका क्षेत्र कहाँ था, स्पष्ट नहीं है। पर लगता है कि वह विदर्भ था।

ब्रह्मपुत्र की घाटी से आर्यों के पुरातन सम्पर्क के बावजूद बंग समेत वह पुराने भारत से कुछ अलग ही रहा है। प्रोटो-आस्ट्रेलियाइड लोगों का वहाँ अतीत में वास था, उसके कुछ अवशेष अब भी मिलते हैं, पर उनका अधिकांश उन मंगोल कबीलों द्वारा आत्मसात् कर लिया गया, या विनष्ट ही कर दिया गया जो विभिन्न लहरों में पुरातन काल से आज तक तिब्बत और चीन के शान प्रान्त से आते रहे हैं। आर्य लोगों की भाषा और संस्कृति उन्हें प्रभावित तो करती रही है (और आज असमिया भाषा बंगाली के प्रभाव में अधिकांशतः आर्य मूल से निकली भाषा लगती है), पर वर्चस्व हमेशा किरातों का ही बना रहा है। पहाड़ों में बसनेवाली जातियों पर उनका प्रभाव नहीं के बराबर है। जयन्तिया और गारो जनजातियों को कुछ हद तक छोड़ कर। अरुणाचल प्रदेश की कुछ जातियाँ बौद्ध भी हैं। आज इस इलाके में बसी जनजातियों के कई सौ स्वतन्त्र वंश है, जिनकी भाषा और संस्कृति एक-दूसरे से एकदम जुदा है। खासियाँ समेत कई छोटी जनजातियों का समाज मातृकुलात्मक है, या उनमें मातृकुलात्मकता के अवशेष देखने को मिलते हैं। कछारी, अहोम, चुतिया, आओ, अंगामी, सेमा, चास्वेसाड, थांगकुल, मेइतेई, लुशेई, हमार, कुकी, तिपेरा, आदी, इदू, डफला, आपातानी, सिंगफो, कोच, मेस, राजवंशी, खासी, गारो, जयन्तिया, तमाम जनजातियाँ यहाँ के मैदानों और पहाड़ों में बसती हैं, जिनके आर्थिक और सांस्कृतिक स्तर में बहुत-बहुत अन्तर है, स्त्रियों की दशा विभिन्न चरणों पर है और उन पर एक तरह से सरपेटिया बात करना अन्याय करना है।

ये तमाम लोग भारत के बाहर से ही आये, इसे वे सभी स्वीकार नहीं करते और कुछ अपने को यहाँ का मूल वाशिन्दा मानते हैं। यह बात सही है कि तमाम लोग बाहर से आते रहे और उनमें मिलते रहे, कुछ वहाँ से बाहर भी जाते रहे। एक नयी जाति की लहर पहले से बसी जाति को आगे ठेलती थी और ठेलाती जाति और आगे की जाति को और आगे ठेलती थी, जो झारखण्ड और उड़ीसा तक पहुँच जाती थी।

तमाम मंगोल लोग दार्जिलिंग से लेकर लद्दाख तक बसे हुए हैं और विभिन्न समूहों में आदिम सांस्कृतिक स्तर पर ही जीवनयापन कर रहे हैं, अपनी संस्कृति व भाषा के साथ।

जाहिर है कि अधिकांश जनजातियाँ प्रोटो-आस्ट्रेलाइड और मंगोल मूल की हैं। कुबेर नाथ राय सभी को निषाद कह तीन समूहों में बाँटते हैं, मालव-निषाद (किरात-असम और हिमालय के पहाड़ियों के वासी), द्रविड़-निषाद और आर्य-निषाद, उनके सांस्कृतिक अध्ययन के लिए।

इस विवेचन से स्पष्ट है कि भारत में जनजाति समाज को एक रूप या स्वरूप लिये हुए नहीं है। उनमें विविधता नस्ल और भाषा के आधार पर ही नहीं, सांस्कृतिक विकास के विभिन्न चरणों के कारण भी है। इनमें मंगोलाइड की समस्या नीग्रोआइडों की समस्या से भिन्न हैं। पहाड़ पर रहनेवाली जनजातियों की समस्याएँ मैदान में रहनेवाली जनजातियों से भिन्न है। गड़कर रहनेवालों से घुमन्तुओं की समस्या भिन्न है। हिन्दू हो गये की समस्याएँ, ईसाई हो गये से भिन्न हैं। मुसलमान हो गये की दोनों से भिन्न हैं। जो अपना परम्परागत मत बचाकर रखे हैं, उनकी तीनों से भिन्न है। विद्रोही हो गये और मार खाते चले गये की समस्याएँ भिन्न हैं। अपना विद्रोह स्वयं चलानेवालों की और दूसरे के नेतृत्व में चलानेवालों की समस्याएँ भिन्न हैं।

जनजातियों के समाज के बारे में शेष भारत में, विशेषकर लिखे-पढ़े लोगों को बहुत अज्ञान है। अक्सर लोग यह समझते हैं कि सेक्स के बारे में उदारता और खुलेपन के कारण उनका समाज मातृकुलात्मक है। पर वास्तव में मातृकुलात्मक समाज कुछेक ही हैं। अधिकांश समाज घोर पितृकुलात्मक हैं। स्त्रियों के जीवन का खुलापन और कुछ स्वायत्तता को देखकर समझते हैं कि वे स्वतन्त्र और सन्तुष्ट हैं। पर हिन्दी भाषाभाषी प्रान्त की तमाम हिन्दू-मुस्लिम स्त्रियों की अपेक्षा उनका जीवन बेहतर होने के बावजूद उनकी स्थिति भी दयनीय होती है और पुरुष शोषण की शिकार होती हैं। बलात्कार का न होना, निर्णय लेने में भागीदारी, पर्दा-व्यवस्था की अनुपस्थिति, दहेज का न होना के बावजूद लिंग के आधार पर काम का विभाजन, नकद कमाई पर पुरुष का अधिकार, हाथ-तोड़ मेहनत और निठल्ले शराबी पतियों या परिवार के पुरुषों के कारण उनका खूब शोषण होता है। घरेलू हिंसा का शिकार होती हैं। इनमें उत्तर-पूर्व की जनजातियों की स्त्रियों की स्थिति प्रोटो-आस्ट्रेलाइड स्त्रियों की तुलना में बेहतर है। इसी तरह ईसाई हो चुके और कुछ अंग्रेजी शिक्षा प्राप्त कर चुके स्त्रियों की स्थिति बेहतर है। पर जबसे वे गैर-जनजाति के लोगों के सम्पर्क में आ रहे हैं, और उनके जीवन-मूल्यों को अपना रहे हैं या उनसे प्रभावित हो रहे हैं उनके समाज में उथल-पुथल हो रहा है और पुराने किस्म के शोषण की जगह नये तरह के शोषण और सामाजिक-आर्थिक-सांस्कृतिक जीवन में झाँक रहा है। झारखण्ड के आदिवासी पुरुषों में एक प्रवृति यह दिख रही है कि वे अपने समाज की स्त्रियों को काम करने के लिए नगरों में ले जाते हैं, जिनका शोषण नगर के लोगों के साथ-साथ ये जनजाति के पुरुष भी करते हैं। भले ही उनके यहाँ जाति-व्यवस्था नहीं है, पर इधर बड़ी तेजी से ऊँच-नीच, शिक्षित-अशिक्षित, धनी-गरीब नगर और जंगल के लोग का भेद बढ़ रहा है। जैसा जनतन्त्र उन पर थोपा गया है और विकास का जो रूप उनमें प्रवेश कराया गया है उससे ये तेजी

से हमारी ही तरह भ्रष्ट होते जा रहे हैं, उनके जीवन का सन्तुलन तेजी से विनष्ट हो रहा है। जल, जमीन और जंगल पर जिस तरह से कब्जा हो रहा है, वहाँ की भू-सम्पदा के दोहन के लिए उससे विद्रोह का जन्म हो रहा है। जनजातियों के लोग हमेशा से जुझारू रहे हैं। अपने ऊपर कब्जा वे कभी बरदाश्त नहीं कर पाये। उनके जनजाति में परावर्तित होने का कारण ही वर्चस्व का विरोध है। इसी विरोध की चर्चा ने जनजातीय विमर्श को जन्म दिया है। भारत में उसका स्वरूप क्या है, उसका विश्लेषण करने से पहले, उसकी अन्तरराष्ट्रीय स्थिति देख लेनी चाहिए।

(4)

भारत में आज हम जिसे जनजातीय विमर्श कह रहे हैं, वह अन्तरराष्ट्रीय स्तर पर 'ट्राइबल क्वेश्चन' (जनजातीय प्रश्न) कहा जाता है। उसका जन्म जनजातियों और अगड़े समाजों के बीच हुए संघर्ष को दृष्टि में रखकर हुआ है। इसका समाधान कैसे हो, इसके तीन रूप सामने आये हैं। एक समाधान यूरोपवालों का है अमेरिका में जहाँ उन्होंने रेड इण्डियनों को भरसक मार ही डाला। वही काम आस्ट्रेलिया में मावरी लोगों के साथ किया। जिनको नहीं मार पाये उन्हें खदेड़कर बिखेर दिया, जिससे उनकी अस्मिता व सामूहिक पहचान ही नष्ट हो गयी। यह सब उनकी सम्पदा व जमीन लेने के लिए किया। भारत में ऐसा नहीं कर पाये क्योंकि यहाँ भी तमाम कौमें अपनी तमाम सीमाओं के बावजूद इतनी बहादुर थीं कि लगातार दो सौ वर्षों तक प्रताड़ित किये जाने के बावजूद जब देश अंग्रेजों की दासता से आजाद हुआ तो लगभग छह सौ रियासतें विभिन्न स्तरों पर अर्द्धस्वतन्त्र थीं, जिनका पूर्ण दलन ये विदेशी नहीं कर पाये थे। उनमें कई जनजातियों की रियासतें थीं। यहाँ की जनजातियों के बचे रहने में उनका भी कुछ योग था। स्वयं जनजातियाँ समय-समय पर अपनी स्वतन्त्रता व अस्मिता के लिए कभी सशस्त्र तो कभी शान्तिपूर्ण ढंग से उठ खड़ी होती थीं। अफ्रीका में हब्शी लोगों का पशुओं की तरह आखेट किया जाता था और पिंजड़े में बन्द कर उसी अमेरिका में दासों के रूप में बेंच दिया जाता था। उनकी मुक्ति के लिए अब्राहम लिंकन को बाकायदा गृहयुद्ध में हिस्सा लेना पड़ा, जिसमें देश के विभाजित हो जाने का खतरा उठ खड़ा हुआ था।

दूसरा रूप, जो बिल्कुल दूसरे छोर पर है, लैटिन अमेरिका के कुछ देशों में लक्षित है। यह कि जनजातियों को सभ्य समाजों से बचाकर, उनसे दूर रखने की जरूरत है, जिससे कि वे अपना बिल्कुल निजी और अपने तरह का जीवन जीने का पूरा अवसर पायें। इसकी बड़ी अच्छी अभिव्यक्ति जान स्टेनबेक के कुंछ उपन्यासों और अभी हाल में मारिया बर्गास लोसा के उपन्यास 'आल्बादोर' में हुई है, जो पेरू के मांचीग्वेवा जनजाति के जीवन पर आधारित है। स्टेनबेक के उपन्यासों में दर्शाया गया है कि जमीन की समस्या जनजातियों के लिए शाश्वत समस्या है। उनके लिए जमीन कोई व्यक्तिगत सम्पत्ति की वस्तु न होकर सामूहिक 'टेरिटरी' है, जिसमें जनजाति निर्द्वन्द्व होकर रहती है, बिना किसी के बादशाहत के। उसे वह हक मिलना ही चाहिए। लोसा के उपन्यास से विदित होता है कि जनजातियों

को आधुनिक सुख-सुविधाओं, सम्पत्ति और अवधारणाओं की आवश्यकता नहीं है। वे अपने पुरुखों के व्यावहारिक अनुभव, तज्जन्य ज्ञान, उन्नत संवेगों और सन्तुष्ट मनोदशा के साथ भरे-पूरे हैं, उसी के बल पर आज तक जिन्दा हैं और आगे भी रहेंगे।

एक तीसरा रूप काले लोगों द्वारा अपनी स्वाधीनता के लिए पिछले सौ-डेढ़ सौ वर्षों में लड़ी लड़ाइयों से बनता है। उसने काले लोगों की राष्ट्रीयता, कहें चेतना का निर्माण किया। उसके एक उन्नायक मार्कस गारवे ने 'बैक टू अफ्रीका' का नारा दिया था। 1914 में उन्होंने 'यूनिवर्सल नीग्रो इम्प्रूवमेण्ट एसोसिएशन' की स्थापना की थी। उस मंच से काले लोगों के गौरव और आत्मपूर्णता के लिए दिये गये सन्देश को जब चौतरफा स्वीकृति मिली तो आन्दोलन को तेज करने के लिए वे जमैका से न्यूयार्क चले गये। यद्यपि कि उनका व्यापार और आन्दोलन जल्दी ही चौपट हो गया, पर उनकी बातों ने आगे के ब्लैक पावर मूवमेण्ट को एक मजबूत आधार प्रदान किया था। यहाँ तक कि भारत के भीमराव अम्बेडकर ने उन्हीं से दलित राजनीति (तब अछूत राजनीति) की प्रेरणा ग्रहण की थी। पर ब्लैक आन्दोलन को गति पिछली सदी के साठ के दशक में मिली जब मार्टिन लूथर किंग ने काले लोगों के नागरिक अधिकारों के लिए नये सिरे से अहिंसात्मक आन्दोलन छेड़ा। इसके लिए जल्दी ही एक राष्ट्रीय संगठन उठ खड़ा हुआ, जिसका नाम था 'नेशनल एसोसिएशन फार दी एडवांसमेण्ट ऑफ कलर्ड पीपुल।' आगे कुछ लोगों ने अहिंसात्मक ढंग से आन्दोलन चलाने की योजना बनायी और अलगाव की राजनीति पर बल दिया। इसे नेतृत्व दिया 'ब्लैक पैन्थर पार्टी' ने। इसका रूप तब और उग्र हो गया जब दर्शन रचा गया कि अमेरिका में रहनेवाले हब्शी अफ्रीका के मुस्लिम मूल के हैं और उन्हें एक अलग राज्य दिया जाना चाहिए। न मिलने पर सशक्त क्रान्ति करेंगे। इसके नेता एलिजा मोहम्मद और माल्कम एक्स थे। आज इसका नेतृत्व लुई फर्राखान करते हैं और दल का नाम 'नेशन ऑफ इस्लाम' कर दिया गया है। आज यह आन्दोलन सिर्फ अमेरिका तक सीमित नहीं है और दुनिया के तमाम हिस्से में काले लोग ही नहीं, मंगोल और आर्य लोग जहाँ अल्प संख्यक हैं और उनकी सांस्कृतिक विकास अवरुद्ध होकर जनजातीय स्वरूप ले लिये हैं अलगाववादी आन्दोलन की ओर झुक रहे हैं।

इस तरह के आन्दोलनों के सैद्धान्तिक पक्ष को देखें तो वह आर्थिक और सामाजिक हाशियेपने को समाप्त करना चाहता है। इससे नस्ली दमन भी जुड़ा हुआ है। इस मामले में यह राजनैतिक उदारवाद और बहुलवाद की ओर ले जाता है और संरचनात्मक नुकसानदायी स्थिति और अन्तर्जनित असमानता को विनष्ट करना चाहता है। इस क्रम में वह उत्तरी अमेरिका और पश्चिमी यूरोप में गोरे लोगों की वर्चस्वकारी संस्कृति का विरोध करता है जो लम्बे समय से यह अवधारणा थोपती रही है कि काले लोगों की संस्कृति और नस्ल हमेशा से हीन रही है, उसे बेहतर गोरे लोगों की जीवन-पद्धति ही बना सकती है और काले लोगों को हमेशा गोरे लोगों के हित साधन में लगा रहना चाहिए। इसके प्रतिकार में क्षेत्रीय निष्ठाएँ या क्षेत्र भक्ति का विकास हुआ है, जो 'आन्तरिक उपनिवेशवाद' का विरोध

करती है, जिसमें परिधि के, कहिये हाशिये के लोगों का केन्द्र कहिये, हृदप्रदेश के लोगों द्वारा शोषण होता है। इसे 'कोर-पेरिफेरी मॉडल' कहा जाता है, जिसकी विस्तारित परिभाषा देते हुए अण्डरवुड लिखते हैं, "The core periphery model is an explanatory framework that aims to demonstrate how and why regional imbalances in economic development occur. It can be applied either to regional imbalances with a state (as a theory of internal colonism) or to imbalances in global economy (as a theory of world order). However, it often acknowledges overlap between two eoreareas, for instance are ones that are better integrated into the global economy. The core-periphery model emphasises a system of unequal exchange in which the core region prospers and develops specially through the exploitation of the periphery, pushing it into underdevelopment. The core is thus characterized by relatively high wages, advance techonology and a diverstified production mix; and the periphery is characterized by low wages, more rudimentery technology and a simple production mix." जहाँ पर जातीय समीकरण नहीं है, वहाँ पर इसका रूप अलगाववादी और हिंसक हो जाता है नस्ल व संस्कृति के आधार पर। गेलनर पहले इसके औचित्य पर प्रश्न उठाता है और कहता है कि जो व्यवस्था सदियों पहले पुरुखों ने बनाया, जो इस शोषण की ओर ले गया, उसका खामियाजा मौजूदा पीढ़ी को क्यों भुगतना चाहिए। आज इस शोषित लोगों को एकाएक इतना महत्त्वपूर्ण क्यों बना दिया गया है। उत्तर में कहता है कि यह उत्तरआधुनिकता की देन है, जिसमें अमेरिका एक धुरीय वर्चस्व बनाकर रखने के लिए राष्ट्र को कमजोर करने के लिए क्षेत्रीय पहचानों को बढ़ावा देता है, जिससे कि उसके वैश्वीकरण का कारगर मुकाबिला राष्ट्र न कर सकें—अपनी आन्तरिक परेशानियों को लेकर जूझते रहें, विशेषकर विकासशील देशों में। एक दूसरी बात वह यह कहता है कि जिस तरह आधुनिक और औद्योगिक समाजों ने राष्ट्र के निर्माण को गति दी थी, उसी तरह उत्तरआधुनिकता नस्ली समाजों, पिछड़े समाजों के क्षेत्र में संगठित होने की गति और बल दे रहा है। जिस तरह से आधुनिकता ने 'नागरिक निष्ठा (सिविल लायल्टीज) को जन्म दिया था, उत्तरआधुनिकता क्षेत्रीय और नस्ली निष्ठा को जन्म दे रहा है। यह अच्छा है, या बुरा—यह दीगर बात है।

(5)

हजारों वर्षों से जनजातियों के साथ-साथ रहने के बावजूद उनका अध्ययन भारत में भारतीयों ने नहीं, अंग्रेजों ने आरम्भ किया। हम पाते हैं कि जिन विजित देशों के जन को वे पूरी तरह से विनष्ट नहीं कर पाते थे, उनके इतिहास और साहित्य का अध्ययन करते थे। यदि व्यवस्थित लिखित इतिहास नहीं होता था, तो उसकी टूटी कड़ियों को जोड़ते थे। वही काम में साहित्य के बारे में भी करते थे। इतिहास जानकर वे इन जातियों के जीवन

का यथार्थ जानते थे और साहित्य से उनकी कल्पना, मूल्यबोध और उससे उपजा सपना। दोनों में इराजन जातियों की शक्ति के केन्द्रों को, उसकी कमजोरियों को, उसके मन को जानकर, शरीर के बाद मन और आत्मा पर कब्जा करना होता था। एक ऐसी छवि बनानी होती थी कि जिससे ये विजित जन अपने जातीय जीवन-मूल्यों को नीची निगाह से देखें और विजेता वर्ग के जीवन मूल्यों को आदर्श मानकर अपनाएँ और धीरे-धीरे उनके विजय को उचित मानने लगें।

भारत में इसका अध्ययन करनेवाले तीन तरह के अंग्रेज थे। एक तो वे जो सच्चे विद्वान (जेन्यूइन स्कालर) थे। वे यहाँ के साहित्य, इतिहास और जन-जीवन का अध्ययन कुछ वस्तुगत रूप से करते थे और अपने यहाँ के जीवन, साहित्य और इतिहास से उसकी तुलना करते थे। अपने को सभ्य कहते थे हमें संस्कृति। सभ्यता को आधुनिक और अगड़ा मानते थे, संस्कृति को पुरातन और पिछड़ा। इसलिए सभ्यता को संस्कृति से ऊँची मानते थे। इसका प्रणेता विलियम जोन्स था, जिसने एशियाटिक सोसाइटी और उसके जर्नल की स्थापना की थी। दूसरा वर्ग प्रशासकों का था। अपना सरकारी काम करते हुए वे अपने इलाके के लोगों की जीवन शैली, परम्परा, कानून, इतिहास और दीगर संस्थाओं का अध्ययन करते थे। कलेक्टर, पुलिस सुपरिण्टेण्डेण्ट, इन्जीनियर, सेना के अधिकारी, पादरी विभिन्न इलाकों में दौरा करते हुए लम्बी-लम्बी डायरी लिखते थे, जिसका उपयोग एक तरफ इलाके का गजट लिखने के लिए होता था, तो दूसरी तरफ शासन चलाने के लिए। तीसरा वर्ग म्यूजियम बनानेवालों का था जो विलक्षण चीजों को इकट्ठा करते थे, लोगों के बीच बेजान वस्तुओं की प्रदर्शनी के लिए, उनका कौतुहल शान्त करने के लिए।

अब जनजातियों के पास न तो स्मृतियों में इतिहास था—कहीं था भी तो इतना कि मिथक से आगे बढ़ नहीं पाता था, और न ही साहित्य—कहीं था भी तो लोकगीतों लोकनाट्यों तक सीमित। इसलिए उनका अध्ययन नृतत्त्व शास्त्र के रूप में होता था, जिसमें इनकी तत्कालीन जीवन-पद्धति, सामाजिक बर्ताव, आर्थिक कलाप, धार्मिक विश्वास, कानूनी और सामाजिक संस्थाओं का अध्ययन समाहित रहता था। इनका अध्ययन करनेवाले लोग भी वही दूसरे और तीसरे वर्ग के लोग होते थे, जो या तो इनकी विचित्रताओं को संगृहीत करते थे, या फिर उनके आपसी शक्ति-सम्बन्धों को जानना चाहते थे जिससे कि उन्हें तोड़कर उनपर पूरी तरह से हावी हुआ जा सके। एक तीसरा इरादा उन्हें ईसाई बनाना होता था।

आदिवासियों का जीवन सामूहिक होता था और युवा गृहों के इर्द-गिर्द घूमता था। (विशेषतः उत्तर-पूर्व में), जिनके स्वाभाविक सदस्य उस गाँव के युवक और युवती होते थे। वे न केवल बाहरी आक्रमणों से गाँव की सुरक्षा करते थे, खुद भी दूसरे गाँवों पर आक्रमण करते थे, खेती-बारी सम्बन्ध नीति बनाते थे और उसे लागू करते थे, उत्सवों और त्योहारों के केन्द्र में होते थे, नाच-गान और तमाम सामूहिक कर्म वहीं होते थे। न्याय-व्यवस्था जरूर गाँव-बूढ़ों के हाथ में होती थी, या कबीले के मुखिया के हाथ में।

अंग्रेजों ने इन संस्थाओं को धीरे-धीरे समाप्त कर दिया। इससे जनजातीय कबीलों की शक्ति क्षीण होती चली गयी। दूसरे इस सामाजिकता की रिक्ति को भरने के लिए चर्च को सामूहिक जीवन से जोड़ उसे केन्द्र में ला दिया गया, उन्हें ईसाई बनाने के बाद। जहाँ यह नहीं हो पाया वहाँ कबीला की शक्ति धीरे-धीरे पूरी तरह से विसर्जित होती चली गयी और वे बस किसी तरह गुजर-बसर करनेवाले मजदूर बनकर रह गये, विशेषतः वहाँ के लोग जहाँ जंगल किसी-न-किसी कारण काट डाले गये और उनकी कृषि भूमि पर दूसरों का, बाहरी लोगों का कब्जा हो गया। एक सकारात्मक काम यह अवश्य हुआ कि उन लोगों ने उनकी बोलियों का अध्ययन किया, उनका व्याकरण खोजा, शब्दों को इकट्ठा किया बाइबिल के अनुवाद के लिए। इन अफसरों ने इनके अध्ययन और इनके ऊपर प्रशासन से तय किया कि इन आदिवासियों को ईसाई बनाने के बाद (और न बने तो भी), वे जैसा जीवन जी रहे हैं, वैसा ही जीने के लिए छोड़ दिया जाये, उनके शक्तिकेन्द्रों को तोड़ने के बाद, जिससे कि वे विद्रोह न करें। वारेन हेस्टिंग्ज ने विलसन के साथ तय पाया था कि, "The company should govern in the Mughal and general Indian Tradition i.e. improving the framework of security beneath which traditional society continue its wanted course. The soul of the people is to be found in their religio-social institutions and traditions and we should interfere with these at our peril. We should content ourselves with the patronage of their art, artizenry even religion, but avoid any provocation of estalished custom. Tribal belt might be preserved as arthropological museum." दरअसल उनको अपने में आत्मसात् करने में कोई आर्थिक लाभ नहीं था। वे कोई ऐसा कच्चा माल उत्पादित नहीं करते थे, जिससे ब्रिटेन में मुनाफा कमाया जा सके। जमीन ऐसी उर्वर नहीं थी कि उसपर किसी कच्चे माल की खेती हो सके। रेलवे की पटरियों के लिए स्लीपर तो यूँ ही मिल जाते थे। तीसरे उनके वैचित्र्य को वे अपने मनोरंजन के लिए सँजोकर रखना चाहते थे। इसलिए उनकी नीति 'एन्थ्रोपालोजिकल म्यूजियम' की हो गयी। देश के अंग्रेजों की अधीनता से मुक्त हो जाने के बावजूद इस नीति में परिवर्तन नहीं हुआ, जबकि देश और उसकी सामाजिक इकाइयों, केन्द्र और इलाकों के सन्दर्भ में महती परिवर्तन आया। बगल के समाज में हो रहे परिवर्तन और आधुनिकीकरण से बचकर कोई भी पड़ोस का समाज नहीं रह सकता विशेषतः इस छोटी होती जा रही दुनिया में। तब सवाल उठता है कि इस आधुनिकता और आदिम परम्परागत समाज में सन्तुलन कैसे स्थापित किया जाये। मेरा मतलब है जनजाति आधुनिकता को कितना ग्रहण करे और उसके लिए कितना छोड़ दे? फिर यदि वह अपने एकदम से आत्म-निर्भर से तत्काल पूर्णतः पर निर्भर समाज की योजनाओं को अपना ले तो उससे विसंगति, विनाश और जड़ से ही उखड़कर एकाएक अस्तित्वहीन हो जाने का जो खतरा होगा, उससे कैसे बचे, दोनों के बीच कैसे सन्तुलन साधें? उसका स्वरूप क्या हो? ये बातें स्पष्ट नहीं हैं। यह किसकी जिम्मेदारी है, स्पष्ट नहीं है।

हमें लगता है कि जिम्मेदारी सरकार और जनजाति दोनों की है। सरकार की नीति वही अंग्रेज की नीति को चलाते रहना है। वह नीति पं. जवाहरलाल नेहरू की बनायी हुई है। उनके मित्र पादरी वेरियर एलविन थे, जिन्होंने दूर अरुणाचल प्रदेश के आदिवासियों से लेकर अबूझमाड़ के मरिया, माड़िया तक का अध्ययन किया। फिर एक पुस्तक 'न्यू डील फार ट्राइबल इण्डिया' लिखा। उसमें उन्होंने जनजातियों को अपने ढंग से जीने देने के अधिकार की वकालत की। सरकार के लिए कर्त्तव्य जताया कि वह उनको आधुनिक शिक्षा, स्वास्थ्य, खाद्यान्न, बुनियादी आवागमन आदि की सुविधाएँ, रोजगार आदि मुहैया कराये और इसे भी जनजातियाँ के अधिकार के रूप में स्वीकार किया जाये। इसके परिणामस्वरूप वे धीरे-धीरे भारतीय राष्ट्र और जनतान्त्रिक प्रणाली का अंग बन मुख्यधारा के देश के साथ एकबद्ध हो जायेंगे। पण्डित जवाहरलाल नेहरू ने अपनी नीति इसके आधार पर यह मानकर बनाया कि इससे जो स्थितियाँ उत्पन्न होंगी उससे छोटे-छोटे ये जनजातीय समूह अपनी प्रतिभा के अनुसार विकसित होने का बढ़ावा पायेंगे। हालाँकि इस नीति की आलोचना नेहरू के रहते ही होने लगी थी तो भी लगता था कि इसके लम्बे समय तक लागू रहने पर बाहरी लोगों से उनके जल, जमीन और जंगल की रक्षा हो सकेगी और उनकी संस्कृति बची ही नहीं रहेगी, विकसित भी हो सकेगी। पर नीति बनाना एक बात है और उसे लागू करना बिल्कुल ही दूसरी बात है। दोनों की दूरी तब और बढ़ जाती है, जब भ्रष्ट प्रशासन और उनको इस्तेमाल करनेवाले राजनेता याद आते हैं, जो बीच में पड़ते हैं। यह दिक्कत अब और बढ़ गयी है जब पता चला है कि इन आदिवासी इलाकों की जमीन के नीचे अकूत खनिज सम्पदा है। उसे विदेशी और बहुराष्ट्रीय कम्पनियों के हवाले किये जाने के दौरान इन जनजातियों को विस्थापित किया जा रहा है, उन्हें अपने जंगल, जमीन और जल के स्रोतों से बेदखल किया जा रहा है। कानूनी अड़चन यह है कि वह जमीन इन जनजातियों की है, उसे प्रमाणित करने के लिए अनुबन्ध या खसरा-खतौनी के दस्तावेज माँगे जा रहे हैं, जो कभी बनी ही नहीं। बन ही नहीं सकते थे क्योंकि जनजातियों में जमीन निजी स्वामित्व भी वस्तु न होकर पूरी जनजाति की 'टेरिटरी' (इलाका) होती है, जिसमें वे सामूहिक रूप से रहते हैं, जीवनयापन करते हैं। सरकार इसे नहीं मानती और पूरे देश की जमीन अपनी मानती है, जो सामन्ती राष्ट्र और राज्य की अवधारणा का द्योतक है। तो भी व्यक्ति की जमीन को लेने का अधिकार केवल आपातकाल में होती है, युद्ध के समय। इसे 'एमिनेण्ट डोमेन' कहते हैं। यहाँ तो जनजाति की सम्पत्ति पूँजीपतियों को देने के लिए ली जा रही है और उसमें भारी दलाली खायी जा रही है। विकास के नाम पर इन आदिवासियों को दबाया जा रहा है। यह विकास का दर्शन उनके लिए वैसा ही है, जैसा पूरबवालों के लिए 'प्राच्यवाद' था। भारतीयों ने तो उससे लड़कर आजादी पा ली। आज उसी तरह जनजातियाँ भी भारतीय और बहुराष्ट्रीय कम्पनियों के आक्रान्ताओं से हथियार उठाकर लड़ रहे हैं। 'माओवाद' उसी की परिणति है।

उनकी स्थिति का एक दूसरा पक्ष भी है। वर्जिनियस ने लिखा है, "Tribal society in post-independence are has been witenessing to unprecedented change which has been most marked in respect of culture mode of making a living, movement of people from one place to other, learning others mode of hiring and so behaviour and social differentiation." गैर-जनजातियों, यानी तथाकथित अगड़े समुदायों से बढ़ता सम्पर्क, नगरीकरण, स्त्री और पुरुष की नगद कमाई दूर-दूर जाकर पढ़ाई, कानून द्वारा लादा गया बेमेल सशक्तीकरण, जंगल सम्बन्धी नये कानून, नयी पंचायती राज व्यवस्था निरन्तर बढ़ता जाता आतंकवाद वगैरह ने उसकी परम्परागत स्थिति को स्खलित किया है। उससे नये तरह का सामाजिक दलन आर्थिक व शारीरिक शोषण तथा राजनैतिक भेदभाव बढ़ा है। फिर बाँध बनाने, सड़क बनाने, बिजलीघर और दूसरे उद्योग उनके इलाके में लगाने से उनका विस्थापन निरन्तर हो रहा है और सरकार उनके पुनर्वास के लिए कोई कारगर कदम नहीं उठा रही हैं।

उत्तर-पूर्व के जनजातियों की समस्या और भी जटिल है। वहाँ की पहाड़ी जनजातियाँ विशेषकर नागा, मिजो, मणिपुरी आदि का कहना है कि (1) अंग्रेजों ने बलात् उनके ऊपर शासन का था, (2) उनके आने से पहले वे कभी भी भारत के अंग नहीं रहे अशोक से लेकर औरंगजेब तक, (3) इसलिए जब अंग्रेज चले गये तो वे स्वतन्त्र हो गये, (4) पर भारत सरकार ने अपने को अंग्रेजों का वारिस समझकर हम पर बलात् अपना शासन थोप दिया, (5) शासन करना था तो हमसे पूछते, समझौता करते, (6) उन्होंने नहीं किया, इसलिए हम भारत से अलग रहना चाहते हैं, (7) यदि यह अलग रहने का अधिकार शान्तिपूर्ण ढंग से नहीं मिलता है, तो हम हथियार के बल पर ले लेंगे। इसने 'इमरजेन्सी' को जन्म दिया है जो 'माओवाद' से बिल्कुल भिन्न समस्या है। मुख्य धारा के लोग इसे नहीं समझते हैं। नेताओं में इसे जयप्रकाश नारायण ने समझा था, पर उन्हें इन्दिरा गाँधी ने सेटा नहीं और ऐसा समझ कर जो समाधान निकल सकता था, वह हाथ से चला गया। केन्द्र की सरकार ने छोटे-छोटे राज्य बनाकर स्थानीय नेताओं की महत्त्वाकांक्षा पूरी की, समस्या का स्थायी हल नहीं खोजा। इससे असम के टुकड़े होते चले गये। आगे भी होंगे। इस चिन्ता से ग्रस्त इण्टेलीजेंस ब्यूरो के उपनिदेशक एस.एन.दत्ता ने इस्तीफा दे दिया था। सरकार वही नीति उ.प्र., बिहार व म.प्र. को विभाजित करने में अपनाया है। पर क्या, उससे जनजाति की समस्या सुलझी है?

सरकार ने इस तमाम समस्याओं को कानून व व्यवस्था की समस्या, देश द्रोह की समस्या जनजाति के नेताओं की व्यक्तिगत महत्त्वांकाक्षा, विकास की समस्या विस्थापन की समस्या, पुनर्वास की समस्या आदि के रूप में लिया है, और सैनिक दलन (Military Re pression) के सिवाय सारे काम आधे-अधूरे मन से किया है। यही नही उनका आधुनिक और आर्थिक अर्यो में विकास करना है तो उसका मॉडल क्या होना चाहिए—अमेरिका कि जापानी, रूसी, चीनी, नेहरूवियन कि कोई और—इस पर न तो कभी

बहस हुई है, और न ही कभी तमाम जनजातियों के लोगों की राय जानने की कोशिश हुई। जनजातियों के लोगों का विचार जानने की जरूरत की यदि किसी ने वकालत की है तो उसे चुप करा दिया गया है। ऐसा इसपंक्तियों के लेखक के साथ वर्धा के हिन्दी विश्वविद्यालय में हो रहे जनजातियों सम्बन्धी सेमिनार में दो-तीन साल पहले हुआ था। यानी जनजातियों के सामाजिक अमियन्त्रण स्वयं जनजातियों की क्या भूमिका हो, इसे नजरअन्दाज कर उस विकास को उभरने ही नहीं दिया गया है। हर जगह एक तदर्थवाद हावी रहा है। एडहालिज्म के बूते पर जब, जहाँ जैसे, जो और जितनी जरूरत पड़ी है औद्योगिकीकरण, नगरीकरण, वैश्वीकरण उनपर एकदम से थोप दिया गया है। परिणामस्वरूप विकास और सशक्तीकरण के तमाम सामान्यीकृत्य नियम और ढंग, जो अगड़े समुदाय के लोगों को ध्यान में रखकर बनाये गये है, उनपर बलात् लाद दिये गये हैं। कभी सोचा ही नहीं गया है कि ये भिन्न समुदाय के लोग उसे धारण करने, या उसका लाभ उठाने के योग्य हैं भी कि नहीं। बस विकास के नाम पर तमाम खानापूर्ति कर उनके जल, जमीन और जंगल को छीना जा रहा हैं सरकारी आतंक के सहारे। उसके प्रतिकार में उनका विद्रोह खड़ा हो रहा है उसे जनजातियों का आतंकवाद, पिछले लोगों का अनावश्यक विद्रोह कहकर चौतरफा दमन किया जा रहा है। लोगों को विस्थापित किया जा रहा है। अन्यत्र रोजी-रोटी का जुगाड़ का बहाना कर जो नहीं जा रहे हैं उन्हें गाँवों से खदेड़ा जा रहा है बिना उनके पुनर्वास की कोई कारगर योजना बनाये कभी राजस्व अधिकारियों द्वारा, कमवन अधिकारियों द्वारा कभी खान अधिकारियों द्वारा कभी उद्योग अधिकारियों द्वारा, कभी सूदखोरों द्वारा, कभी भू-माफिआयों द्वारा कभी पुलिस द्वारा, कभी सेना द्वारा कभी तो किसी एन. जी.ओ. द्वारा। और जाने कितने ही लालडेग, फिजो, शर्मिला आयोग, परेश बरुआ, ब्रह्मा, किशन सत्यनारायण मारे-मारे फिर रहे हैं। इस दुर्नीति का मुकाबिल करते हुए। इन दोनों तरह की हिंसा में मरना तो आदिवासी स्त्री को पड़ रहा है।

इन दुर्नीतियों के कारण उन समतामूलक समाजों में वर्ग, विभेद पैदा हो रहा है और उस वर्ग का आधार धर्म, मत, लिहाजा और नयी वर्ण-संरचना बन रहा है। कैरियटिज़्म, विकास व मुआवजा के लिए मिले धन का बन्दरबाट और उससे उत्पन्न नव धनाढ्य वर्ग—चाहे स्थानीय हो या बाहरी राजनैतिक दुराग्रह के साथ-साथ राजनेताओं का नौकरशाहों, और धन-पशुओं से अपवित्र गठबन्धन प्रशासनिक क्रूरता, घरेलू हिंसा, स्त्री की कमाई को छीन लेने का बढ़ता प्रचलन शराबखोरी, एक ही छत के नीचे रहने की परम्परा का विनाश बच्चों के अभिभावकत्व पर संघर्ष, लिंग के आधार पर काम के विभाजन के टूटने परम्परा रहने से उत्पन्न विच्छृंखलता, विस्थापन, काम दिलाने के नाम पर दूर ले जाकर दैहिक आर्थिक शोषण व्यक्तिगत सम्पत्ति की अवधारणा का आगमन, भोजन की कमी और उसकों दूर करने के नाम पर हो रही ठगी, गिरता स्वास्थ्य और उसके उपचार के नाम पर धाँधली, प्रधान-पति, जंगल सम्बन्धी नये कानून आदि सभी मिलकर एक ऐसा तनाव पैदा कर रहे है जो यहाँ के जीवन की रामरसता नष्ट कर रहा है। अधिकार दिलाने के नाम पर काम कर रहे बाहरी संगठन, गैर सरकारी संगठन जो तथाकथित स्थानीय लोगों

के सहयोग से चलते हैं। लोगों का भला करने के नाम पर तरह-तरह से उनका शोषण कर रहे हैं। सेल्फ-हेल्प ग्रुपों ने उनका भला करने की जगह उनका जीवन और नर्क बना दिया है। डा. एस.एन. चौधरी ने इसका विस्तृत अध्ययन कर लिखा हैं "In many remote Tibal area it is now difficult to trace he presence of un-effective group. Groups that claim to be engagzed in capacity building are criticized for preferring to work in developed area ; If located in tribral areas, they are engaged in other types of i.e., those activities which ensure their own survival in development. Only those organization which choose to protest against the functioning of state and industrial houses in he area are relatively closer to the heart of he tribal masses."

इस विकास को समाज को 'रूरल' और 'अरबन' एरिया में बाँट दिया है। अरबन एरिया की ओर भागने की अन्धी दौड़ मच गयी है ट्राइबल एरिया के सन्दर्भ में कहा जा सकता है कि जो अभी भी रूरल एरिया मे है वे स्वतन्त्रता और स्वायत्तता के मामले मे अरबनवालों की तुलना में बेहतर स्थिति में हैं, जब तक कि उन्हें आधुनिकता की, कहें आज की उत्तरआधुनिकता की हवा नहीं लगती, जो परम्परागत जीवन को कौन कहे, किसी भी तरह के जीवन मूल्य के चन्द लोगों की बेहतर आर्थिक स्थिति के लिए रौंद देती है। उसी के लिए आज अगड़े इलाकों में भी किसान के जमीन छीनी जा रही है जिसके लिए स्वयं सरकार दलाल की भूमिका निभा रही है। यह हवा लगते ही उनका जीवन अरबनवाले से भी गया-गुजरा हो जानेवाला है। कल्पना तो वैश्वीकरण और विश्व स्तर की मिल जाती है, पर धारण करने की सामर्थ्य स्थानीय के लिए भी नहीं बची होती है। लिहाजा सांस्कृतिक विस्थापन होता है। जिसकी सबसे अधिकभार ट्राइबल सहता है।

अप्रासंगिक न होगा यह कहना कि कानून का पता तब चलता है, जब वह छूटता है और उसके लिये जब कोई दावा ठोकता है और वह दावा ठोकनेवाला कोई समर्थ व्यक्ति होता। अन्यथा जीवन अपने सामान्य ढर्रे पर चलता ही रहता है। इस कानून मला तभी कर पाता है, जब लोग उनको स्वीकार करने के लिये तैयार और समर्थ होते हैं। जनजातियों में यह ताकत अभी भरी जानी है। जब तक वह भरी नहीं जाती कानून बस 'इन्स्ट्रमेण्ट ऑफ क्लास डॉमिनेशन' बनकर रह जाता है। यह यूँ ही नही है कि तमाम संचेत ट्राइबल लोग कह रहे हैं कि इन विकास और पंचायती राज रके तमाम कानूनों को लागू करने से पहले 'यूनिफार्म सिविल कोड' बनना चाहिए, जिससे कि देश के तमाम वर्ग के स्त्री-पुरुष का रुतबा, सामर्थ्य और कल्पना एक जैसी हो जाय। तभी ऐसे सशक्तीकरण के कानून कुछ कर सकते हैं।

जनजातियों के बारे में कुछ मौलिक अध्ययन किंचित् एन.जी.ओ. से जुड़े लोग भी कर रहे हैं उनके दो दल हैं। एक दल अमेरिका और पश्चिम का पिट्ठू है, जो जनजातियों के इलाके का भेद उन्हें दे रहा है उनके दोहन के लिए उनके व्यवहार को देखकर आशीश नन्दी कहते है कि इन एन.जी.ओ. लोगों की भूमिका वही है जो अंग्रेजी सत्ता में आने से

पहले पादरियों की होती थी, या इस्लामी सत्ता के आने से पहले सूफियों की होती थी, जो नये समाज के लिए अंग्रेज जमीन तैयार करते थे। दूसरे एन.जी.ओ वे हैं जो जनजातियों के हकों को समर्थन देते हैं। पर वे विचारधारा का एजेण्ड़ा लागू करने में इतने व्यस्त है कि कोई मौलिक अध्ययन कर्म नहीं कर रहे हैं। नीयत उनकी भी आर्थिक ही है पैसा कमाना।

(6)

जनजातियों का अधिक सम्यक् अध्ययन हमारे समय के साहित्यकारों ने विशेषकर उपन्यासकारों ने किया है। अब तक हिन्दी के कोई नब्बे उपन्यास– बंगाली में डेढ़ सौ, उड़िया में चौबीस, तेलुगू में पांच, मलयालम में तीन, उपन्यास मेरे सामने पड़े हैं। ऐसे लिखनेवाले में उड़िया के योगीनाथ महन्ती और बंगाली में महाश्वेता देवी का बड़ा नाम है। इसी तरह मराठी, गुजराती, कन्नड़ आदि भाषाओं में भी रचनाएँ आयी हैं, जिसकी सटीक जानकारी मुझे नहीं है। इसके आधार पर साहित्य में आदिवासी विमर्श (जिसे जनजाति विमर्श कहा जाना चाहिए) इधर चल पड़ा है। पहले कुछ विचारकों ने जनजातियों से जुड़े लेखन को दलित लेखन में सम्मिलित कर लिया था। पर जब श्री प्रकाश मिश्र का 'जहाँ बॉस फूलते हैं' उपन्यास आया तो आलोचकों ने 'आदिवासी विमर्श' की बात अलग से कही, क्योंकि उसमें पहली बार सीधे-सीधे आदिवासी लोगों से जुड़ी राजनीति की चर्चा थी। कोई लेख विमर्श तक बनता है, जब वह राजनैकित हस्तक्षेप की आकांक्षा को लेकर चलता है। और वहाँ कहाँ था कहा गया था कि कि दलित लेखन यदि हाशिये का लेखन है तो आदिवासी लेखन हाशिये के भी हाशिये का लेखन है फिर उसकी समस्याएं लोकेल, वातावरण और पर्यावरण की नहीं मूल्यबोध के मामले में भी भिन्न हैं। दलित लेखन में जहाँ द्वंद्व की जटिलता नहीं है, आदिवासी लेखन में जटिलता-ही-जटिलता है। दलित वे हैं, जो हिन्दू समाज में अनाचारियों के रूप में अस्पृश्य रहे हे। आदिवासी हिन्दू ईसाई और कहीं-कहीं मुसलमान भी हैं। स्वयं अपना मत लेकर चलनेवाले लोग भी हैं। वे अपने भीतर भरसक वर्ण-व्यवस्था के शिकार नहीं हैं। जैसा कि मैंने अन्यत्र लिखा है, उनमें मंगोलाइडों की समस्या नीग्रोआर से भिन्न हैं। दोनों की प्रोटो-आस्ट्रेलिआइडों से भिन्न हैं। पहाड़ पर रहनेवालों की समस्या मैदान में रहनेवालों से भिन्न है। गड़कर रहनेवालों से घुमन्तुओं की समस्या भिन्न है। हिन्दू हो गये की समस्याएँ, ईसाई हो गये की समस्याओं से भिन्न हैं। जो अपना परम्परागत मत बचाकर रखे हैं, उनकी दोनों से भिन्न है। मातृकुलात्मक समाजों की समस्याएँ पितृकुलात्मक समाजो से भिन्न हैं। अपना विद्रोह स्वयं चलानेवालों और दूसरों के नेतृत्व में चलनेवाले की भिन्न है। औरों के दमन सम्बन्धी समस्याएं भिन्न हैं। इसलिए 'खिलेगा तो देखेंगे' 'शैलूस' 'गगन घटा गहरानी' जहाँ बाँस 'फूलते हैं', 'जंगल जहाँ से शुरू होता है', 'काला पादरी', 'काला पहाड़', 'छाड़न', जो इतिहास में नहीं है', 'रूपतिल्ली की कथा', 'सहराना', 'पूँड़ी तपै तीर', 'ग्लोबल गाँव का देवता', 'पहाड़ पर कोहरा' 'आमचो बस्तर' में एक ही बात नहीं है। शिव प्रसाद सिंह के 'शैलूष' में हिन्दी पट्टी में

रहनेवाले मुसहरों की व्यथा कहा है, जो जंगल साफ कर जमीन उपजाऊ बनाते हैं, जो कोई न कोई दबंग उसे हाथिया लेता है और वे क्षुक्षा मिटाने के लिए चूहों का आखेट करते हैं या फसल कट जाने के बाद किसानों के खेत में झरे अनाज को झारते बहोरते है। उससे भी पेट नही भरता तो कोपल इकठ्ठा करते है और प्रताड़ना सहते हैं। लेकिन विनोद कुमार शुक्ल, के 'खिलेगा तो देखेगे' में आदिवासी अंचल का गाँव एक तिलस्म बन जाता हैं, जिसमें पर्वत, नदी, चट्टान, जल, सूर्योदय, सूर्यास्त, रूप, रस,स गंध, ध्वनि आदि की अपनी भूमिका होती है इसीलिये जनजातियों जीवन की पूरी छौंक और भरपूर छलकन के बाबड़ उस जीवन का तनाव, संघर्ष, वंचना, यातना और चेतना सिरे से गायब है। इससे अलग मनमोहन पाठक के उपन्यास गगन घरा गहारानी में जीवन अपनी कुरूपता अनगढ़पन, अभाव, संघर्ष और बदलाव की चेतना के साथ उपस्थित है। जनजातियों के सामन्ती उत्पीड़न और संघर्ष का यह वृतान्त अपने मूल स्वर में जनतन्त्र विश्वास और सभ्यता की पदावली को अस्थिर करते हुए भारतीय जनतन्त्र की विकलांगता और विकास की विडम्बना पर प्रश्न उठाता है। सुरेन्द्र स्निग्ध के छाड़न में साओं तालों के बीच माक्सर्वदी चेतना और दलों के विकास की गाथा है, जो शूद्र स्वार्थों के कारण बार बार टूट जाता है। तेजेन्दर के 'काला पादरी' में इस बात पर बल ह कि धर्म परिवर्तन से कोई भी जनजातीय समस्या हल न होगी। साम्प्रदायिकता का क्या असर मेवो जनजाति पर हुआ है उसकी अच्छी मीमांसा भगवानदास मोरवाल के उपन्यास 'काला पहाड़', में हुई है। इसी तरह संजिव के 'जंगल जहाँ से शुरू होता हैं' में थारू जनजाति की जीवन-छवि और दोहण संघर्ष को पूरी प्रमाणिकता से उकेरा गया है। 'अल्मा कबूतरी' में बुदेलखण्ड में रहनेवाले कबूतरों, विशेषकर उनकी स्त्रियों की नियति और उसको तोड़ने की छटपटाहट और प्रयत्न काबिले-गौर है। पुन्नी सिंह ने इसी तरह सहरिया के ऊपर 'सहराना' लिखा है। अपने तमाम विचलनों के बावजूद इणेन्द्र ग्लोबल गांव के देवता में असुर जनजाति का इतिहास ही न रचते, विकास के योजनाओं के मूल चरित्र की शिनाख्त कर इनमें क्रियान्वयन में प्रशासन की नकारात्मक भूमिका और पूँजी की ताकत तथा धर्म के पाखण्ड को ग्लोबल संस्कृति का प्रतिनिधि मान उसकी रक्षा के लिए सन्नध होते हैं। राकेश कुमार सिंह अपने उपन्यास 'पठार पर कोहरा' में जनजातीय इलाके में इन्फ्रास्ट्रक्चर की दृष्टि से यहाँ की बदहाली की तस्वीर प्रस्तुत करते हैं। 'जो इतिहास में नहीं हैं' में उस वृत्तान्त को जीवित किया गया है, जो 1857 के पहले ही जनजातियों में स्वतन्त्रता-संग्राम को ला खड़ा किया या यही बात हरिराम मीणा की 'धुन तपै तीर' में हैं। 'जहाँ बाँस फूलते हैं में मिजो की स्वतन्त्रता के लिए सक्षात् संघर्ष गाथा है। वीरेन्द्र यादव लिखते है, "भारतीय राष्ट्र-राज्य के संघर्ष में केन्द्रीय सत्ता के आधिपत्य और परिधि के प्रतिरोध का यह औपन्यासिक वृतान्त जिस मिजो विद्रोह की पृष्ठ-भूमि पर रचा गया है, वह विषय के रूप में हिन्दी में पहली बार है। उत्तर-पूर्व कीमिज जाति की अस्मिता, स्वतन्त्रता और आर्थिक शोषण के प्रश्नों की भारतीय राजनीति व समाज की मुख्यधारा से टकराहट की यह औपन्यासिक कथा जिस मिजों समाज

और भूभाग से रू-ब-रू हैं उसका विस्तार तिब्बत, बर्मा और तत्कालीन पूर्वी बंगाल तक है। 'रूपतिल्ली कथा' के बारे में गुरुदेव सिंह कहते हैं' "यह इतिहास के उस सन्धिकाल की कथा है, जब खसिया जनजाति को अंग्रेज ईसाई बनाना चाहता था, भारतीय हिन्दू। पर जाति दोनों को अस्वीकार कर जो है वही बना रहना चाहती थी और अपने पिछड़ेपन का समाधान स्वयं खोजना चाहती थी। श्री प्रकाश मिश्र के उपन्यास अपनी मौलिकता के कारण अलग पहचान बनाते हैं। 'नदी की टूट रही देह की आवाज में बोडो जनजाति की समस्या है, जिसे बांग्लादेश से आये 'बहिरामत' उन्हें बार-बार अपनी जमीन आदि से बेदखल करते हैं। असमिया लोगों के लिए अपने ही वतन से अल्पसंख्यक बन जाने का खतरा हो गया है। और सरकार बार-बार वादा कर भी इस समस्या का समाधान न कर ध्यान बटाने के हथकण्डे अपनाती है, जिससे बार-बार इन समुदायों के बीच खून-खराबा होता है। और आतंकवाद का प्रवेश होता है। राजीव रंजन प्रसाद का 'आमचो बस्तर इतिहास के एक लम्बे कालखण्ड को समकालीन स्थितियों के साथ जो द्वन्द्व रचता है, वह काबिले तारीफ है। उपन्यास महत्त्वपूर्ण इसलिए नहीं है कि वह एक अछूते, अनजाने और अब अचानक ही महत्त्वपूर्ण हो गये प्रान्तर के समग्र इतिहास को खड़ा कर देता है, इसलिए है कि तत्काल को समझने के लिए प्रचुर सामग्री देता है, जो समाजशास्त्रीय शोधों और राजनैतिक दस्तावेजों से सम्भव नहीं।

यानी ये उपन्यास एक ही तरह के नहीं हैं। कुछ ऐतिहासिक हैं, कुछ तात्कालिक सामाजिक। कुछ राजनैतिक हैं तो कुछ सामाजिक-आर्थिक। कुछ जाति की अस्मिता बचाकर रखनेवाले हैं और मुख्यधारा से जुड़ने की विडम्बनाओं को उजागर करते हैं, तो कुछ बदलाव और समेकन की वकालत करनेवाले हैं। इनको लिखनेवाले भी एक तरह के रचनाकार नहीं हैं। उसकी चर्चा करने से पहले स्पष्ट कर दूँ कि वन्दना टेटे ने 2014 में एक पुस्तक सम्पादित की है 'आदिवासी दर्शन और साहित्य' के नाम से और उसमें उन्होंने एक अपना लेख संकलित किया है, जिसमें आदि विमर्श के लिए पन्द्रह शीलों की स्थापना की है। उसमें एक शील यह है कि आदिवासी विमर्श में वही साहित्य लेना चाहिए जो आदिवासियों के द्वारा आदिवासियों की भाषा में लिखा हुआ हो। ऐसे लेखक और लेखन का नितान्त अभाव है। लेखन लिखे-पढ़े लोगों द्वारा होता है। जिन तमाम आदिवासियों रचनाकारों से मैं गाहे-बगाहे मिला हूँ, उनसे अपनी भाषा में (कहें बोली में) अपनी बात कहने के लिए अनुरोध करता हूँ तो वे चन्द वाक्य भी ठीक से नहीं बोल पाते। बिना हिन्दी और अंग्रेजी के शब्दों को ठूँसे वे अपने को व्यक्त नहीं कर पाते। व्याकरण की क्या स्थिति रहती है, उस पर मैं आधिकारिक तौर पर नहीं कह सकता। तब भला वे अपनी बोली में क्या लिख पाते होंगे— इस पर मुझे पूरा शक है। जब तक वे अपनी बोली में लिखने में पारंगत नहीं हो जाते और ऐसी ढेर सारी रचनाएं सामने नहीं आ जातीं, वे विमर्श का आधार नहीं बन पायेंगी। फिर वह उसी प्रकार अनुमन्य होगा— जिस प्रकार किसी भी भाषा— हिन्दी,

बंगाली, उड़िया, तेलुगू में लिखे साहित्य को लेकर एक सामान्यीकरण बनाया जायेगा— उसके घटक के रूप में होगा। दूसरा खतरा यह है कि आदिवासी साहित्य को आदिवासी भाषा व बोली और आदिवासी व्यक्ति द्वारा लिखित होने तक सीमित कर देने पर उसमें दलित साहित्य जैसी संकीर्णता आ जायेगी, जिसके चलते आज वह विमर्श पिट जाने के कगार पर है। खैर, जब तक आदिवासी लोगों का लिखा आदिवासी भाषा में नहीं आता, तब तक हिन्दी के या प्रकारान्तर से किसी भी भाषा के ऐसे रचनाकारों की चर्चा कर लेते हैं। डॉ. वीरभाल तलवार ने इनका गहरा अध्ययन कर निष्कर्ष निकाला है कि आदिवासियों पर लिखनेवाले चार तरह के लोग हैं। "पहले ऐसे उत्साही लोग हैं, जो आदिवासी इलाकों का दो-चार बार ट्रिप लगाकर उनके बारे में कुछ जानकारियाँ नोट कर लेते हैं और अपने संस्कार का चश्मा लगाकर लिखने बैठ जाते हैं।" ऐसी रचनाएँ आदिवासी समाज की सतही और अप्रासंगिक चित्रण प्रस्तुत करती हैं। दूसरी श्रेणी उन लेखकों की हैं, जिन्होंने आदिवासियों के आर्थिक शोषण और राजनैतिक सवालों को अपनी रचनाशीलता का विषय बनाया है और आदिवासियों के प्रति सहानुभूति रखते हुए एक वामपन्थी दृष्टिकोण से लिखते हैं। ऐसी रचनाओं में आदिवासियों का अन्दरूनी पक्ष और संस्कृति चित्रित न होकर उनका आर्थिक-राजनैतिक पक्ष उभरता है। उसमें अपेक्षित गहराई नहीं आ पाती। सब बाह्य की हैसियत से होता है, आन्तरिक की हैसियत से नहीं। तीसरी श्रेणी उन लेखकों की है, जो आदिवासी समाज के भीतर वर्षों तक रह उनकी भाषा, संस्कृति और समस्या में रच-बस कर लिखा है। उनकी मानसिकता, अन्दरूनी तनाव और सांस्कृतिक-आध्यात्मिक बनावट को समझ कर लिखा है। चौथी श्रेणी खुद आदिवासियों द्वारा अपने बारे में लिखा साहित्य है। लेकिन वह अभी लोगों के सामने कम ही पड़ा है।" जो पड़ा है वह हरिराम मीणा को छोड़कर दूसरों का बहुत स्तरीय नहीं है और साहित्य की ऊँचाई नहीं लिये हुए हैं।

जाहिर है कि इन तमाम रचनाओं का सामान्यीकरण नहीं किया जा सकता। फिर भी रोहिणी अग्रवाल जैसे साहित्य विचारकों ने कुछ सामान्यीकरण निकाला है—

(1) भ्रान्त प्रचार ने बेशक मुख्य धारा के सभ्य-सुसंस्कृत समाज के मन में कुछ पूर्वग्रह जमा दिये हैं कि आदिवासी हिंसक, बर्बर और मानुसमारन होते हैं, लेकिन वास्तविकता यह है कि वे बेहद निश्छल, निरीह और आत्मकेन्द्रित निःशक्त प्राणी हैं।

(2) कि एक तीर से उड़ती चिड़िया को मार गिरानेवाले या निहत्थे बाघ का पेट फाड़ देनेवाले बहादुर वनवासी सभ्य समाज की कुटिलताओं का मुकाबिला करना नहीं जानते। इसलिए वे अपने ही बिल में घुसकर अपने को और अधिक असुरक्षित, अकेला और उपेक्षित कर लेते हैं।

(3) कि मादक द्रव्यों (सल्य, हड़िया, छाड, जू) के नशे में धुत आदिवासी न अपने वर्तमान को लेकर चिन्तित हैं न भावी पीढ़ी के भविष्य-निर्माण को लेकर सजग। गरीबी, अशिक्षा, अन्धविश्वास और वैचारिक जड़ता ने उन्हें पशुओं से बदतर बना दिया है, जहाँ

न उच्च जीवन की समझ है, न डॉक्टरी सुविधा लेने की चेतना। हर रोग-शोक की एक ही रामबाण औषधि है – बलि या टोना-टोटका।

(4) कि इसी आत्म-संकोची आत्मघाती प्रकृति ने उन्हें मुख्य धारा के समाज के सामने प्रदर्शनी की वस्तु बना दिया है। आदिवासी यानी नग्न-प्राय देह पर मृगचर्म, मोरपंख और शस्त्रों से सज्जित कर राष्ट्रीय पर्वों पर गाता-नाचता मानव झुण्ड।

(5) कि वहम से परे इस समाज को अपने लिये एक तरन-तार मसीहा की जरूरत है, जिसे बाहरी लोग प्रदान करते हैं। संघर्ष और असफलता के बीच इन मसीहाओं को विश्वास है कि अंचल एक-न-एक दिन जाग उठेगा और अपने पैरों पर चलकर अपने हक की लड़ाई लड़ेगा। ... पर विकास की चाहत रखनेवाले आदिवासी समाजों तक विकास की विकृतियों और विषमताओं का सभ्य समाज उन्हें भी ज्ञान से पिछड़ा और आदिम बनाये रखकर ही अपना वर्चस्व और समृद्धि बढ़ाते रखना चाहता है।

पाठक स्वयं ही लक्ष्य करेंगे कि ये निर्णय सभी आदिवासियों और उनसे सम्बन्धित उपन्यासों पर लागू नहीं होते।

दूसरे ये उपन्यास (और दीगर साहित्य) क्षेत्रीयता या आंचलिकता के लेखन नहीं है। इनका इरादा क्षेत्र की विशेषता या अंचल की संस्कृति रचना नहीं है। वह तो 1990 के पूर्व लिखे उपन्यासों में मिलता है और इसलिए वे जनजातीय विमर्श में शामिल नहीं किये जाते। क्षेत्र वहाँ सिर्फ 'लोकेल' है। समस्याएँ पूरे देश और राष्ट्र की हैं। इसी तरह उसमें अतीत मोह नहीं है, जो आंचलिकता का लक्षण होता है। वह तो शिवपूजन सहाय के 'देहाती दुनिया', केशव प्रसाद मिश्र के 'कोहबर की शर्त' और लक्ष्मीनारायण लाल के 'छोटी चम्पा बड़ी चम्पा' में है, रेणु के 'मैला आंचल' और शिवप्रसाद सिंह के 'अलग-अलग वैतरणी' में नहीं।

आदिवासियों सम्बन्धी लेखन में अलगाव की समस्या सबसे प्रमुख है। उत्तर-पूर्व की तमाम जनजातियाँ तो भारत से अलग हो जाना चाहते रहे हैं। एक तो उनकी नस्ल भिन्न है, दूसरे अंग्रेजों के बलात् प्रवेश से पहले वे भारतवर्ष के राजाओं के शासकीय अंग कभी नहीं रहे। (और तब चीन के भी अंग नहीं रहे– अपने आप में स्वतन्त्र रहे। भारतीय संस्कृति का लेसमात्र भी उनके भीतर पैठ नहीं पाया। (मध्यकाल के असमियों और मणिपुरियों को छोड़कर)। अंग्रेजों के विरुद्ध आजादी की लड़ाई वहाँ उस तरह से नहीं चली जैसे पूरे भारत में। आजादी के बाद उनसे भारत में रहने की राय नहीं ली गयी– ब्रिटिश साम्राज्य का उत्तराधिकारी उन पर यूँ ही थोप दिया गया। उनकी अलग हो जाने की प्रवृत्ति को बाहरी शक्तियों से बढ़ावा मिलता रहा, चाहे चीन हों या विदेशी मिशनरियाँ। महेन्द्र भटनागर इसे ईसाई आतंकवाद कहते हैं। लेकिन ऐसा कहना गलत है। आतंकवाद में हमला दुश्मन पर नहीं होता, निर्दोष जन पर होता है। उत्तर-पूर्व के लोग किसी निर्दोष को नहीं मारते हैं। जिसे मारते हैं, उसे तीन बार नोटिस देकर और कारण बताकर मारते हैं।

निर्दोष को तो वहाँ फौज मारती है और वे फौज से युद्ध करते हैं। इसलिए वे 'इन्सरजेण्ट' हैं– गृहयुद्ध से पहले की स्थिति के विद्रोही हैं। आतंकवाद दरअसल माओवादी और मिलिटेण्ट मुस्लिम संगठन फैलाते हैं, क्योंकि उन्हें अपनी कौम और इलाके के वृहत्तर जन का समर्थन नहीं मिला होता। माओवादी लोग ऐसा आदिवासियों की 'जल, जमीन और जंगल' की लड़ाई को नेतृत्व देने के नाम पर करते हैं। इनका नेतृत्व बाहर का होता है और आदिवासियों में, स्थानीय लोगों में बहुत घुला-मिला नहीं होता, जैसा कि चिग्वेरा उम्मीद करता था। वह अपने को बचाकर रखता है और स्थानीय जनजाति के लोगों को मरने-मारने के लिए आगे कर देता है। इसलिए उसका व्यवहार शोषक का होता है। इस शोषण के लिए सरकार भी पूरा मौका देती है। उसने आदिवासियों के प्रति स्पष्ट नीति नहीं बनाया है– जैसा कि हमने ऊपर विस्तार से नोट दिया है। एक तरफ वह उनका 'एन्थ्रोपोलोजिकल म्यूजियम' बनाकर रखना चाहती है, तो दूसरी तरफ वह उनके 'द्वैविराट' को उजाड़कर वहाँ की प्राकृतिक सम्पदा लूटकर विदेशियों के हवाले कर देना चाहती है। उससे असन्तुलन पैदा हो रहा है। इससे विस्थापन और पर्यावरण की समस्याएँ पैदा हो रही हैं। ये नये विमर्श को जन्म दे रहीं हैं। हमारा लेखन उस ओर बढ़ रहा है।

यह विस्थापन मैदानी इलाकों के आदिवासियों में भी है। उड़ीसा, छत्तीसगढ, मध्यप्रदेश, गुजरात, महाराष्ट्र, आन्ध्र के आदिवासी पूरे देश में विभिन्न तरह के शारीरिक श्रम और मजदूरी करते हुए बिखरे पड़े हैं। घुमन्तू कबीलों की आवाजाही बनी हुई है। अधिकांश को तो अंग्रेजों ने 'क्रिमिनल ट्राइब' के नाम से विभूषित कर दिया था और कलंक आज भी बरकरार है उधर भूमिपुत्रों पर जोर बढ़ा है इसकी शुरुआत नागा नेता जेड ए फिजों ने की थी 1950 बाल ठाकरे ने इसे बढ़ाया और मुद्दा बनाया है। एक दूसरे तरह की समस्या बाग्लादेश से घुसपैठ है, जो असम, बंगाल, उड़ीसा, छत्तीसगढ़ आदि के जनजातीय इलाकों का सन्तुलन बिगाड़ रहा है। उनकी रिहायश और भूमि पर कब्जा उनमें रोष पैदा कर रहा है। जनजातियों को लग रहा है कि वे अपने ही इलाके में सांस्कृतिक का अल्पसंख्यक हो जायेंगे। इनको लेकर लिखा जाना है।

जनजातियों और भूमिपुत्रों को लेकर हुए लेखन पर एक मार्के की बात सुधीश पचौरी करते हैं, भारत में इस वक्त सबसे बड़ी चुनौती ये ही दे रहे हैं। वे विकास की दुर्नीतियों की प्रतिक्रियाएँ हैं और उनकी नृशंसता का किसी हद तक उत्तर भी है। वे विकास ने नाम पर चले आते बर्बर तन्त्र के शिकार है और एक शिकार की ही तरह उनका विरोध शिकारी की शर्तों पर होता है। आधुनिकतावादी दृष्टिकोण से देखें तो भूमिपुत्रों की नीति पिछड़ी हुई दृष्टि से प्रेरित लगेगी। प्रश्न उठायां जायेगा कि बाँध न बने बिजली न लगे, खानें न खोदी जायँ, जंगल न काटे जायँ, तो इलाकों की दशा कैसे सुधरेगी? लेकिन यहाँ सवाल यह है कि हमारी रोजी-रोज की जिन्दगी के बारे मे फैसला कौन ले? ''लूटतन्त्र में जुटी सरकार कि हम स्वयं? हम सरकार पर निर्भर हैं कि सरकार हम पर? हम सरकार के लिए हैं कि सरकार हमारे लिये? पर एक बात गौर करने की है। नागालैण्ड और मिजोरम में इमरजेन्सी पर काबू पाने के लिए

फौज ने पुराने गाँवों से लोगों को नये स्थान पर ले जाकर बसाया। उसमें उसको सफलता मिली ही उन नये गाँवों में उसने स्कूल बनवाया, अस्पताल बनवाया, पानी की व्यवस्था की और मैदान बनाया, जहाँ युवा खेलते हैं और दीगर गतिविधियों होती हैं। दूसरे जनजातीय इलाकों मे जहाँ केंन्द्रीय बल गये, ऐसे काम कम ही किये। अगर करे, तो अच्छा रहेगा।

आजकल कहा जाता है कि भारतीय लेखन, विशेषकर उपन्यास से गांव गायब हो गया है। दरअसल वह भारतीय सिनेमा, धारावाहिकों और विज्ञापनवाले चलचित्रों से गायब हुआ है, जहाँ 'अण्डरवर्ल्ड' का पैसा लगा है, बेईमान राजनीतियों और कम्पनियों का पैसा लगा है, लेखन से नहीं। जनजातियों और भूमिपुत्रों के लेख लिखे उपन्यास ही आज गाँव केन्द्रित उपन्यास हैं। हमारा गाँव आज प्रेमचन्द, रेणु और शिव प्रसाद सिंह का गाँव नहीं रहा। इसलिए रचनाओं का स्वरूप बदल जाना स्वाभाविक है। आज गांव व शहर की जगह 'रूरल एरिया' और 'अरबन एरिया' आ गया है। ये उपन्यास उसी 'रूरल एरिया' की बात करते हैं।

एक बात इन उपन्यासों की आलोचना से सम्बन्धित है आलोचना में अभी छायी दृष्टि मार्क्सवाद की है और सामाजिक यथार्थ से पीछा नहीं छूटा है, जो दो महायुद्धो के बीच की अवधारणा है। आज के सन्दर्भ में उस तरह का वर्ग-विभाजन और उनका द्वन्द्व बहुत कुछ अप्रासंगिक हो गया है। इस सन्दर्भ में वीरेन्द्र यादव ने लुकाच की दृष्टि की जगह ग्राम्शी की 'सबाल्टन दृष्टि को विकसित करना चाहा है जहाँ वर्ग का स्थान संस्कृति ले लेती है। एक तरफ वर्चस्व की संस्कृति होती है, दूसरी तरफ उस वर्चास्व से बचने की समाज के सबसे नीचे के पायदान के लोगों की संघर्ष यात्रा होती है। रचना में उनका द्वन्द्व उभरता है। जरूरत है इसे और आगे बढ़ाने की। वैकल्पिक दृष्टि विखण्ड की है जहाँ लेखन पाठ में बदल जाता है, जिसका इस्तेमाल विभिन्न तरह के विमर्श गढ़ने में होता है और विचारधारा अप्रासंगिक नहीं तो गौण हो जाती है। जरूरत है इनको समेकित कर एक अधिक उपयोगी आलोचना विकसित करने की। जरूर इस पर कहीं-न-कहीं काम हो रहा होगा।